머리말

JLPT(일본어능력시험)는 일본어를 모국어로 하지 않는 학습자들의 일본어 능력을 측정하고 인정하는 것을 목적으로 하는 시험으로 국제교류기금 및 일본국제교육지원협회가 1984년부터 실시하고 있습니다.

JLPT는 1984년 총 15개 국가의 21개 도시에서 응모자 7,998명(일본 국내 2,849명, 해외 5,149명)으로 제1회 시험이 개시되어, 2016년에는 866,294명(제1회 389,674명, 제2회 476,620명)이 응시하는 대규모 시험으로 발전하였습니다. 일본 정부가 공인하는 세계 유일의 일본어 시험인 만큼 JLPT의 결과는 일본의 대학, 전문학교, 국내 대학교의 일본어과 등의 특차 전형과 기업 인사 및 공무원 선발에서의 일본어 능력에 대한 평가 자료로도 활용되고 있습니다.

2010년부터 실시되는 새로운 시험에서는 학습자들의 과제 수행을 위한 커뮤니케이션 능력을 측정하는 것을 목표로 하고 있으며, 4단계에서 5단계로 단계 조정을 하게 되었습니다. 기존의 시험은 위의 급부터 1급-2급-3급-4급으로 되어 있습니다만, 새로운 시험에서는 N1-N2-N3-N4-N5로 바뀝니다. 여기서 「N」은 「NIHONGO(일본어)」, 「NEW(신)」의 첫 글자인 「N」을 가리킵니다.

1990년부터 2009년까지의 약 21회분과 2010년부터 2017년까지의 약 15회분의 일본어능력시험의 분석을 토대로 이번에 『JLPT 콕콕 찍어주마 N2 한자』를 전면 개정하여 출간하게 되었습니다.

『JLPT 콕콕 찍어주마 N2 한자』는 기출 및 예상 한자어, N2 대응 중요 한자(1순위, 2순위), 한자 활용, 헷갈리기 쉬운 단어로 나누어 편집하였으며, 부록으로 「시험에 잘 나오는 필수 한자」와 「알아 두어야 할 N2 한자」를 제시하였습니다. 이 책만 충실히 공부한다면 JLPT N2 한자에 대한 고민은 더 이상 하지 않아도 되리라 확신합니다. 만일 N3 한자 실력이 부족하다면 『JLPT 콕콕 찍어주마 N3 한자』와 함께 학습하기 바랍니다. 이 책으로 학습한 분들께 좋은 결과가 있기를 진심으로 기원합니다.

끝으로 자료 수집과 분석을 도와준 이한나 님, 이 책의 출판에 도움을 주신 (주)다락원의 정규도 사장님, 그리고 일본어 출판부 직원들에게 이 자리를 빌려 감사를 드립니다.

저자 이치우

JLPT 일본어능력시험에 대하여

1. **목적 및 주최** | JLPT 일본어능력시험은 원칙적으로 일본 국내외에서 일본어를 모국어로 하지 않는 사람을 대상으로 하며, 일본어를 공부하거나 사용하는 사람들의 일본어 능력을 측정하고 인정하는 것을 목적으로 한다. 일본 정부가 세계적으로 공인하는 유일한 일본어 시험으로 국제교류기금과 재단법인 일본국제교육지원협회가 주최한다.

2. **실시 횟수** | 매년 7월 첫 번째 일요일과 12월 첫 번째 일요일 2회 실시한다. 하지만 주관 부서의 사정에 따라 변경될 수도 있으니 http://www.jlpt.or.kr/ 에서 확인하기 바란다.

3. **레벨** | 시험은 N1, N2, N3, N4, N5로 나뉘어져 있어 수험자가 자신에게 맞는 레벨을 선택하면 된다. 각 레벨에 따라 N1~N2는 언어지식(문자·어휘·문법)·독해, 청해의 두 섹션으로, N3~N5는 언어지식(문자·어휘), 언어지식(문법)·독해, 청해의 세 섹션으로 나뉘어져 있다.

4. **시험결과 통지와 합격 여부** | JLPT 일본어능력시험은 다음 예와 같이 각 과목의 ①구분 별 득점과 구분 별 득점을 합계한 ②총점을 통지하며, 이 두 가지 기준에 따라 합격여부를 판정한다. 즉, 총점이 합격점 이상이고, 각 구분별 득점(과목별 점수)이 기준점 이상이어야 합격이 된다.

〈일반 수험자 합격 기준점〉

2017. 7월 시험 기준

레벨	합격점/만점	기준점		
		언어지식	독해	청해
N2	90점 / 180점	19점 / 60점	19점 / 60점	19점 / 60점

* 2017년 7월 시험에서는 총점으로는 90점, 기준점으로는 각각 19점이 모두 넘어야 합격이 되었다.
만약 한 과목이라도 19점을 넘기지 못하면 총점이 90점을 넘더라도 불합격이 된다. 이 점수는 매년 달라진다.

*A씨의 성적표 (예)

①구분 별 득점			②총점
언어지식	독해	청해	
60 / 60	30 / 60	15 / 60	105 / 180

* 총점은 105점으로 합격점은 충족하지만, 청해가 15점으로 기준점 19점을 넘기지 못했다. 따라서 A씨는 불합격이다.

*B씨의 성적표 (예)

①구분 별 득점			②총점
언어지식	독해	청해	
40 / 60	30 / 60	35 / 60	105 / 180

* 총점은 105점으로 합격점을 충족하며, 구분별 득점도 모두 19점 이상이므로 B씨는 합격이다.

5. 시험 내용 | 각 레벨의 인정 기준을 【읽기】, 【듣기】라는 언어행동으로 나타낸다. 각 레벨에는 이 언어행동을 실현하기 위한 언어지식이 필요하다.

레벨	구성 (항목 / 시간)		인정 기준
N1	언어지식 (문자·어휘·문법) 독해	110분	폭넓은 장면에서 사용되는 일본어를 이해할 수 있다. 읽기 · 폭넓은 화제에 대해 쓰여진 신문의 논설, 논평 등 논리적으로 약간 복잡한 문장이나 추상도가 높은 문장 등을 읽고, 문장의 구성이나 내용을 이해할 수 있다. · 다양한 화제의 내용에 깊이 있는 내용을 읽고, 이야기의 흐름이나 상세한 표현 의도를 이해할 수 있다. 듣기 · 폭넓은 장면에 있어 자연스러운 속도의 정리된 회화나 뉴스, 강의를 듣고 이야기의 흐름이나 내용, 등장인물의 관계나 내용의 논리구성 등을 상세하게 이해하거나 요지를 파악할 수 있다.
	청해	60분	
	계	170분	
N2	언어지식 (문자·어휘·문법) 독해	105분	일상적인 장면에서 사용되는 일본어의 이해에 더해, 보다 폭넓은 장면에서 사용되는 일본어를 어느 정도 이해할 수 있다. 읽기 · 폭넓은 화제에 대해 쓰여진 신문이나 잡지의 기사·해설, 평이한 논평 등 요지가 명쾌한 문장을 읽고 문장의 내용을 이해할 수 있다. · 일반적인 화제에 관한 내용을 읽고, 이야기의 흐름이나 표현 의도를 이해할 수 있다. 듣기 · 일상적인 장면에 더해 폭넓은 장면에서, 비교적 자연스러운 속도의 정리된 회화나 뉴스를 듣고 이야기의 흐름이나 내용, 등장인물의 관계를 이해하거나 요지를 파악할 수 있다.
	청해	50분	
	계	155분	
N3	언어지식(문자·어휘)	30분	일상적인 장면에서 사용되는 일본어를 어느 정도 이해할 수 있다. 읽기 · 일상적인 화제에 대해 쓰여진 구체적인 내용을 나타내는 문장을 읽고 이해할 수 있다. · 신문의 표제어 등에서 정보의 개요를 캐치할 수 있다. · 일상적인 장면에서 눈으로 보는 범위의 난이도가 약간 높은 문장은 대체표현이 주어지면 요지를 이해할 수 있다. 듣기 · 일상적인 장면에서 비교적 자연스러운 속도의 정리된 회화를 듣고 이야기의 구체적인 내용을 등장인물의 관계 등과 맞춰서 거의 이해할 수 있다.
	언어지식(문법)·독해	70분	
	청해	40분	
	계	140분	
N4	언어지식(문자·어휘)	30분	기본적인 일본어를 이해할 수 있다. 읽기 · 기본적인 어휘나 한자로 쓰여진, 일상생활 중에서도 우리 주변의 화제의 문장을 읽고 이해할 수 있다. 듣기 · 일상적인 장면에서 약간 천천히 이야기하는 대화라면 내용을 거의 이해할 수 있다.
	언어지식(문법)·독해	60분	
	청해	35분	
	계	125분	
N5	언어지식(문자·어휘)	25분	기본적인 일본어를 어느 정도 이해할 수 있다. 읽기 · 히라가나나 가타카나, 일상생활에서 사용되는 기본적인 한자로 쓰여진 정형적 어구나 글, 문장을 읽고 이해할 수 있다. 듣기 · 교실이나 신변적인 일상생활 중에서도 자주 접하는 장면으로, 천천히 이야기하는 짧은 대화라면 필요한 정보를 캐치할 수 있다.
	언어지식(문법)·독해	50분	
	청해	30분	
	계	105분	

6. 성적표 교부 | 합격자에 한해 교부되는 급수별 「일본어 능력 인정서」와 함께 응시자 전원에게 합격·불합격의 결과를 알려주는 통지서, 인정 결과 및 성적에 관한 증명서를 교부한다.

이 책의
구성과 활용

이 책은 JLPT 일본어능력시험 N2 한자에 완벽하게 대응되도록 분석·정리하여 일본어능력시험의 출제 경향을 한눈에 파악할 수 있도록 한 수험서이다. 전체 구성은 〈기출 및 예상 한자어〉〈N2 대응 중요 한자〉 〈한자 활용〉〈연습문제 정답, 시험에 잘 나오는 필수 한자표 / 알아 두어야 할 N2 한자표〉로 이루어져 있다.

Part 01 기출 및 예상 한자어

2010년부터 2017년까지 8년간 출제된 한자문제와 1990년부터 2009년까지 20년간 출제된 한자문제를 분석하여 수록하였으며, 이를 토대로 출제 예상 한자어 1200개를 제시하였습니다.

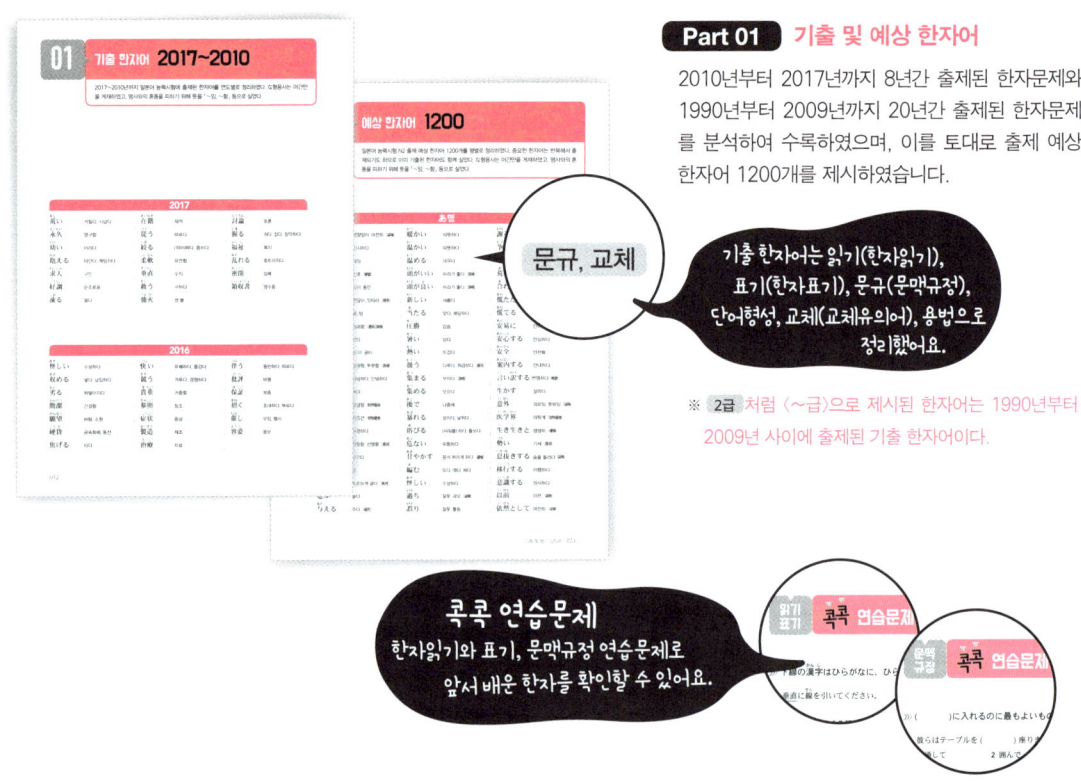

※ 2급 처럼 〈~급〉으로 제시된 한자어는 1990년부터 2009년 사이에 출제된 기출 한자어이다.

Part 02 N2 대응 중요 한자

01 1순위 한자 180

일본어능력시험 N2 출제 예상 한자 400자 중에서 시험에 잘 나오는 한자 180자를 1순위 한자로 선별하여 정리하였습니다.
음·훈독은 물론 주의해서 읽어야 할 단어, 기출 단어, 출제 예상 단어와 함께 소개하였습니다.
N2에 출제되는 한자의 음이나 훈에는 별색으로, N2에 포함되지 않는 음이나 훈에는 회색으로 표시하였습니다.

※ 이 책에서는 해당 한자가 앞에 붙어 활용한 단어를 접두어,
　해당 한자가 뒤에 붙어 활용한 단어를 접미어라 하기로 한다.

02 2순위 한자 220

1순위 한자 180자를 제외한 220자를 〈주로 N2에 출제되는 한자〉, 〈주로 훈독으로 출제되는 한자〉, 〈상위 레벨에도 출제되는 한자〉로 분류하였습니다.
여기에 소개된 한자들은 1순위 한자 180자에 비해 출제 예상 단어가 적다는 것이지 중요하지 않다는 의미는 아닙니다.

Part 03 한자 활용

단어형성 문제에 대비하여 파생어나 복합동사로 쓰이는 한자를 정리해 두었습니다.
한자는 N2, N3, N4·N5순으로 제시하였습니다.

콕콕 연습문제
N2에만 출제되는 단어형성 연습문제를 실었어요.

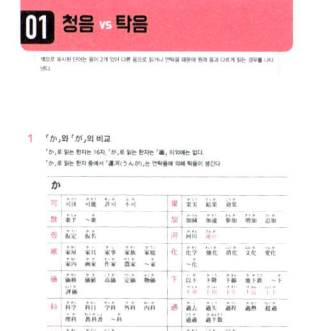

Part 04 헷갈리기 쉬운 단어

시험에 나오는 한자 중 헷갈리기 쉬운 것을 〈청음 vs 탁음〉, 〈장음 vs 단음〉으로 정리하였으며, 음이 2개 있는 한자도 제시하였습니다.

학습자를 위해 준비했습니다!

1. **N2 한자표** 별지에 시험에 잘 나오는 N2한자를 한눈에 볼 수 있도록 표로 정리.
2. **정답 및 해석 바로 확인** 다락원 홈페이지에서 다운로드 또는 스마트폰으로 QR코드로 찍어서 바로 확인 가능.

차례

- 머리말 — 3
- JLPT 일본어능력시험에 대하여 — 4
- 이 책의 구성과 활용 — 6
- JLPT 일본어능력시험 N2 한자 예상 출제 경향 — 10

PART 01 기출 및 예상 한자어

01. 기출 한자어 2017~2010 — 12

02. 기출 한자어 2009~1990 — 18

03. 예상 한자어 1200 — 31

PART 02 N2 대응 중요 한자

01. 1순위 한자 180 — 52
  [ㄱ] — 53
  [ㄴ·ㄷ·ㄹ] — 64
  [ㅁ·ㅂ] — 74
  [ㅅ] — 82
  [ㅇ] — 93
  [ㅈ] — 101
  [ㅊ·ㅋ·ㅌ·ㅍ] — 112
  [ㅎ] — 121

02. 2순위 한자 220 — 128
  주로 N2에 출제되는 한자 29 — 129
  주로 훈독으로 출제되는 한자 90 — 134
  상위 레벨에도 출제되는 한자 101 — 144

PART 03 한자 활용

01. 파생어·복합동사로 쓰이는 **N2 한자** — 158

02. 파생어·복합동사로 쓰이는 **N3 한자** — 173

03. 파생어·복합동사로 쓰이는 **N4·N5 한자** — 192

PART 04 헷갈리기 쉬운 단어

01. 청음 vs 탁음 — 218

02. 장음 vs 단음 — 250

03. 음이 2개 있는 한자 — 261

부록

콕콕 연습문제 정답 — 265
시험에 잘 나오는 필수 한자 180 (별지)
알아 두어야 할 N2 한자 220 (별지)

JLPT 일본어능력시험 N2 한자
예상 출제 경향

예상 출제 경향

1990년도부터 2009년도까지 치러진 기존 일본어능력시험 2급의 한자 문제를 분석해 본 결과, 거의 95% 이상이 출제 기준 2급 한자에서 출제되었다.

일본어능력시험 N2 출제 예상 한자는 400자이지만, N2 시험에는 N3 한자는 물론 N4·N5 한자도 출제되므로 N3 한자 340자, N4·N5 한자 284자도 잘 학습해 두길 바란다.

일본어능력시험 N2 출제 예상 한자는 N3이나 N4·N5 출제 예상 한자에 비해 수가 많지만, 좋은 성적을 거두기 위하여 N2까지의 출제 예상 한자 1,024자를 확실하게 학습하는 것이 좋다.

또한, N2에서는 파생어·복합어를 사용한 단어형성 문제도 출제되므로 주의하여 익혀 두자.

Part 01

기출 및 예상 한자어

01 기출 한자어 2017~2010
02 기출 한자어 2009~1990
03 예상 한자어 1200

01 기출 한자어 2017~2010

2017~2010년까지 일본어능력시험에 출제된 한자어를 연도별로 정리하였다. な형용사는 어간만을 게재하였고, 명사와의 혼동을 피하기 위해 뜻을 「~임, ~함」 등으로 실었다.

2017

荒い (あらい)	거칠다, 사납다	在籍 (ざいせき)	재적	討論 (とうろん)	토론
永久 (えいきゅう)	영구함	従う (したがう)	따르다	握る (にぎる)	쥐다, 잡다, 장악하다
幼い (おさない)	어리다	絞る (しぼる)	(쥐어)짜다, 좁히다	福祉 (ふくし)	복지
抱える (かかえる)	떠안다, 책임지다	柔軟 (じゅうなん)	유연함	乱れる (みだれる)	흐트러지다
求人 (きゅうじん)	구인	垂直 (すいちょく)	수직	密閉 (みっぺい)	밀폐
好調 (こうちょう)	순조로움	救う (すくう)	구하다	領収書 (りょうしゅうしょ)	영수증
凍る (こおる)	얼다	強火 (つよび)	센 불		

2016

怪しい (あやしい)	수상하다	快い (こころよい)	유쾌하다, 즐겁다	伴う (ともなう)	동반하다, 따르다
収める (おさめる)	넣다, 납입하다	競う (きそう)	겨루다, 경쟁하다	批評 (ひひょう)	비평
劣る (おとる)	뒤떨어지다	貴重 (きちょう)	귀중함	保証 (ほしょう)	보증
簡潔 (かんけつ)	간결함	参照 (さんしょう)	참조	招く (まねく)	초대하다, 부르다
願望 (がんぼう)	바람, 소원	症状 (しょうじょう)	증상	催し (もよおし)	모임, 행사
硬貨 (こうか)	금속화폐, 동전	製造 (せいぞう)	제조	容姿 (ようし)	용모
焦げる (こげる)	타다	治療 (ちりょう)	치료		

2015

<ruby>鮮<rt>あざ</rt></ruby>やか	선명함, 또렷함	<ruby>距離<rt>きょり</rt></ruby>	거리	<ruby>損害<rt>そんがい</rt></ruby>	손해
<ruby>争<rt>あらそ</rt></ruby>う	다투다	<ruby>現象<rt>げんしょう</rt></ruby>	현상	<ruby>乏<rt>とぼ</rt></ruby>しい	부족하다, 적다
<ruby>腕<rt>うで</rt></ruby>	팔	<ruby>講師<rt>こうし</rt></ruby>	강사	<ruby>憎<rt>にく</rt></ruby>い	밉다
<ruby>驚<rt>おどろ</rt></ruby>かせる	놀래키다	<ruby>混乱<rt>こんらん</rt></ruby>	혼란	<ruby>含<rt>ふく</rt></ruby>める	포함하다
<ruby>囲<rt>かこ</rt></ruby>む	둘러싸다	<ruby>指摘<rt>してき</rt></ruby>	지적	<ruby>恵<rt>めぐ</rt></ruby>まれる	혜택받다, 풍족하다
<ruby>行事<rt>ぎょうじ</rt></ruby>	행사	<ruby>順調<rt>じゅんちょう</rt></ruby>	순조로움	<ruby>油断<rt>ゆだん</rt></ruby>	방심
<ruby>拒否<rt>きょひ</rt></ruby>	거부	<ruby>省略<rt>しょうりゃく</rt></ruby>	생략		

2014

<ruby>圧勝<rt>あっしょう</rt></ruby>	압승	<ruby>詳<rt>くわ</rt></ruby>しい	자세하다	<ruby>拾<rt>ひろ</rt></ruby>う	줍다, (차를) 잡아 타다
<ruby>傷<rt>いた</rt></ruby>む	상하다	<ruby>継続<rt>けいぞく</rt></ruby>	계속	<ruby>貿易<rt>ぼうえき</rt></ruby>	무역
<ruby>援助<rt>えんじょ</rt></ruby>	원조	<ruby>逆<rt>さか</rt></ruby>らう	거역하다	<ruby>面倒<rt>めんどう</rt></ruby>	귀찮음
<ruby>大幅<rt>おおはば</rt></ruby>	큰 폭, 대폭	<ruby>湿<rt>しめ</rt></ruby>っぽい	축축하다	<ruby>戻<rt>もど</rt></ruby>す	되돌리다
<ruby>劣<rt>おと</rt></ruby>る	뒤떨어지다	<ruby>接続<rt>せつぞく</rt></ruby>	접속	<ruby>破<rt>やぶ</rt></ruby>れる	찢어지다, 깨지다
<ruby>極端<rt>きょくたん</rt></ruby>	극단	<ruby>除<rt>のぞ</rt></ruby>く	제거하다	<ruby>幼稚<rt>ようち</rt></ruby>	유치함
<ruby>悔<rt>くや</rt></ruby>しい	분하다	<ruby>批判<rt>ひはん</rt></ruby>	비판		

2013

改めて	다시, 재차	講義	강의	努める	노력하다, 힘쓰다
拡充	확충	姿勢	자세	積む	쌓다, 싣다
隠す	감추다, 숨기다	招待	초대	逃亡	도망
傾く	치우치다, 기울다	清潔	청결	果たす	완수하다, 달성하다
勧誘	권유	真剣	진지함	模範	모범
寄付	기부	責める	탓하다, 책망하다	世の中	세상
削る	깎다, 삭감하다	即座に	즉각		

2012

扱う	다루다, 취급하다	占める	차지하다	抵抗	저항
勢い	기세	収穫	수확	破片	파편
至る	이르다, 도달하다	焦点	초점	針	바늘
訪れる	방문하다, 찾아오다	積極的	적극적임	返却	반환, 반납
肩	어깨	装置	장치	導く	인도하다
削除	삭제	組織	조직	略する	생략하다
撮影	촬영	抽象的	추상적임		

2011

与える	あたえる	주다
祝う	いわう	축하하다
補う	おぎなう	보충하다
管理	かんり	관리
誘う	さそう	권유하다
至急	しきゅう	시급, 급히
地元	じもと	그 고장, 그 지역, 고향
象徴	しょうちょう	상징
属する	ぞくする	속하다, 소속하다
率直	そっちょく	솔직함
調節	ちょうせつ	조절
登録	とうろく	등록
討論	とうろん	토론
激しい	はげしい	격하다, 심하다
福祉	ふくし	복지
変更	へんこう	변경
豊富	ほうふ	풍부함
密接	みっせつ	밀접함
敗れる	やぶれる	지다, 패배하다
要求	ようきゅう	요구

2010

焦る	あせる	초조해하다
運賃	うんちん	운임
開催	かいさい	개최
辛い	からい	맵다
規模	きぼ	규모
暮らす	くらす	살다, 생활하다
景色	けしき	경치
撮影	さつえい	촬영
出世	しゅっせ	출세
相互	そうご	상호, 서로
備える	そなえる	대비하다
尊重	そんちょう	존중
頼る	たよる	의지하다
治療	ちりょう	치료
伝統	でんとう	전통
隣	となり	옆
触れる	ふれる	접하다
防災	ぼうさい	방재
乱れる	みだれる	흐트러지다
礼儀	れいぎ	예의

읽기 표기 콕콕 연습문제 01

>> 下線の漢字はひらがなに、ひらがなは漢字になおしなさい。

1. 垂直に線を引いてください。
2. 階段を上ってくる怪しい足音がした。
3. あの手術には多少の危険が伴う。
4. 彼女は人一倍結婚願望が強かった。
5. 彼は治療のために入院した。
6. スケーターたちは華麗な技を競った。
7. 彼はチームの誰にも劣らず足が速い。
8. 学生ビザの発給を拒否された。
9. 虹は美しい自然現象である。
10. 私には憎い相手がいます。
11. 砂糖を密閉容器に入れた。
12. それは送料を含めた値段ですか。
13. 若者は極端な暴力行為に走りがちだ。
14. 我々は彼の負担を除いてやった。
15. 大幅に変更される可能性がある。

1. これはえいきゅうになぞのままだ。
2. 私は彼の弱みをにぎっている。
3. 二人で記念日をいわう。
4. じもとの大学を卒業する。
5. 大きぼな地震による災害。
6. 部屋をせいけつに保つ。
7. 図書館で借りた本をへんきゃくする。
8. 美しいけしきを眺める。
9. 異文化にふれる。
10. あらためてご連絡致します。
11. 知識がほうふな人。
12. 便利なよのなかになった。
13. データをさくじょする。
14. 請求書発行をようきゅうする。
15. 水道管がこおってしまった。

곡곡 연습문제 01

>>> (　　)に入れるのに最もよいものを、1・2・3・4から一つ選びなさい。

1 彼らはテーブルを(　　)座りました。
1 通して　　2 囲んで　　3 越えて　　4 包んで

2 語彙が(　　)うまく表現できません。
1 激しくて　　2 乏しくて　　3 厳しくて　　4 悔しくて

3 われわれもその運動に加わるよう(　　)を受けました。
1 勧誘　　2 課題　　3 役割　　4 連続

4 (　　)な降水量が日本の豊かな自然環境や日本人の暮らしを支えてきた。
1 強引　　2 的確　　3 勝手　　4 豊富

5 納屋には、長く寒い冬に(　　)干草がいっぱいあった。
1 預けて　　2 焦って　　3 備えて　　4 偏って

6 後輩の(　　)となるように努力したいです。
1 模範　　2 踏切　　3 比例　　4 活発

7 テーブルから立ち上がり、椅子を元に(　　)。
1 戻した　　2 写した　　3 渡した　　4 外した

8 ありもしないうわさを流されて、本当に(　　)です。
1 詳しい　　2 細かい　　3 悔しい　　4 貧しい

9 監督は韓国で映画を(　　)することに決めた。
1 発達　　2 容姿　　3 拡充　　4 撮影

10 熱いお湯につけて(　　)タオルで足をふきました。
1 包んだ　　2 絞った　　3 結んだ　　4 縛った

02 기출 한자어 2009~1990

2009~1990년까지 일본어능력시험에 출제된 한자어를 품사별로 정리하였다. な형용사는 어간만을 게재하였고, 명사와의 혼동을 피하기 위해 뜻을 「～임, ～함」 등으로 실었다.

명사

あ행

相手(あいて)	상대
悪天候(あくてんこう)	악천후
汗(あせ)	땀
誤り(あやまり)	실수, 잘못
安定(あんてい)	안정
胃(い)	위
委員会(いいんかい)	위원회
勢い(いきおい)	기세
泉(いずみ)	샘, 샘물
位置(いち)	위치
一秒(いちびょう)	1초
一杯(いっぱい)	한 잔, 가득
移転(いてん)	이전
移動(いどう)	이동
以内(いない)	이내
違反(いはん)	위반
依頼(いらい)	의뢰
入り口(いりぐち)	입구
医療(いりょう)	의료
岩(いわ)	바위
祝い(いわい)	축하
印刷(いんさつ)	인쇄
飲酒(いんしゅ)	음주
植木(うえき)	정원수
宇宙(うちゅう)	우주
腕(うで)	팔
雨量(うりょう)	강우량
永遠(えいえん)	영원
永久(えいきゅう)	영구
栄養分(えいようぶん)	영양분
絵の具(えのぐ)	그림물감
延期(えんき)	연기
追い越し(おいこし)	추월
応援(おうえん)	응원
応対(おうたい)	응대
横断(おうだん)	횡단
欧米(おうべい)	구미
お菓子(おかし)	과자
奥(おく)	(깊숙한) 안쪽
～億(おく)	～억
汚染(おせん)	오염
踊り(おどり)	춤
お湯(おゆ)	뜨거운 물
温泉(おんせん)	온천
温暖化(おんだんか)	온난화

か행

観測(かんそく)	관측
缶詰(かんづめ)	통조림
管理(かんり)	관리
完了(かんりょう)	완료
記憶(きおく)	기억
機会(きかい)	기회
機嫌(きげん)	기분, 심기
危険性(きけんせい)	위험성
気候(きこう)	기후
岸(きし)	물가
記事(きじ)	기사
技術(ぎじゅつ)	기술
規制(きせい)	규제
帰宅(きたく)	귀가
貴重品(きちょうひん)	귀중품
喫茶店(きっさてん)	찻집, 다방

切符 (きっぷ)	표, 티켓	具体化 (ぐたいか)	구체화	憲法 (けんぽう)	헌법
機能 (きのう)	기능	靴 (くつ)	구두, 신발	権利 (けんり)	권리
希望 (きぼう)	희망	工夫 (くふう)	궁리	幸運 (こううん)	행운
疑問 (ぎもん)	의문	雲 (くも)	구름	公演 (こうえん)	공연
客 (きゃく)	손님	訓練 (くんれん)	훈련	公園 (こうえん)	공원
救助 (きゅうじょ)	구조	経営 (けいえい)	경영	講演 (こうえん)	강연
休息 (きゅうそく)	휴식	景気 (けいき)	경기	効果 (こうか)	효과
牛乳 (ぎゅうにゅう)	우유	警告 (けいこく)	경고	公害 (こうがい)	공해
教育 (きょういく)	교육	経済 (けいざい)	경제	郊外 (こうがい)	교외
共感 (きょうかん)	공감	警察 (けいさつ)	경찰	高学歴 (こうがくれき)	고학력
供給 (きょうきゅう)	공급	計算 (けいさん)	계산	交換 (こうかん)	교환
教師 (きょうし)	교사	形式 (けいしき)	형식	航空 (こうくう)	항공
競争 (きょうそう)	경쟁	芸能 (げいのう)	예능, 연예	交差点 (こうさてん)	교차로, 교차점
共同 (きょうどう)	공동	警備 (けいび)	경비	鉱山 (こうざん)	광산
恐怖 (きょうふ)	공포	今朝 (けさ)	오늘 아침	工場 (こうじょう)	공장
協力 (きょうりょく)	협력	景色 (けしき)	경치	高層 (こうそう)	고층
許可 (きょか)	허가	血液 (けつえき)	혈액	構造 (こうぞう)	구조
漁業 (ぎょぎょう)	어업	結果 (けっか)	결과	交通 (こうつう)	교통
曲線 (きょくせん)	곡선	結婚 (けっこん)	결혼	行動 (こうどう)	행동
記録 (きろく)	기록	欠点 (けってん)	결점	鉱物 (こうぶつ)	광물
議論 (ぎろん)	의논, 논쟁	煙 (けむり)	연기	声 (こえ)	목소리
禁煙 (きんえん)	금연	原因 (げんいん)	원인	氷 (こおり)	얼음
金額 (きんがく)	금액	検査 (けんさ)	검사	呼吸 (こきゅう)	호흡
禁止 (きんし)	금지	研修 (けんしゅう)	연수	故郷 (こきょう)	고향
区域 (くいき)	구역	減少 (げんしょう)	감소	国際 (こくさい)	국제
空港 (くうこう)	공항	現象 (げんしょう)	현상	腰 (こし)	허리
偶然 (ぐうぜん)	우연	建設 (けんせつ)	건설	骨折 (こっせつ)	골절
草 (くさ)	풀	建築家 (けんちくか)	건축가	小包 (こづつみ)	소포
薬 (くすり)	약	県庁 (けんちょう)	현청	小麦 (こむぎ)	밀
管 (くだ)	관, 대롱	限定 (げんてい)	한정	混乱 (こんらん)	혼란

さ행

～歳 (さい)	～세, ～살
～際 (さい)	～때
最高 (さいこう)	최고
最大 (さいだい)	최대
最低 (さいてい)	최저
才能 (さいのう)	재능
裁判 (さいばん)	재판
財布 (さいふ)	지갑
採用 (さいよう)	채용
再利用 (さいりよう)	재이용
坂 (さか)	언덕
作業 (さぎょう)	작업
昨日 (さくじつ)	어제 (격식차린 말)
作物 (さくもつ)	농작물
酒 (さけ)	술
雑誌 (ざっし)	잡지
左右 (さゆう)	좌우
参加 (さんか)	참가
参考 (さんこう)	참고
３０兆 (さんじゅっちょう)	30조
賛成 (さんせい)	찬성
散歩 (さんぽ)	산책
寺院 (じいん)	사원
資格 (しかく)	자격
式 (しき)	식
事件 (じけん)	사건
指示 (しじ)	지시
四捨五入 (ししゃごにゅう)	반올림
自信 (じしん)	자신
地震 (じしん)	지진
実験 (じっけん)	실험
実現 (じつげん)	실현
湿度 (しつど)	습도
失敗 (しっぱい)	실패
指導 (しどう)	지도
児童 (じどう)	아동
死亡 (しぼう)	사망
島 (しま)	섬
姉妹 (しまい)	자매
事務所 (じむしょ)	사무실
借金 (しゃっきん)	빚
周囲 (しゅうい)	주위
集会 (しゅうかい)	집회
習慣 (しゅうかん)	습관
就職 (しゅうしょく)	취직
住宅 (じゅうたく)	주택
周辺 (しゅうへん)	주변
住民 (じゅうみん)	주민
重量 (じゅうりょう)	중량
宿泊 (しゅくはく)	숙박
手術 (しゅじゅつ)	수술
首相 (しゅしょう)	수상
手段 (しゅだん)	수단
出席 (しゅっせき)	출석
出版(社) (しゅっぱんしゃ)	출판(사)
首脳 (しゅのう)	수뇌, 정상
寿命 (じゅみょう)	수명
順番 (じゅんばん)	순번, 차례
準備 (じゅんび)	준비
紹介 (しょうかい)	소개
蒸気 (じょうき)	증기
状況 (じょうきょう)	상황
条件 (じょうけん)	조건
乗車券 (じょうしゃけん)	승차권
招待 (しょうたい)	초대
承認 (しょうにん)	승인
蒸発 (じょうはつ)	증발
消費者 (しょうひしゃ)	소비자
商品 (しょうひん)	상품
情報 (じょうほう)	정보
消防署 (しょうぼうしょ)	소방서
正面 (しょうめん)	정면
将来 (しょうらい)	장래
省略 (しょうりゃく)	생략
職場 (しょくば)	직장
植物 (しょくぶつ)	식물
食欲 (しょくよく)	식욕
諸国 (しょこく)	제국, 여러 나라
女優 (じょゆう)	여배우
処理 (しょり)	처리
資料 (しりょう)	자료
進学率 (しんがくりつ)	진학률
進出 (しんしゅつ)	진출
心臓 (しんぞう)	심장
進歩 (しんぽ)	진보
深夜 (しんや)	심야
信用 (しんよう)	신용
信頼 (しんらい)	신뢰
森林 (しんりん)	삼림
人類(学) (じんるいがく)	인류(학)
水滴 (すいてき)	물방울

数年 (すうねん)	수년, 여러 해
姿 (すがた)	모습, 자세
隅 (すみ)	구석
性格 (せいかく)	성격
生活 (せいかつ)	생활
世紀 (せいき)	세기
請求 (せいきゅう)	청구
税金 (ぜいきん)	세금
成功 (せいこう)	성공
生産 (せいさん)	생산
政治 (せいじ)	정치
成績 (せいせき)	성적
製造 (せいぞう)	제조
成長 (せいちょう)	성장
晴天 (せいてん)	맑은 하늘
生徒 (せいと)	학생
政党 (せいとう)	정당
性能 (せいのう)	성능
製品 (せいひん)	제품
政府 (せいふ)	정부
成分 (せいぶん)	성분
性別 (せいべつ)	성별
責任 (せきにん)	책임
設計 (せっけい)	설계
接触 (せっしょく)	접촉
絶対 (ぜったい)	절대
節約 (せつやく)	절약
背中 (せなか)	등
全額 (ぜんがく)	전액
選手 (せんしゅ)	선수
戦争 (せんそう)	전쟁
洗濯 (せんたく)	세탁, 빨래
選択 (せんたく)	선택
全部 (ぜんぶ)	전부
増加 (ぞうか)	증가
操作 (そうさ)	조작
掃除 (そうじ)	청소
総人口 (そうじんこう)	총인구
想像 (そうぞう)	상상
相談 (そうだん)	의논, 상담
装置 (そうち)	장치
総理大臣 (そうりだいじん)	총리대신
底 (そこ)	밑바닥
祖父 (そふ)	할아버지
尊敬 (そんけい)	존경
存在 (そんざい)	존재
損得 (そんとく)	손실과 이익

た행

退院 (たいいん)	퇴원
大成功 (だいせいこう)	대성공
代表 (だいひょう)	대표
太陽 (たいよう)	태양
大陸 (たいりく)	대륙
戦い (たたかい)	싸움
畳 (たたみ)	다다미
谷 (たに)	계곡
他人 (たにん)	타인
種 (たね)	씨
束 (たば)	다발, 묶음
卵 (たまご)	달걀
団体 (だんたい)	단체
担当 (たんとう)	담당
地域 (ちいき)	지역
知恵 (ちえ)	지혜
地球 (ちきゅう)	지구
遅刻 (ちこく)	지각
地帯 (ちたい)	지대
駐車(場) (ちゅうしゃじょう)	주차(장)
注目 (ちゅうもく)	주목
超過 (ちょうか)	초과
調査 (ちょうさ)	조사
頂上 (ちょうじょう)	정상
頂点 (ちょうてん)	정점
貯金 (ちょきん)	저금
直接 (ちょくせつ)	직접
著者 (ちょしゃ)	저자
貯蔵 (ちょぞう)	저장
追加 (ついか)	추가
通行 (つうこう)	통행
疲れ (つかれ)	피로
机 (つくえ)	책상
都合 (つごう)	형편, 사정
停車 (ていしゃ)	정차
鉄橋 (てっきょう)	철교
展開 (てんかい)	전개
同時 (どうじ)	동시
到着 (とうちゃく)	도착
盗難 (とうなん)	도난
独立 (どくりつ)	독립
登山 (とざん)	등산
図書館 (としょかん)	도서관

途中	도중
突然	돌연
努力	노력
泥	진흙

な행

内容	내용
仲	사이
波	파도
涙	눈물
日常	일상
日課	일과
二倍	2배
荷物	짐
値段	값, 가격
熱演	열연
熱帯	열대
年齢	연령
農業	농업
農産物	농산물
ノーベル賞	노벨상

は행

歯	이, 치아
灰色	회색
配布	배포
拍手	박수
爆発	폭발
箱	상자

発刊	발간
発射	발사
発展	발전
発売	발매
破片	파편
犯罪	범죄
反対	반대
判断	판단
販売	판매
被害	피해
光	빛
～匹	～마리
悲劇	비극
筆跡	필적
皮肉	짓궂음, 비꼼
皮膚	피부
評価	평가
表現	표현
標識	표식, 표지
平等	평등
評判	평판
封筒	봉투
夫婦	부부
普及	보급
不況	불황
付近	부근
服装	복장
舞台	무대
物質	물질
部品	부품
分野	분야

変化	변화
平均	평균
変更	변경
編集	편집
貿易	무역
報告書	보고서
帽子	모자
方針	방침
宝石	보석
放送局	방송국
防犯	방범
方法	방법
訪問	방문
法律	법률
星	별
募集	모집
保存	보존
骨	뼈

ま행

祭り	축제
窓	창문
万一	만일
満足感	만족감
万年筆	만년필
湖	호수
皆	다, 모두
実り	결실, 수확
未来	미래
昔	옛날

虫	벌레	輸入量	수입량	零度	0도
娘	딸	指	손가락	冷凍	냉동
村	마을	幼児	유아	歴史	역사
群れ	무리	予算	예산	列島	열도
免許	면허	予測	예측	恋愛	연애
申し込み	신청	夜中	한밤중	連続	연속
目的	목적	予報	예보	連絡	연락
物語	이야기, 전설			老人	노인
				労働	노동
				論文	논문

ら행

理解	이해
留学生	유학생
流行	유행
両替	환전
両国	양국
領収証	영수증
例外	예외
冷蔵庫	냉장고

や행

約束	약속
役目	임무
役割	역할
家賃	집세, 방세
優勝	우승
郵便局	우체국
油断	방심

わ행

輪	고리, 원형
割合	비율
割引	할인

동사

預ける	맡기다	補う	보충하다	囲む	둘러싸다
与える	주다	置く	두다	重ねる	겹치다, 거듭하다
余る	남다	贈る	(선물 등을) 보내다	乾く	마르다
改める	고치다	遅れる	늦어지다	消える	꺼지다
祈る	기도하다, 빌다	怒る	화내다	決まる	정해지다
伺う	여쭈다	恐れる	무서워하다, 두려워하다	決める	정하다
浮く	뜨다	覚える	외우다	配る	나누어주다
受ける	받다	泳ぐ	헤엄치다	暮らす	생활하다
失う	잃다, 상실하다	折る	접다, 꺾다	比べる	비교하다
映る	비치다	返す	반환하다	超える	초과하다
追う	쫓다	抱える	(껴)안다	越える	넘다, 초월하다

異なる	다르다	届く	닿다	防ぐ	방지하다
断る	거절하다	整う	정리하다	降る	내리다
困る	곤란하다	飛ぶ	날다	減る	줄다
転がる	구르다	泊まる	묵다	掘る	파다
捜す	찾다	取りあげる	다루다	巻く	말다, 감다
咲く	(꽃이) 피다	流す	흘리다	増す	늘어나다
叫ぶ	외치다	眺める	바라보다	招く	초대하다
支える	떠받치다, 지탱하다	流れる	흐르다	守る	지키다
刺す	찌르다	悩む	고민하다	迷う	헤매다
沈む	가라앉다	並ぶ	늘어서다	磨く	닦다
示す	나타내다	慣れる	익숙해지다	認める	인정하다
占める	차지하다	逃げる	달아나다	迎える	맞이하다
調べる	조사하다	似る	닮다	結ぶ	맺다, 잇다
進む	나아가다	抜く	빼다	命じる	명령하다
座る	앉다	塗る	바르다, 칠하다	召し上がる	드시다
背負う	떠맡다, 짊어지다	願う	바라다	燃える	(불)타다
育つ	자라다	残る	남다	用いる	사용하다
備える	준비하다, 대비하다	述べる	서술하다	戻す	되돌리다
倒す	쓰러뜨리다	昇る	오르다	求める	구하다
倒れる	쓰러지다	乗り越える	극복하다	焼ける	(불)타다
耕す	갈다, 일구다	生える	나다, 자라다	雇う	고용하다
立ち去る	떠나다	運び去る	옮기다	破る	찢다, 깨다
達する	달하다	働く	일하다	辞める	그만두다
頼む	부탁하다	省く	생략하다	別れる	헤어지다
伝える	전하다	引き出す	꺼내다	沸く	끓다
続く	계속되다	拾う	줍다, (차를) 잡아 타다	渡す	건네다
勤める	근무하다	広がる	넓어지다	笑う	웃다
問い合わせる	문의하다	増える	늘다	割れる	깨지다
解く	풀다	吹く	불다		
閉じる	닫다	含む	포함하다		

い형용사

<ruby>浅<rt>あさ</rt></ruby>い	얕다	<ruby>幼<rt>おさな</rt></ruby>い	어리다	<ruby>狭<rt>せま</rt></ruby>い	좁다
<ruby>温<rt>あたた</rt></ruby>かい	따뜻하다	<ruby>賢<rt>かしこ</rt></ruby>い	영리하다	<ruby>深<rt>ふか</rt></ruby>い	깊다
<ruby>暑<rt>あつ</rt></ruby>い	덥다	<ruby>軽<rt>かる</rt></ruby>い	가볍다	<ruby>細<rt>ほそ</rt></ruby>い	가늘다
<ruby>甘<rt>あま</rt></ruby>い	달콤하다	<ruby>詳<rt>くわ</rt></ruby>しい	자세하다	<ruby>珍<rt>めずら</rt></ruby>しい	신기하다, 드물다
<ruby>言<rt>い</rt></ruby>い<ruby>難<rt>がた</rt></ruby>い	말하기 어렵다	<ruby>険<rt>けわ</rt></ruby>しい	험하다	<ruby>優<rt>やさ</rt></ruby>しい	상냥하다
<ruby>忙<rt>いそが</rt></ruby>しい	바쁘다	<ruby>濃<rt>こ</rt></ruby>い	짙다, 진하다	<ruby>柔<rt>やわ</rt></ruby>らかい	부드럽다
<ruby>痛<rt>いた</rt></ruby>い	아프다	<ruby>細<rt>こま</rt></ruby>かい	잘다, 자세하다	<ruby>良<rt>よ</rt></ruby>い	좋다
<ruby>薄<rt>うす</rt></ruby>い	엷다	<ruby>寒<rt>さむ</rt></ruby>い	춥다	<ruby>若<rt>わか</rt></ruby>い	젊다
<ruby>美<rt>うつく</rt></ruby>しい	아름답다	<ruby>涼<rt>すず</rt></ruby>しい	시원하다		
<ruby>偉<rt>えら</rt></ruby>い	훌륭하다, 뛰어나다	<ruby>鋭<rt>するど</rt></ruby>い	날카롭다		

な형용사

<ruby>案外<rt>あんがい</rt></ruby>	의외임	<ruby>残念<rt>ざんねん</rt></ruby>	유감스러움	<ruby>不規則<rt>ふきそく</rt></ruby>	불규칙적임, 불규칙함
<ruby>異常<rt>いじょう</rt></ruby>	이상함	<ruby>静<rt>しず</rt></ruby>か	조용함	<ruby>複雑<rt>ふくざつ</rt></ruby>	복잡함
<ruby>快適<rt>かいてき</rt></ruby>	쾌적함	<ruby>主要<rt>しゅよう</rt></ruby>	주요함	<ruby>部分的<rt>ぶぶんてき</rt></ruby>	부분적임
<ruby>簡単<rt>かんたん</rt></ruby>	간단함	<ruby>順調<rt>じゅんちょう</rt></ruby>	순조로움	<ruby>豊富<rt>ほうふ</rt></ruby>	풍부함
<ruby>逆<rt>ぎゃく</rt></ruby>	반대임, 거꾸로임	<ruby>正直<rt>しょうじき</rt></ruby>	정직함	<ruby>夢中<rt>むちゅう</rt></ruby>	열중함
<ruby>急速<rt>きゅうそく</rt></ruby>	급속함	<ruby>深刻<rt>しんこく</rt></ruby>	심각함	<ruby>明確<rt>めいかく</rt></ruby>	명확함
<ruby>強力<rt>きょうりょく</rt></ruby>	강력함	<ruby>新鮮<rt>しんせん</rt></ruby>	신선함	<ruby>面倒<rt>めんどう</rt></ruby>	귀찮음, 돌봄
<ruby>巨大<rt>きょだい</rt></ruby>	거대함	<ruby>心配<rt>しんぱい</rt></ruby>	걱정스러움	<ruby>有効<rt>ゆうこう</rt></ruby>	유효함
<ruby>健康<rt>けんこう</rt></ruby>	건강함	<ruby>積極的<rt>せっきょくてき</rt></ruby>	적극적임	<ruby>豊<rt>ゆた</rt></ruby>か	풍요로움
<ruby>厳重<rt>げんじゅう</rt></ruby>	엄중함	<ruby>確<rt>たし</rt></ruby>か	확실함	<ruby>容易<rt>ようい</rt></ruby>	용이함
<ruby>強引<rt>ごういん</rt></ruby>	강행함, 억지로 함	<ruby>単純<rt>たんじゅん</rt></ruby>	단순함	<ruby>乱暴<rt>らんぼう</rt></ruby>	난폭함
<ruby>個人的<rt>こじんてき</rt></ruby>	개인적임	<ruby>適切<rt>てきせつ</rt></ruby>	적절함		
<ruby>幸<rt>さいわ</rt></ruby>い	행복함, 다행임	<ruby>必要<rt>ひつよう</rt></ruby>	필요함		

기타

一般に (いっぱん)	일반적으로	必ず (かなら)	반드시	絶えず (た)	끊임없이
～一方 (いっぽう)	～하기만 함, ～하는 한편	肯定的に (こうていてき)	긍정적으로	常に (つね)	항상
お互いに (たが)	서로	盛んに (さか)	활발히, 열렬히	次々と (つぎつぎ)	연이어, 계속해서
主に (おも)	주로	次第に (しだい)	점차	比較的に (ひかくてき)	비교적으로, 상대적으로
～限り (かぎ)	～만, ～까지	全国的に (ぜんこくてき)	전국적으로	喜んで (よろこ)	기꺼이

읽기 표기 콕콕 연습문제 02

>> 下線の漢字はひらがなに、ひらがなは漢字になおしなさい。

1. 飛行機で移動します。
2. 子供の成長を記録しておく。
3. 温泉に入りました。
4. 顧客サービスの担当者はどなたですか。
5. 毎日、牛乳を飲んでいます。
6. 今朝は６時に起きました。
7. １年間の休みを経て職場に復帰する。
8. 服がまだ乾いていない。
9. 老後に備えて貯金をしている。
10. 新入社員を雇い、社員教育をする。
11. 車の免許を取りました。
12. 新幹線は速くて快適です。
13. 天気予報によると台風が来るらしい。
14. 日を改めてまた参ります。
15. その問題に関する情報を集める。

1. 必要のさいには、お電話ください。
2. 彼女の歌手としてのしょうらいは明るい。
3. 彼は英語のきょうしです。
4. この薬はこうかがある。
5. この川でおよぐのは危ないです。
6. 太平洋を飛行機でおうだんする。
7. ここはこうつうが便利なところです。
8. 道路に出てタクシーをひろう。
9. しょくよくをそそる匂いがする。
10. 彼女はぼうしをかぶって出かけた。
11. もっと良いじょうけんを提示する。
12. 練習あいてにもならない。
13. 大きなこえを出して泣く。
14. あせをハンカチでふく。
15. この鉛筆は先がするどくとがっている。

읽기 표기 콕콕 연습문제 03

>> 下線の漢字はひらがなに、ひらがなは漢字になおしなさい。

1. 突然激しく雨が降る。
2. 30文字以内で入力してください。
3. 子供のしつけは親の役目だ。
4. 野菜を塩漬けにして貯蔵する。
5. 私は考え方が幼いかもしれません。
6. 民宿に宿泊する予定だ。
7. 政治には国民の意見が大切だ。
8. 公園で散歩をする。
9. 日本にはいつ到着しますか。
10. その問題は簡単には処理できない。
11. わたしは父を尊敬しています。
12. 彼はとても責任感が強い人です。
13. 今朝弱い地震があった。
14. プリンターから画像を印刷する。
15. 彼は砂浜を掘って貝を捜した。

1. 嬉しい反面、ふくざつな気持ちです。
2. だれが彼女の代理をつとめるのですか。
3. 彼は自分のあやまりを認めた。
4. 祖父は転んで左足をこっせつした。
5. その船はじょうきで動く。
6. たにんの目を意識する。
7. 部屋がせまくて不便だ。
8. 時間の大半をその仕事にしょうひする。
9. 完璧な人はそんざいしない。
10. 平凡なにちじょうに幸せを感じます。
11. あの建物のこうぞうは極めて単純だ。
12. 道でさいふを拾った。
13. ちょくせつ彼に会った方が話が早い。
14. 高い山は夏でも比較的すずしい。
15. 政治制度は国によってことなる。

문맥규정 콕콕 연습문제 02

정답 P.267

>>> (　　　)に入れるのに最もよいものを、1・2・3・4から一つ選びなさい。

1 私のかばんは重量(じゅうりょう)制限を3キロ(　　　)していた。
　1 超過　　2 過剰　　3 通過　　4 過失

2 では、上から(　　　)に説明します。
　1 注目　　2 実現　　3 状況　　4 順番

3 彼氏からプロポーズされましたが、返事に(　　　)います。
　1 迷って　　2 選んで　　3 尋ねて　　4 比べて

4 音楽の(　　　)がある人がうらやましいです。
　1 濃度　　2 才能　　3 水圧　　4 重量

5 値段(ねだん)を(　　　)買い物をする。
　1 消えて　　2 比べて　　3 配って　　4 預けて

6 お金と時間を(　　　)するために努力しています。
　1 節約　　2 上記　　3 見本　　4 見方

7 この問題は(　　　)に見えても難しい。
　1 超過　　2 遅刻　　3 単純　　4 知恵

8 コンサートホールからは(　　　)の音が止まらなかった。
　1 湿度　　2 商品　　3 拍手　　4 人手

9 彼はとても感情の(　　　)な人です。
　1 確か　　2 豊か　　3 静か　　4 細か

10 この資料を(　　　)してレポートを作成してください。
　1 作物　　2 参考　　3 招待　　4 失敗

콕콕 연습문제 03

>>> （　　）に入れるのに最もよいものを、1・2・3・4から一つ選びなさい。

1 （　　）した生活を送っています。
1 豪華　　2 高級　　3 安定　　4 上等

2 翻訳を（　　）することも可能です。
1 結局　　2 飲酒　　3 横断　　4 依頼

3 このトマトは特に（　　）分が豊富です。
1 発行　　2 発射　　3 発表　　4 栄養

4 これからも（　　）よろしくお願いします。
1 応援　　2 違反　　3 雨量　　4 混乱

5 彼は（　　）観念が全くない。
1 対照　　2 経験　　3 対面　　4 経済

6 たくさん作りすぎて、食べ物が（　　）しまった。
1 枯れて　　2 吠えて　　3 更けて　　4 余って

7 この（　　）保険はインターネットで加入できます。
1 延期　　2 医療　　3 伝達　　4 発達

8 今日の（　　）気温をチェックしておく。
1 左右　　2 最高　　3 指示　　4 抵抗

9 無事に（　　）できるか不安です。
1 就職　　2 資格　　3 条件　　4 数年

10 目的達成のために（　　）を選ばないつもりです。
1 階段　　2 感動　　3 手段　　4 感激

03 예상 한자어 1200

일본어능력시험 N2 출제 예상 한자어 1200개를 행별로 정리하였다. 중요한 한자어는 반복해서 출제되기도 하므로 이미 기출된 한자어도 함께 실었다. な형용사는 어간만을 게재하였고, 명사와의 혼동을 피하기 위해 뜻을 「~임, ~함」 등으로 실었다.

あ행

相変わらず	변함없이, 여전히 [교체]	暖かい	따뜻하다	謝る	사죄하다, 사과하다
挨拶する	인사하다	温かい	따뜻하다	争う	다투다, 경쟁하다 [표기]
愛情	애정	温める	데우다	改めて	딴 기회에, 새삼스럽게
合図	신호 [용법]	頭	머리	荒れる	날뛰다, 설치다
間	사이, 동안	頭がいい	머리가 좋다 [교체]	合わせる	맞추다, 합치다
相次いで	연달아, 잇따라 [문규]	新しい	새롭다	慌ただしい	분주하다 [용법]
合間	틈, 짬	当たる	맞다, 해당하다	慌てる	당황하다
曖昧	애매함 [문규, 교체]	圧勝	압승	安易に	안이하게 [문규]
明るい	밝다	暑い	덥다	安心する	안심하다
空き地	빈 터, 공터	熱い	뜨겁다	安全	안전함
明らか	분명함, 뚜렷함 [교체]	扱う	다루다, 취급하다 [표기]	案内する	안내하다
諦める	체념하다, 단념하다	集まる	모이다 [교체]	言い訳する	변명하다 [용법]
空く	비다	集める	모으다	生かす	살리다
悪影響	악영향 [단어형성]	後で	나중에	意外	의외임, 뜻밖임 [교체]
悪条件	악조건 [단어형성]	暴れる	설치다, 날뛰다	医学界	의학계 [단어형성]
憧れる	동경하다	浴びる	(샤워를) 하다, 들쓰다	生き生きと	생생히 [용법]
鮮やか	산뜻함, 선명함 [표기]	危ない	위험하다	勢い	기세 [표기]
預ける	맡기다	甘やかす	응석 부리게 하다 [용법]	息抜きする	숨을 돌리다 [교체]
汗	땀	編む	뜨다, 엮다, 짜다	移行する	이행하다
焦る	초조하게 굴다 [표기]	怪しい	수상하다	意識する	의식하다
遊ぶ	놀다	過ち	잘못, 과오 [교체]	以前	이전 [교체]
与える	주다 [표기]	誤り	잘못, 틀림	依然として	여전히 [교체]

急いで	서둘러
忙しい	바쁘다
痛ましい	애처롭다, 참혹하다
痛み	아픔, 통증
傷む	상하다
至る	이르다
至るところ	도처에 표기
抱く	안다, 품다
一応	우선, 일단 교체
一時的に	일시적으로
一度に	일시에, 한꺼번에
一日置きに	하루 걸러 단어형성
一気に	단숨에 문규
一生懸命	매우 열심히 함 교체
一斉に	일제히
一旦	일단 용법
一方的に	일방적으로
意図	의도
移動する	이동하다
祈る	빌다, 기도하다
違反する	위반하다 용법
異文化	이문화 단어형성
嫌	싫음
意欲	의욕 문규
依頼する	의뢰하다
祝う	축하하다
引退する	은퇴하다 용법
引用する	인용하다
植える	심다
浮かぶ	뜨다, 떠오르다
受け入れる	받아들이다 용법

受ける	받다
動く	움직이다 교체
失う	잃다, 상실하다
薄い	얇다, 연하다, 적다
薄暗い	조금 어둡다 단어형성
疑う	의심하다
打ち明ける	숨김 없이 이야기하다
腕	팔 표기
奪う	빼앗다
埋まる	메워지다, 가득 차다
埋める	묻다, 메우다
占う	점치다
売り上げ	매상, 판매액
売る	팔다 교체
嬉しい	기쁘다
上回る	상회하다, 웃돌다
運営する	운영하다
運が良い	운이 좋다 교체
運賃	운임 표기
運転する	운전하다
永久	영구함 표기
営業する	영업하다
栄養	영양
笑顔	웃는 얼굴
描く	그리다
餌	먹이
選ばれる	뽑히다
得る	얻다 문규
援助する	원조하다 표기
延長する	연장하다 용법
円満	원만함

遠慮する	사양하다, 거절하다
応援団	응원단 단어형성
応答する	응답하다
終える	끝내다, 마치다 교체
覆う	덮다 용법
大げさ	야단스러움 교체, 용법
大声で	큰 소리로
大幅に	대폭적으로
補う	보충하다
屋外	옥외
送る	보내다
起こす	일으키다
行われる	행해지다, 실시되다
怒る	화내다, 성내다
幼い	어리다 읽기
治まる	안정되다, 진정되다
収める	수납하다
納める	납입하다, 내다
教える	가르치다
遅くとも	늦어도
遅くまで	늦게까지
恐らく	아마 교체
恐ろしい	무섭다
お互い	서로, 상호
穏やか	온화함 문규
落ち込む	빠지다, 떨어지다
落ちる	떨어지다, 낙하하다
訪れる	찾다, 방문하다 표기
劣る	뒤떨어지다 표기
衰える	쇠퇴하다
驚かせる	놀라게 하다 표기

驚く	놀라다, 경악하다	思い付く	생각이 떠오르다 [용법]	音楽全般	음악 전반 [단어형성]
同じ	같음	重苦しい	울적하다, 답답하다	温厚	온후함 [문규]
同じにする	같게 하다 [교체]	面白い	재미있다 [교체]	温暖	온난함 [용법]
覚える	기억하다, 익히다	思った通り	생각한 대로	温度	온도
重い	무겁다	主に	주로	音量	음량
思いがけない	의외이다 [교체]	親子連れ	부모 자녀 동반 [단어형성]		
思い切って	과감히, 마음껏 [문규]	終わる	끝나다, 끝내다		

か행

開演する	개연하다	抱える	안다, 끼다 [문규]	肩	어깨 [표기]
開会式	개회식	輝かしい	빛나다 [문규]	傾く	기울다, 쏠리다 [표기]
会見	회견 [용법]	限りない	한없다, 무한하다	固める	다지다, 단단히 하다
外見	외관, 외모 [용법]	限る	한정하다, 제한하다	偏る	치우치다 [문규]
開講する	개강하다	確実に	확실히	課題	과제
開催される	개최되다 [표기]	拡充する	확충하다 [읽기]	価値	가치
解散する	해산하다 [문규]	隠す	감추다, 숨기다 [읽기]	活気	활기 [문규]
買い占める	매점하다 [교체]	拡大する	확대하다(되다)	学期末	학기말
解消する	해소하다 [문규]	獲得する	획득하다	格好	모습, 모양, 꼴 [문규]
改正される	개정되다 [문규]	確認する	확인하다	勝手	제멋대로임 [교체]
快晴	쾌청함, 맑게 갬	確保する	확보하다 [문규]	活発に	활발히 [문규]
改善する	개선하다 [문규]	隠れる	숨다	勝つ	이기다
改造する	개조하다	家具	가구	活動する	활동하다
改訂する	개정하다	過去	과거	活躍する	활약하다
快適	쾌적함	囲まれる	둘러싸이다 [읽기]	仮定	가정
回答する	회답하다	重なる	포개지다, 겹치다	悲しい	슬프다
開発する	개발하다	重ねる	포개다, 거듭하다	必ず	반드시, 꼭
回復する	회복하다(되다) [교체]	賢い	현명하다 [교체]	可能性	가능성
解放する	해방시키다, 풀어주다	過剰	과잉임 [교체]	構わない	상관없다, 괜찮다
開幕する	개막하다	風邪気味	감기 기운 [단어형성]	我慢する	참다, 견디다
概要	개요	家族連れ	가족 동반 [단어형성]	髪	머리(털)

기출 및 예상 한자어

雷 (かみなり)	천둥, 벼락	管理する (かんり)	관리하다 표기	吸収する (きゅうしゅう)	흡수하다
歌謡曲 (かようきょく)	가요곡	管理下 (かんりか)	관리하 단어형성	休日 (きゅうじつ)	휴일
辛い (から)	맵다 읽기	簡略 (かんりゃく)	간략함	旧制度 (きゅうせいど)	구제도 단어형성
体が小さい (からだ ちい)	몸집이 작다 교체	完了する (かんりょう)	완료하다 (되다) 문규	急速に (きゅうそくに)	급속히
仮採用 (かりさいよう)	임시 채용 단어형성	関連する (かんれん)	관련하다	給料 (きゅうりょう)	급료
仮に (かり)	만일, 임시로	記憶する (きおく)	기억하다	教育 (きょういく)	교육
借りる (か)	빌리다 교체	気温 (きおん)	기온	教師 (きょうし)	교사
軽い (かる)	가볍다	聞き取る (き と)	알아듣다	行事 (ぎょうじ)	행사 읽기
軽々と (かるがる)	가볍게	企業 (きぎょう)	기업	恐怖 (きょうふ)	공포
枯れる (か)	마르다, 시들다	器具 (きぐ)	기구	興味 (きょうみ)	흥미
乾く (かわ)	마르다, 건조하다 교체	危険性 (きけんせい)	위험성 단어형성	極端に (きょくたんに)	극단적으로 읽기
変わる (か)	변하다, 바뀌다	期限切れ (きげんぎ)	기한이 지남 단어형성	拒否する (きょひ)	거부하다 읽기
間隔 (かんかく)	간격	記者 (きしゃ)	기자	距離 (きょり)	거리 표기
考え方 (かんが かた)	사고방식 교체	技術 (ぎじゅつ)	기술	器用に (きように)	재주 있게, 요령 있게
環境 (かんきょう)	환경	季節 (きせつ)	계절	清らか (きよ)	맑음, 깨끗함
関係 (かんけい)	관계	競う (きそ)	겨루다, 경쟁하다 읽기	切れる (き)	끊어지다, 떨어지다
簡潔 (かんけつ)	간결함 표기	貴重 (きちょう)	귀중함 읽기	金額 (きんがく)	금액
頑固に (がんこに)	완고하게	喫茶店 (きっさてん)	찻집, 다방	金庫 (きんこ)	금고
観光客 (かんこうきゃく)	관광객	切符 (きっぷ)	표, 티켓	禁止する (きんし)	금지하다
関心 (かんしん)	관심 교체	記入する (きにゅう)	기입하다	緊張する (きんちょう)	긴장하다
勘定 (かんじょう)	계산 교체	機能 (きのう)	기능 문규	空気 (くうき)	공기
頑丈 (がんじょう)	튼튼함, 옹골참 용법	厳しい (きび)	엄하다	偶然 (ぐうぜん)	우연히 교체
感じる (かん)	느끼다	寄付する (きふ)	기부하다 표기	区切り (くぎ)	단락
完成する (かんせい)	완성하다 교체	気分 (きぶん)	기분	臭い (くさ)	구린내 나다
乾燥する (かんそう)	건조하다 교체	規模 (きぼ)	규모 읽기	苦情 (くじょう)	고충, 불만
簡単に (かんたんに)	간단히	希望 (きぼう)	희망	崩れる (くず)	무너지다
感動する (かんどう)	감동하다	決まる (き)	결정되다	苦戦する (くせん)	고전하다
感動的 (かんどうてき)	감동적임	奇妙 (きみょう)	기묘함 교체	具体的 (ぐたいてき)	구체적임
看板 (かんばん)	간판	決める (き)	결정하다	愚痴 (ぐち)	푸념 문규
願望 (がんぼう)	소원 읽기	疑問 (ぎもん)	의문	靴 (くつ)	신발, 구두
勧誘する (かんゆう)	권유하다 읽기	休憩する (きゅうけい)	휴식하다	配られる (くば)	배부되다, 분배되다

工夫する(くふう)	궁리하다		研究する(けんきゅう)	연구하다		交代する(こうたい)	교대하다 용법
曇る(くも)	흐리다, 흐려지다		健康(けんこう)	건강		好調(こうちょう)	순조로움 표기
悔しい(くや)	분하다 읽기		原稿(げんこう)	원고		合同(ごうどう)	합동 용법
悔やむ(く)	후회하다 문규		検査する(けんさ)	검사하다		行動する(こうどう)	행동하다
暮らす(く)	생활하다, 살다 표기		現実離れ(げんじつばな)	현실 이탈 단어형성		候補(こうほ)	후보
比べる(くら)	비하다, 비교하다		現象(げんしょう)	현상 읽기		効用(こうよう)	효용
クリーム状(じょう)	크림 상태 단어형성		現状(げんじょう)	현상, 현재의 상태		交流する(こうりゅう)	교류하다
繰り返す(く かえ)	되풀이하다, 반복하다		減少する(げんしょう)	감소하다		効力(こうりょく)	효력
苦労する(くろう)	고생하다		建設する(けんせつ)	건설하다		超える(こ)	넘다, 초월하다
詳しい(くわ)	상세하다 표기		現段階(げんだんかい)	현단계 단어형성		凍る(こお)	얼다 표기
訓練する(くんれん)	훈련하다		見当(けんとう)	짐작 문규		語学力(ごがくりょく)	어학력
計画(けいかく)	계획 교체		権利(けんり)	권리		小柄(こがら)	몸집이 작음 교체
景気(けいき)	경기		減量する(げんりょう)	감량하다		国際(こくさい)	국제
契機(けいき)	계기 문규		恋人(こいびと)	연인		国際色(こくさいしょく)	국제색 단어형성
経験する(けいけん)	경험하다		強引に(ごういん)	억지로, 강제로		焦げる(こ)	눋다, 타다 표기
経済(けいざい)	경제		講演(こうえん)	강연		心(こころ)	마음
掲示する(けいじ)	게시하다 용법		効果(こうか)	효과		心強い(こころづよ)	마음 든든하다 용법
継続する(けいぞく)	계속하다 읽기		硬貨(こうか)	동전 표기		快く(こころよ)	쾌히 표기, 용법
携帯する(けいたい)	휴대하다		合格する(ごうかく)	합격하다		小声(こごえ)	작은 소리 교체
景色(けしき)	경치 읽기		交換する(こうかん)	교환하다		腰(こし)	허리
削る(けず)	깎다, 줄이다 표기		講義(こうぎ)	강의 표기		越す(こ)	넘다, 넘기다
結果(けっか)	결과		合計(ごうけい)	합계		答える(こた)	대답하다
結局(けっきょく)	결국		交差点(こうさてん)	교차로		異なる(こと)	다르다 교체
結婚観(けっこんかん)	결혼관 단어형성		講師(こうし)	강사 표기		断る(ことわ)	거절하다
結婚式(けっこんしき)	결혼식		高収入(こうしゅうにゅう)	고수입 단어형성		子供連れ(こどもづ)	아이 동반 단어형성
決勝戦(けっしょうせん)	결승전		工事(こうじ)	공사		困る(こま)	곤란하다
決定する(けってい)	결정하다		向上する(こうじょう)	향상하다(되다)		込む(こ)	붐비다, 혼잡하다
決断する(けつだん)	결단하다		高水準(こうすいじゅん)	고수준 단어형성		転ぶ(ころ)	구르다, 넘어지다
結論(けつろん)	결론		構成(こうせい)	구성		怖い(こわ)	무섭다
険しい(けわ)	험하다, 험난하다		高性能(こうせいのう)	고성능 단어형성		壊す(こわ)	부수다
見解(けんかい)	견해 교체		高層(こうそう)	고층		壊れる(こわ)	부서지다

根気 (こんき)	끈기	混雑する (こんざつ)	혼잡하다	混乱する (こんらん)	혼란되다 표기
今後 (こんご)	금후, 앞으로	困難 (こんなん)	곤란함		

さ행

再開する (さいかい)	재개하다	差し支える (さしつかえる)	지장이 있다 문규	時期 (じき)	시기
再会する (さいかい)	재회하다	誘う (さそう)	권하다, 권유하다 표기	至急 (しきゅう)	지급, 급히 읽기
災害 (さいがい)	재해	定める (さだめる)	제정하다, 정하다	資源 (しげん)	자원
最近 (さいきん)	최근, 요즘	撮影する (さつえい)	촬영하다 읽기, 표기	事件 (じけん)	사건
最後 (さいご)	최후, 마지막	早速 (さっそく)	즉시	思考 (しこう)	사고
採集する (さいしゅう)	채집하다	雑談する (ざつだん)	잡담하다 교체	自己紹介 (じこしょうかい)	자기 소개
最初 (さいしょ)	최초	砂糖 (さとう)	설탕	視察する (しさつ)	시찰하다
再申請 (さいしんせい)	재신청 단어형성	様々 (さまざま)	여러 가지임, 다양함	持参する (じさん)	지참하다
催促する (さいそく)	재촉하다 용법	寒い (さむい)	춥다	指示する (しじ)	지시하다
最大 (さいだい)	최대	覚める (さめる)	깨다, 정신이 들다	支持する (しじ)	지지하다 용법
再提出 (さいていしゅつ)	재제출 단어형성	冷める (さめる)	식다	市場 (しじょう)	시장
才能 (さいのう)	재능	左右 (さゆう)	좌우	事情 (じじょう)	사정
財布 (さいふ)	지갑	参加する (さんか)	참가하다	自信 (じしん)	자신
再放送 (さいほうそう)	재방송 단어형성	参加者 (さんかしゃ)	참가자	静かに (しずかに)	조용히
最有力 (さいゆうりょく)	가장 유력함 단어형성	残業する (ざんぎょう)	야근하다	沈む (しずむ)	가라앉다
採用する (さいよう)	채용하다	参考する (さんこう)	참고하다	姿勢 (しせい)	자세 읽기
逆らう (さからう)	거스르다, 거역하다 표기	参照する (さんしょう)	참조하다 표기	視線 (しせん)	시선
探す (さがす)	찾다	賛成する (さんせい)	찬성하다	持続する (じぞく)	지속하다
下がる (さがる)	내려가다	山頂 (さんちょう)	산 꼭대기, 정상	舌 (した)	혀
先々 (さきざき)	장차, 앞날	残念 (ざんねん)	유감임	辞退する (じたい)	사퇴하다 문규
作業する (さぎょう)	작업하다	仕上げる (しあげる)	일을 끝내다 교체	親しい (したしい)	친하다, 사이가 좋다
削除する (さくじょ)	삭제하다 읽기	塩味 (しおあじ)	소금 맛, 짠맛	自宅 (じたく)	자택
作成する (さくせい)	작성하다 용법	司会 (しかい)	사회	下の方 (したのほう)	아래 쪽 교체
作品 (さくひん)	작품	視界 (しかい)	시계, 시야	下回る (したまわる)	밑돌다
作品集 (さくひんしゅう)	작품집 단어형성	資格 (しかく)	자격	下を向く (したをむく)	아래를 향하다 교체
避ける (さける)	피하다	仕方ない (しかたない)	어쩔 수 없다 교체	実現する (じつげん)	실현하다

実際には (じっさい)	실제로는	柔軟 (じゅうなん)	유연함 `문규`	詳細 (しょうさい)	자세함
質素 (しっそ)	검소함 `용법`	収入 (しゅうにゅう)	수입	上司 (じょうし)	상사
実に (じつ)	실로	収納する (しゅうのう)	수납하다 `교체`	症状 (しょうじょう)	증상 `표기`
実は (じつ)	실은, 사실은	十分 (じゅうぶん)	충분함 `교체`	上昇する (じょうしょう)	상승하다 `문규`
失敗する (しっぱい)	실패하다	週末 (しゅうまつ)	주말	生じる (しょう)	생기다 `용법`
実務 (じつむ)	실무	充満する (じゅうまん)	충만하다	少数 (しょうすう)	소수
質問する (しつもん)	질문하다	重要 (じゅうよう)	중요함	小説 (しょうせつ)	소설
実力 (じつりょく)	실력	修理する (しゅうり)	수리하다	状態 (じょうたい)	상태
指摘する (してき)	지적하다 `표기`	主観的 (しゅかんてき)	주관적임	招待する (しょうたい)	초대하다 `표기`
指導する (しどう)	지도하다	宿題 (しゅくだい)	숙제	招待状 (しょうたいじょう)	초대장 `단어형성`
暫く (しばら)	잠깐, 당분간	宿泊する (しゅくはく)	숙박하다	上達する (じょうたつ)	능숙해지다, 늘다
縛る (しば)	묶다, 매다	取材する (しゅざい)	취재하다 `용법`	冗談 (じょうだん)	농담
渋い (しぶ)	떫다, 수수하다	主人公 (しゅじんこう)	주인공	承知 (しょうち)	알아 들음, 승낙
自分で (じぶん)	스스로, 직접 `교체`	主成分 (しゅせいぶん)	주성분 `단어형성`	象徴 (しょうちょう)	상징 `표기`
絞る (しぼ)	(쥐어)짜다 `읽기`	主張する (しゅちょう)	주장하다	焦点 (しょうてん)	초점 `읽기`
締め切り (し き)	마감	出世する (しゅっせ)	출세하다 `표기`	商店街 (しょうてんがい)	상점가 `단어형성`
湿っぽい (しめ)	눅눅하다 `표기`	出席する (しゅっせき)	출석하다	衝突する (しょうとつ)	충돌하다 `교체`
湿る (しめ)	습기차다 `교체`	出発する (しゅっぱつ)	출발하다	商品 (しょうひん)	상품
占める (し)	차지하다 `읽기`	取得する (しゅとく)	취득하다	情報 (じょうほう)	정보
地元 (じもと)	그 고장, 본거지 `읽기`	趣味 (しゅみ)	취미	省略する (しょうりゃく)	생략하다 `읽기`
視野 (しや)	시야 `문규`	需要 (じゅよう)	수요	諸外国 (しょがいこく)	여러 나라 `단어형성`
邪魔 (じゃま)	방해 `문규`	順 (じゅん)	순서, 차례 `단어형성`	食費 (しょくひ)	식비
自由 (じゆう)	자유	準決勝 (じゅんけっしょう)	준결승 `단어형성`	食品 (しょくひん)	식품
周囲 (しゅうい)	주위	順々に (じゅんじゅん)	차례차례	食欲 (しょくよく)	식욕
収穫する (しゅうかく)	수확하다 `표기, 문규`	順調に (じゅんちょう)	순조롭게 `표기, 용법`	徐々に (じょじょ)	서서히 `문규`
充実する (じゅうじつ)	충실하다	準備する (じゅんび)	준비하다	初心者 (しょしんしゃ)	초심자
就職する (しゅうしょく)	취직하다	準優勝 (じゅんゆうしょう)	준우승 `단어형성`	食器類 (しょっきるい)	식기류 `단어형성`
就職率 (しゅうしょくりつ)	취직률 `단어형성`	紹介する (しょうかい)	소개하다	初年度 (しょねんど)	첫해 `단어형성`
渋滞する (じゅうたい)	정체하다	乗客 (じょうきゃく)	승객	諸問題 (しょもんだい)	여러 문제 `단어형성`
集中力 (しゅうちゅうりょく)	집중력 `단어형성`	状況 (じょうきょう)	상황	所有する (しょゆう)	소유하다 `교체`
柔道 (じゅうどう)	유도	消極的 (しょうきょくてき)	소극적임	書類 (しょるい)	서류

知らず知らず	しらずしらず	저절로, 어느새
調べる	しらべる	조사하다, 찾다
知られる	しられる	알려지다
資料	しりょう	자료
真剣に	しんけんに	진지하게 [표기]
進行する	しんこうする	진행하다
深刻	しんこく	심각함 [용법]
診察室	しんさつしつ	진찰실
進出する	しんしゅつする	진출하다
申請する	しんせいする	신청하다
親切	しんせつ	친절함
診断する	しんだんする	진단하다
慎重に	しんちょうに	신중히 [교체]
親友	しんゆう	친한 친구
信頼する	しんらいする	신뢰하다
垂直	すいちょく	수직 [읽기]
吸う	すう	들이마시다, 피우다
救う	すくう	구하다, 건지다 [표기]
少し	すこし	조금 [교체]
過ごす	すごす	보내다
涼しい	すずしい	시원하다
進む	すすむ	나아가다
勧める	すすめる	권하다, 권장하다
捨てる	すてる	버리다
済ます	すます	끝내다, 마치다 [교체]
鋭い	するどい	날카롭다 [문규]
座る	すわる	앉다
成果	せいか	성과
正解	せいかい	정답
性格	せいかく	성격
正確	せいかく	정확함
税金	ぜいきん	세금
清潔	せいけつ	청결함 [읽기]
成功する	せいこうする	성공하다
成功率	せいこうりつ	성공률 [단어형성]
製造	せいぞう	제조 [표기]
成長する	せいちょうする	성장하다 [문규]
政党	せいとう	정당
制度	せいど	제도
性能	せいのう	성능
製品	せいひん	제품
整備する	せいびする	정비하다
整理する	せいりする	정리하다
成立する	せいりつする	성립하다 (되다)
責任感	せきにんかん	책임감
世間	せけん	세상 [용법]
積極的に	せっきょくてきに	적극적으로 [표기]
接続する	せつぞくする	접속하다 [표기]
絶対	ぜったい	절대, 무조건
説明する	せつめいする	설명하다
節約する	せつやくする	절약하다 [용법]
迫る	せまる	다가 오다, 닥치다 [문규]
攻める	せめる	공격하다
責める	せめる	비난하다, 나무라다 [표기]
全員	ぜんいん	전원
全額	ぜんがく	전액
選挙	せんきょ	선거
洗剤	せんざい	세제
前社長	ぜんしゃちょう	전사장 [단어형성]
選手	せんしゅ	선수
選出する	せんしゅつする	선출하다
全然	ぜんぜん	전연, 전혀
先端	せんたん	첨단
専念する	せんねんする	전념하다 [문규]
全部	ぜんぶ	전부 [교체]
鮮明	せんめい	선명함
線路沿い	せんろぞい	철길, 선로가 [단어형성]
相違	そうい	다름, 틀림 [문규]
総売上	そううりあげ	총매출 [단어형성]
増加する	ぞうかする	증가하다
相互	そうご	상호 [읽기]
総合	そうごう	종합
騒々しい	そうぞうしい	시끄럽다 [교체]
増大する	ぞうだいする	증대하다
相談する	そうだんする	의논하다
装置	そうち	장치 [읽기]
相当	そうとう	상당, 해당 [교체]
即座に	そくざに	즉석에서 [표기]
続出する	ぞくしゅつする	속출하다 [용법]
属する	ぞくする	속하다, 소속하다
続々と	ぞくぞくと	속속, 잇따라
組織	そしき	조직 [표기]
訴訟	そしょう	소송
育つ	そだつ	자라다
措置する	そちする	조치하다
率直	そっちょく	솔직함 [읽기]
卒業する	そつぎょうする	졸업하다
供える	そなえる	바치다, 올리다
備える	そなえる	준비하다, 대비하다 [읽기]
揃う	そろう	갖추어지다, 모이다 [교체]
揃える	そろえる	같게 하다, 갖추다 [교체]
損害	そんがい	손해 [읽기]
存在	そんざい	존재

尊重する	존중하다 읽기				

た행

退院する	퇴원하다	足す	더하다, 채우다 교체	短気	성질이 급함
対応する	대응하다	出す	내다, 보내다	単純	단순함
体格	체격 문규	助かる	살아나다, 도움이 되다	誕生する	탄생하다
大企業	대기업	尋ねる	찾다, 묻다	団体	단체
体験する	체험하다	訪ねる	찾다, 방문하다	小さい	작다 교체
退出する	퇴출하다	戦う	싸우다	力	힘
退場する	퇴장하다	畳む	접다, 꺾다, 개다 용법	力強い	든든하다
大臣	대신, 장관	正しい	옳다, 바르다 교체	違い	차이, 다름
大切	소중함	直ちに	즉시, 즉각 교체	違う	다르다, 틀리다 교체
大体	대체로 교체	立場	입장	地球	지구
大抵	대개, 대부분	達成する	달성하다	知識	지식
対等	대등함	建て替える	개축하다, 다시 짓다	縮む	줄어들다 교체, 용법
態度	태도	建てる	세우다, 짓다	地方	지방
対比	대비	妥当	타당함 용법	着実に	착실히
代表	대표	種	종자, 씨	着々と	착착, 순조롭게 문규
代表的	대표적임	楽しみ	즐거움, 낙	注意する	주의하다 교체
大変	엄청남, 매우 힘듦	楽しむ	즐기다	中間	중간
大別する	대별하다, 크게 나누다	頼もしい	믿음직하다 문규	中継する	중계하다 문규
耐える	견디다, 참다	度々	여러 번, 자주 교체	中止する	중지하다
倒れる	쓰러지다, 넘어지다	多分	아마 교체	抽象的	추상적임 읽기
高い	높다, 비싸다	食べる	먹다	中断する	중단하다 용법
高まる	높아지다	試し	시험, 시도	注目される	주목받다 용법
抱き締める	꽉 껴안다, 부둥켜 안다	矯める	바로 잡다, 교정하다	注目する	주목하다 교체
抱く	안다, 품다	保つ	지키다, 유지하다 용법	注文する	주문하다
蓄える	모으다, 저장하다 문규	頼り	의지 표기	調査する	조사하다
確か	확실함, 틀림없음	頼る	의지하다	調子	컨디션, 상태
確かめる	확인하다	足りる	족하다, 충분하다	頂上	정상 용법

調節する	조절하다	읽기	抵抗する	저항하다	표기	投票率	투표율	단어형성
直後	직후		停止する	정지하다		動物	동물	
直接	직접	교체	訂正する	정정하다	문규	逃亡する	도망치다	읽기
直前	직전	교체	丁寧に	정중하게, 신중하게		登録する	등록하다	표기
散らかる	어지러지다	문규	手軽に	가볍게, 손쉽게	용법	討論する	토론하다	표기
治療する	치료하다	읽기	的確に	적확하게		読書	독서	
追加する	추가하다	교체	適度	적당함, 알맞음	문규	特色	특색	문규
追及する	추궁하다		徹夜する	밤새우다		特徴	특징	
通勤する	통근하다		店員	점원		特定	특정	
通じる	통하다	문규	展開する	전개하다		得点	득점	
使う	사용하다		転換する	전환하다		特に	특히	
疲れる	피로해지다, 지치다	교체	点検する	점검하다		特別に	특별히	
尽きる	다하다, 떨어지다	문규	転校する	전학하다		都市	도시	
次々	계속함		電車賃	전철 요금	단어형성	土地	토지, 땅	
就く	취침하다, 취임하다		伝授する	전수하다		途中	도중	
包む	싸다, 포장하다		伝承する	전승하다		突然	돌연, 갑자기	교체
努める	힘쓰다, 노력하다	표기	転職する	전직하다, 이직하다		整える	조절하다, 정돈하다	
常に	늘, 항상	교체	伝染する	전염하다, 퍼지다		届ける	보내다, 신고하다	
潰す	찌그러뜨리다, 망치다	문규	伝達する	전달하다		隣	이웃	읽기
潰れる	찌그러지다, 망가지다		電池	전지, 건전지		飛び越える	뛰어넘다	
詰まる	가득 차다, 막히다	문규	伝統	전통		乏しい	부족하다	읽기, 용법
積み重ねる	쌓다, 거듭하다		天然	천연		止まる	멈추다, 서다	
積む	쌓다	읽기	問い合わせ	문의	용법	伴う	따르다, 수반하다	읽기
詰め込む	가득 채우다, 밀어 넣다		統一	통일		捕らえる	붙잡다	
詰める	채우다, 좁히다		東京駅発	동경역발	단어형성	取り入れる	받아들이다, 도입하다	
強い	강하다, 세다		道具	도구		取り壊す	해체하다, 허물다	
強み	강점	문규	当日	당일		取り付ける	달다, 장치하다	
辛い	괴롭다	문규	当然	당연		努力する	노력하다	
提案する	제안하다		逃走する	도주하다		採る	뽑다, 채집하다	
低価格	저가격	단어형성	導入される	도입되다	문규			
提供する	제공하다	문규	逃避する	도피하다				

な행

漢字	読み	意味
内容	ないよう	내용
直す	なおす	고치다
治る	なおる	치료되다, 낫다
仲間	なかま	동료, 한패
長い	ながい	길다
眺め	ながめ	경치, 풍경
情けない	なさけない	한심하다
懐かしい	なつかしい	그립다
夏休み明け	なつやすみあけ	여름방학이 끝남 [단어형성]
鍋	なべ	냄비
波	なみ	파도
涙	なみだ	눈물
滑らか	なめらか	매끄러움, 순조로움
悩む	なやむ	고민하다, 괴로워하다
並ぶ	ならぶ	나란히 서다
鳴り出す	なりだす	울려대다
鳴る	なる	울리다, 소리가 나다
慣れる	なれる	익숙해지다
軟弱	なんじゃく	연약함
何度も	なんども	몇 번이나 [교체]
苦い	にがい	쓰다
苦手	にがて	서투름, 질색임
賑やか	にぎやか	번화함, 활기참
握る	にぎる	쥐다, 잡다 [읽기]
憎い	にくい	밉다 [읽기]
濁る	にごる	탁하다, 흐려지다 [문규]
二対一	にたいいち	2대 1 [단어형성]
日記	にっき	일기
日中	にっちゅう	주간, 낮 [교체]
二度と	にどと	두 번 다시
鈍い	にぶい	둔하다, 무디다
日本式	にほんしき	일본식 [단어형성]
日本流	にほんりゅう	일본류 [단어형성]
似る	にる	닮다
人気	にんき	인기
人間	にんげん	인간, 사람
抜く	ぬく	뽑다, 빼내다
抜ける	ぬける	빠지다, 없어지다
塗る	ぬる	바르다, 칠하다
願う	ねがう	원하다, 바라다
値段	ねだん	값, 가격
熱心に	ねっしんに	열심히
眠い	ねむい	졸리다
狙う	ねらう	겨누다, 노리다
年代順	ねんだいじゅん	연대순 [단어형성]
農産物	のうさんぶつ	농산물
残す	のこす	남기다
乗せる	のせる	태우다
除く	のぞく	빼다, 제외하다 [읽기]
喉が渇く	のどがかわく	목이 마르다
伸びる	のびる	펴지다, 자라다

は행

漢字	読み	意味
廃止される	はいしされる	폐지되다 [용법]
歯医者	はいしゃ	치과 의사, 치과
俳優	はいゆう	배우
拍手	はくしゅ	박수
激しい	はげしい	심하다, 격심하다 [표기]
箱	はこ	상자
運ぶ	はこぶ	옮기다, 나르다
挟む	はさむ	끼우다, 사이에 두다
走り出す	はしりだす	달리기 시작하다
走る	はしる	달리다
初めて	はじめて	처음(으로), 비로소
恥ずかしい	はずかしい	부끄럽다
外す	はずす	떼다, 자리를 뜨다 [용법]
果たす	はたす	완수하다, 다하다 [표기]
働く	はたらく	일하다
発揮する	はっきする	발휘하다 [문규]
発行する	はっこうする	발행하다
発生する	はっせいする	발생하다
発想	はっそう	발상
発達する	はったつする	발달하다 [용법]
発展する	はってんする	발전하다
発表する	はっぴょうする	발표하다
発言	はつげん	발언
発売される	はつばいされる	발매되다
発明する	はつめいする	발명하다
話さない	はなさない	말하지 않다 [교체]
省く	はぶく	생략하다, 줄이다
破片	はへん	파편 [읽기]
場面	ばめん	장면
速い	はやい	빠르다

速さ	속도 교체	批判する	비판하다 표기	物価	물가
腹	배	批評する	비평하다 읽기	踏切	건널목
払う	내다, 지불하다 교체	秘密	비밀	麓	(산)기슭 교체
腹を立てる	화를 내다 문규	評価する	평가하다	部門	부문
針	바늘 읽기	表現する	표현하다	不用	불필요함, 무익함
晴れる	개다, 맑아지다	評判	평판, 소문 문규	振り向く	뒤돌아보다 용법
範囲	범위 용법	開く	열리다, 열다	振る	흔들다
反映する	반영하다 문규	昼間	주간, 낮 교체	触れる	닿다, 언급하다 읽기
反省する	반성하다 용법	比例する	비례하다 문규	分解する	분해하다 용법
反対する	반대하다	拾う	줍다, (차를) 타다 표기	文学賞	문학상 단어형성
判断する	판단하다	品質	품질	分析する	분석하다 문규
半透明	반투명 단어형성	分厚い	두껍다	分配する	분배하다
犯人	범인	不安	불안함	分野	분야 용법
販売する	판매하다	不安定	불안정함	平日	평일
冷え込む	몹시 차다	増える	늘다, 증가하다	平和	평화
冷える	쌀쌀하다, 식다	深い	깊다	隔てる	사이에 두다 용법
比較する	비교하다	深める	깊게 하다	減る	줄다
被害	피해	普及	보급 문규, 용법	変	이상함 교체
引き受ける	떠맡다	複雑	복잡함	変化する	변화하다
引き止める	만류하다 문규	福祉	복지 표기	変換する	변환하다
引く	끌다, 당기다	副社長	부사장 단어형성	返却する	반환하다 읽기
非公式	비공식 단어형성	複数	복수	勉強漬け	공부벌레 단어형성
ビジネスマン風	비즈니스맨풍 단어형성	服装	복장	変更する	변경하다 표기
非常に	대단히, 몹시	含まれる	포함되다 문규	放映する	방영하다
引っかかる	걸리다	含める	포함하다 읽기	貿易	무역 읽기
必死	필사적임 교체	塞がる	막히다, 차다	報告する	보고하다
必要	필요함	塞ぐ	막다 용법	防災	방재 읽기
否定する	부정하다	無事	무사함	方針	방침 용법
避難する	피난하다	不思議	이상함, 신기함	放送される	방송되다
非難する	비난하다	防ぐ	막다	豊富に	풍부하게 읽기, 문규

ほうほう 方法	방법		ほじょ 補助する	보조하다		ほんかくてき 本格的に	본격적으로
ほうもん 訪問する	방문하다		ほそく 補足する	보충하다 용법		ほんさいよう 本採用	본채용
ほうりつ 法律	법률		ほそぼそ 細々と	가느다랗게		ほんとう 本当に	정말로
ほしょう 保証	보증 표기		ほ 掘る	파다		ほんらい 本来	본래

ま행

ま あたら 真新しい	아주 새롭다 단어형성		みだ 乱れる	흐트러지다 표기		むり 無理に	무리하게, 억지로
ま うし 真後ろ	바로 뒤 단어형성		みちび 導く	인도하다, 이끌다 표기		め うえ 目上	윗사람 용법
まぎわ 間際	직전 교체		みっせつ 密接	밀접함 읽기		めぐ 恵まれる	풍족하다, 타고나다 표기
ま 負ける	지다, 패하다		み 見つかる	발견되다		めざ 目指す	지향하다 문규
まじめ 真面目	성실함, 진지함		みっぺい 密閉	밀폐 읽기		め あ 召し上がる	드시다
まず 貧しい	가난하다		みな 皆	다, 모두		めじるし 目印	안표, 표시
ま 混ぜる	섞다, 혼합하다		み は 見張る	지키다, 망보다		めずら 珍しい	진귀하다, 드물다
ま あ 待ち合わせ	만나기로 함, 약속		みょう 妙	묘함 교체		めん 面する	면하다 문규
まちが 間違える	잘못하다, 착각하다		みわ 見分ける	분별하다		めんどう 面倒	귀찮음, 돌봄 표기
まなつ 真夏	한여름		みわた 見渡す	전망하다		もう こ 申し込み	신청
まね 招く	초대하다, 초래하다 표기		いっしょく ムード一色	무드 일색 단어형성		もぐ 潜る	잠수하다
まも 守る	지키다		むくち 無口	과묵함 교체		も よ 持ち寄る	추렴하다, 함께 모으다
ま よ なか 真夜中	한밤중 단어형성		む 向こう	맞은편		も 持つ	들다, 소유하다 교체
まわ 周り	둘레, 주위		むし ば 虫歯	충치		もと 求める	구하다, 요청하다
まんいん 満員	만원		むじゅん 矛盾する	모순되다 용법		もど 戻す	되돌리다 읽기
まんぞく 満足	만족함		むす 結ぶ	매다, 묶다		もど 戻る	되돌아가다, 되돌아오다
みけいけん 未経験	미경험 단어형성		む せきにん 無責任	무책임함 단어형성		もの た 物足りない	어딘가 부족하다 용법
みしよう 未使用	미사용 단어형성		むだ 無駄	쓸데없음, 헛됨		もはん 模範	모범 읽기
みずうみ 湖	호수		む ちゅう 夢中になる	열중하다 문규		もよお 催し	모임, 행사 표기
みずか 自ら	몸소, 친히 교체		むね 胸	가슴		もんだいてん 問題点	문제점

や행

夜間 (やかん)	야간
役割 (やくわり)	역할
養う (やしなう)	기르다, 양육하다
安い (やすい)	싸다
休む (やすむ)	쉬다 [교체]
家賃 (やちん)	집세, 방세
破る (やぶる)	깨다, 어기다
破れる (やぶれる)	찢어지다 [표기]
敗れる (やぶれる)	지다, 패배하다 [읽기]
辞める (やめる)	그만두다, 사직하다
柔らか (やわらか)	부드러움
有効 (ゆうこう)	유효함 [문규]
優秀 (ゆうしゅう)	우수함 [교체]
優勝する (ゆうしょうする)	우승하다
友人 (ゆうじん)	친구
優先する (ゆうせんする)	우선시하다
夕日 (ゆうひ)	석양(빛)

優良 (ゆうりょう)	우량함, 우수함
愉快 (ゆかい)	유쾌함 [교체]
行方 (ゆくえ)	행방 [용법]
譲る (ゆずる)	양도하다, 물려주다 [교체]
豊か (ゆたか)	풍요함, 풍부함
油断する (ゆだんする)	방심하다 [읽기]
由来する (ゆらいする)	유래하다
緩い (ゆるい)	헐겁다, 느슨하다
緩やか (ゆるやか)	완만함
ヨーロッパ風 (ヨーロッパふう)	유럽풍 [단어형성]
用意する (よういする)	준비하다
容器 (ようき)	용기
要求する (ようきゅうする)	요구하다 [읽기]
容姿 (ようし)	용자, 모습, 외모 [읽기]
用事 (ようじ)	볼일, 용건
用心する (ようじんする)	주의하다 [교체]
様子 (ようす)	모양, 상황

幼稚 (ようち)	유치함 [읽기]
用途 (ようと)	용도 [용법]
予感 (よかん)	예감
良くなる (よくなる)	나아지다 [교체]
汚れる (よごれる)	더러워지다
予算 (よさん)	예산
予習する (よしゅうする)	예습하다
予想する (よそうする)	예상하다
予測する (よそくする)	예측하다 [문규]
予定 (よてい)	예정
世の中 (よのなか)	세상, 사회 [읽기]
呼び止める (よびとめる)	불러 세우다 [문규]
予報 (よほう)	예보
予約制 (よやくせい)	예약제 [단어형성]
寄る (よる)	접근하다, 들르다
弱い (よわい)	약하다

ら행

来シーズン (らいシーズン)	다음 시즌 [단어형성]
乱暴に (らんぼうに)	난폭하게, 거칠게
利益 (りえき)	이익 [용법]
理解する (りかいする)	이해하다
立派 (りっぱ)	훌륭함
利点 (りてん)	이점
略する (りゃくする)	생략하다 [읽기, 용법]

流行する (りゅうこうする)	유행하다 [교체]
理由 (りゆう)	이유
寮 (りょう)	기숙사
料金 (りょうきん)	요금
両国 (りょうこく)	양국
良性 (りょうせい)	양성
料理 (りょうり)	요리

旅行する (りょこうする)	여행하다
履歴書 (りれきしょ)	이력서
礼儀 (れいぎ)	예의 [표기]
冷静に (れいせいに)	냉정하게 [용법]
練習する (れんしゅうする)	연습하다
連続 (れんぞく)	연속
連絡する (れんらくする)	연락하다

わ행

分(わ)かれる	갈라지다, 구별되다	渡(わた)す	건네다	割(わり)と	의외로, 비교적 문규
別(わか)れる	헤어지다	渡(わた)る	건너다	割(わ)る	나누다, 깨다
忘(わす)れる	잊다, 두고 오다	話題(わだい)	화제	悪(わる)い	나쁘다
僅(わず)か	조금, 약간	笑(わら)う	웃다	割(わ)れる	갈라지다, 깨지다
僅(わず)かに	간신히, 겨우 교체	割(わ)り込(こ)む	끼어들다 문규		

연습문제 04

》》 下線の漢字はひらがなに、ひらがなは漢字になおしなさい。

1. 食卓を囲んで話し合う。
2. 台風はその地方に大きな損害を与えた。
3. 社内の行事に参加する。
4. 妻は驚いてものが言えなかった。
5. 私は化学の講師をしています。
6. 彼女は音楽的才能に恵まれている。
7. 雑誌の講読をもう1年継続する。
8. 困っている国を援助する。
9. 面倒なことになりそうだ。
10. もう悔しい思いはたくさんだ。
11. 彼はその試合で圧勝した。
12. この列車は博多行きに接続します。
13. 彼はいちいち私に逆らっている。
14. 部屋は清潔にしておいてください。
15. そのモデルはいろいろな姿勢を取った。

1. 事故のため、ダイヤがこんらんしている。
2. 計画は万事じゅんちょうに進んでいる。
3. ちょっとしたゆだんが事故につながる。
4. 彼女の演奏は表現力にとぼしい。
5. その投手はうでが長いです。
6. 本を元の場所にもどす。
7. 両国間でぼうえきが盛んに行われる。
8. 冬には水道管がやぶれることがある。
9. 道で財布をひろった。
10. そんなようちな嘘、すぐばれるよ。
11. 夏場は食べ物がいたみやすい。
12. 彼女はその提案をひはんした。
13. 彼は母親におとらず絵がうまい。
14. 名前はかくしておいてください。
15. 船は鉄鉱石をつんでいた。

읽기 표기 콕콕 연습문제 05

》》下線(かせん)の漢字(かんじ)はひらがなに、ひらがなは漢字になおしなさい。

1. 犯人は依然(いぜん)として逃亡中である。
2. 全力をあげて宿泊客のサービスに努めた。
3. 頼んだら即座に１万円貸してくれた。
4. 立派な家を建てる。
5. 改めて問題を提起(ていき)します。
6. 彼は皆によい模範を示した。
7. 彼は学生に英詩(えいし)についての講義をした。
8. 心臓(しんぞう)は重要な機能を果たす。
9. 君の説明は抽象的すぎる。
10. 足に針で刺すような痛みを感じた。
11. ガラスの破片が落ちている。
12. 今年は小麦(こむぎ)の収穫がよい。
13. 社員の成長(せいちょう)が強い組織をつくる。
14. 家に新しい照明装置をつける。
15. この写真は焦点が合っていない。

1. 彼はしんけんに話し始めた。
2. 難民(なんみん)に衣料品をきふする。
3. そんなに自分をせめないでください。
4. 保険のかんゆうをする。
5. 工場をかくじゅうする計画を持っている。
6. この鉛筆(えんぴつ)はけずるのが難しい。
7. この床は少しかたむいている。
8. 友人を自宅にしょうたいする。
9. へんきゃく期限(きげん)は必ずお守りください。
10. 彼が泳いでいるところをさつえいする。
11. 毎年多くの人がその地をおとずれる。
12. 風のいきおいが少しずつ衰(おとろ)えてきた。
13. いたるところで反対が唱(とな)えられている。
14. 学生の参加者は全体の６割(わり)をしめた。
15. そのチームを優勝へとみちびく。

콕콕 연습문제 04

>>> ( )에 入れるのに最もよいものを、1・2・3・4から一つ選びなさい。

1 必要書類と一緒に窓口に提出すれば、手続きは( )となります。
　1 完了　　　2 決定　　　3 実現　　　4 達成

2 このハンカチは、消費税を( )1080円です。
　1 定めて　　2 固めて　　3 纏めて　　4 含めて

3 そのテレビ局はメダリストとの独占インタビューに( )した。
　1 接続　　　2 成功　　　3 勧誘　　　4 優勝

4 各地域の( )や魅力を活かしたイベントが揃う。
　1 効用　　　2 性能　　　3 特色　　　4 得点

5 そのホテルは、海に( )いるので眺望がすばらしい。
　1 当たって　2 触れて　　3 面して　　4 合わせて

6 失敗を覚悟で( )やってみるつもりです。
　1 思い切って　2 相変わらず　3 知らず知らず　4 依然として

7 彼らはゴール地点を( )、必死にボートをこぎました。
　1 握って　　2 見張って　3 捕らえて　4 目指して

8 政府にはその問題について我々が理解できる形で( )する責任がある。
　1 翻訳　　　2 追及　　　3 説明　　　4 解釈

9 この最新設備は多くの企業に( )されています。
　1 移行　　　2 導入　　　3 吸収　　　4 引用

10 そのコンサートはロンドンから世界中に( )された。
　1 接近　　　2 普及　　　3 中継　　　4 分配

연습문제 05

≫ (　　)に入れるのに最もよいものを、1・2・3・4から一つ選びなさい。

1 あの先輩はこれといった（　　）のない性格の持ち主だ。
1 本能　　2 性能　　3 特徴　　4 象徴

2 彼は日本食が好きだが、（　　）てんぷらはお気に入りのようだ。
1 特に　　2 急に　　3 直ちに　　4 実に

3 あの選手はオリンピックで3個の金メダルという（　　）成績を残しました。
1 限りない　　2 分厚い　　3 力強い　　4 輝かしい

4 彼女は（　　）目つきで私をにらんだ。
1 緩い　　2 鋭い　　3 鈍い　　4 穏やか

5 体が（　　）でないと、バレリーナになるのは難しい。
1 順調　　2 柔軟　　3 円満　　4 詳細

6 つづりが間違っていれば（　　）してください。
1 改訂　　2 交換　　3 訂正　　4 変換

7 のどが渇いていたので、缶ビールを（　　）飲み干しました。
1 一方的に　　2 一斉に　　3 一時的に　　4 一気に

8 災害に備えて食料を（　　）おいてください。
1 蓄えて　　2 結んで　　3 抱えて　　4 招いて

9 大学の授業に（　　）ない程度にアルバイトをしています。
1 引っかから　　2 差し支え　　3 割り込ま　　4 関わり合わ

10 この問題はどうやって解いたらいいのか、（　　）もつかない。
1 見当　　2 目印　　3 仮定　　4 発想

>>> (　　) に入れるのに最もよいものを、1・2・3・4から一つ選びなさい。

1 SNSで (　　) になっているお店に友達と行ってみた。
　1 話題　　　　2 宿題　　　　3 課題　　　　4 題目

2 出された (　　) をもとに書類審査を行います。
　1 高学歴　　　2 悪天候　　　3 交差点　　　4 履歴書

3 私は子育てを (　　) して仕事をしたいと考えている。
　1 相手　　　　2 許可　　　　3 教育　　　　4 優先

4 世の中にはおしゃべりな人もいれば、(　　) な人もいる。
　1 有効　　　　2 無口　　　　3 有利　　　　4 無実

5 (　　) は夕方5時まで営業しております。
　1 昨日　　　　2 平日　　　　3 先週　　　　4 日記

6 東京で過ごした日々がとても (　　) です。
　1 柔らかい　　2 優しい　　　3 懐かしい　　4 蒸し暑い

7 その話は (　　) も聞いて、もう聞きあきたよ。
　1 何度　　　　2 何階　　　　3 何名　　　　4 何冊

8 楽しみに待っていたコンサートが、明日に (　　) きました。
　1 追って　　　2 走って　　　3 迫って　　　4 通って

9 今年の夏は去年と (　　)、あまり暑くないように感じる。
　1 曲げて　　　2 比べて　　　3 例えて　　　4 付けて

10 インスタント食品ばかり食べると、栄養のバランスが (　　)。
　1 痛みます　　2 曇ります　　3 驚きます　　4 偏ります

Part 02

N2 대응 중요 한자

01 1순위 한자 180
02 2순위 한자 220

01　1순위 한자 180

N2 출제 예상 한자 400자 중에서 시험에 잘 나오는 한자 180자를 선별하여 정리하였다. 시험에 나올 가능성이 높은 한자이므로 음·훈독은 물론 제시된 단어도 함께 잘 익혀 두자.

[ㄱ] [ㄴ·ㄷ·ㄹ] [ㅁ·ㅂ]
[ㅅ] [ㅇ] [ㅈ]
[ㅊ·ㅋ·ㅌ·ㅍ]
[ㅎ]

 33자

刻 覚 看 感 降 講 改 乾 健 結 境 競 敬 警 階 庫 恐 果 課 鉱 求 球 構
規 極 劇 勤 禁 給 記 基 寄 技

※ * 표시 단어는 N1 레벨 출제 예상 단어이다.

새길 각 음 こく 훈 きざむ

음독은 「こく」, 훈독은 「きざむ(刻む)」로 모두 주로 N2부터 출제된다. 한국어로 「각」으로 읽으므로 「かく」로 잘못 읽지 않도록 주의하자.

時刻(じこく) 시각
即刻(そっこく) 즉각*
刻む(きざむ) 잘게 썰다, 새기다

深刻(しんこく) 심각함 2급, N2용법
遅刻(ちこく) 지각 2급

깨달을 각 음 かく 훈 おぼえる / さます / さめる

음독은 「かく」, 훈독은 「おぼえる(覚える) / さます(覚ます) / さめる(覚める)」로 모두 주로 N2부터 출제된다. 「目覚まし」의 경우 「め」에 「さまし」가 오면서 「めざまし」로 발음이 되는 것에 주의한다.

覚悟(かくご) 각오
錯覚(さっかく) 착각* N1교체
覚ます(さます) 깨다, 깨우치다
目覚まし(めざまし) 잠을 깸

感覚(かんかく) 감각
覚える(おぼえる) 외우다 2급, N3읽기
覚める(さめる) 깨다, 깨어나다 N3문규
目覚ましい(めざましい) 눈부시다, 놀랍다* N1용법

볼 간 음 かん

음독은 「かん」으로 주로 N2부터 출제되고 훈독은 없다. 시험을 대비하여 「看護師(かんごし) : 간호사」도 알아 두자.

看護師(かんごし) 간호사
看病(かんびょう) 간병

看板(かんばん) 간판

느낄 감 음 かん

음독은 「かん」으로 주로 N2부터 출제되고 훈독은 없다. 동사 「感じる(かんじる) : 느끼다」도 잘 익혀 두자. 접미어 「~感(かん)」(p.160)으로도 활용된다.

感覚(かんかく) 감각
感情(かんじょう) 감정
感想(かんそう) 감상
共感(きょうかん) 공감 2급
実感(じっかん) 실감
感じる(かんじる) 느끼다

感じ(かんじ) 느낌 N3문규
感心(かんしん) 감탄
感動(かんどう) 감동 N3문규
好感(こうかん) 호감*
予感(よかん) 예감

내릴 강

降

음 こう　**훈** おりる / おろす / ふる

음독은「こう」, 훈독은「おりる(降りる) / おろす(降ろす) / ふる(降る)」로 모두 주로 N2부터 출제된다.

以降(いこう) 이후 `N3읽기`
雨降り(あめふり) 비가 옴
降ろす(おろす) 내리다, 내려놓다
下降(かこう) 하강
降りる(おりる) 내리다 `N3표기`
降る(ふる) (눈, 비 등이) 내리다 `2급`

익힐 강

講

음 こう

음독은「こう」로 주로 N2부터 출제되고 훈독은 없다. 비슷한 형태의「溝(구)」,「構(구)」,「購(구)」자와 혼동하지 않도록 주의한다.

休講(きゅうこう) 휴강
講演会(こうえんかい) 강연회
講師(こうし) 강사 `N2표기`
講演(こうえん) 강연 `2급`
講義(こうぎ) 강의 `N2표기`
講堂(こうどう) 강당

고칠 개

改

음 かい　**훈** あらためる / あらたまる

음독은「かい」로 주로 N2부터 출제된다. 훈독은「あらためる(改める) / あらたまる(改まる)」로「あらためる」가 주로 N2부터,「あらたまる」는 주로 N1에서 출제된다. 활용도가 높은 한자이므로 잘 익혀 두자.

改革(かいかく) 개혁* `N1읽기`
改札口(かいさつぐち) 개찰구 `2급`
改善(かいぜん) 개선 `2급, N2문규`
改定(かいてい) 개정
改良(かいりょう) 개량 `2급`
改める(あらためる) 고치다, 새롭게 하다 `2급`
改札(かいさつ) 개찰 `N3읽기`
改正(かいせい) 개정 `N2문규`
改造(かいぞう) 개조
改定版(かいていばん) 개정판 `N1문규`
改めて(あらためて) 다시, 새삼스럽게 `N2읽기`

마를 건

乾

음 かん　**훈** かわかす / かわく

음독은「かん」, 훈독은「かわかす(乾かす) / かわく(乾く)」로 모두 주로 N2부터 출제된다. 특히 훈독의「乾く(かわく) : 마르다, 건조하다」와「渇く(かわく) : (목이) 마르다」의 차이점에 대해 잘 익혀 두자. 활용도가 낮은 한자이다.

乾燥(かんそう) 건조 `2급`
乾杯(かんぱい) 건배
乾く(かわく) 마르다, 건조하다 `2급, N2교체`
乾電池(かんでんち) 건전지
乾かす(かわかす) 말리다

튼튼할 건

健

음 けん　**훈** すこやか

음독은「けん」으로 주로 N2부터 출제되고, 훈독은「すこやか(健やか)」로 주로 N1에서 출제된다.

健康(けんこう) 건강 `2급, N3표기`
保健室(ほけんしつ) 보건실, 양호실
保健(ほけん) 보건
健やか(すこやか) 건강함, 튼튼함* `N1읽기`

맺을 결 — 음 けつ 훈 むすぶ

結

음독은 「けつ」, 훈독은 「むすぶ(結ぶ)」로 모두 주로 N2부터 출제된다. 음독의 경우 「-つ」로 끝나므로 뒤에 「か・さ・た행」이 오면 촉음 「-っ」의 형태가 된다. 대표적인 예로 「結果(けっか) : 결과」, 「結婚(けっこん) : 결혼」 등이 있다.

完結(かんけつ) 완결 N1문규
結果(けっか) 결과 2급
結構(けっこう) 괜찮음, 훌륭함
結婚観(けっこんかん) 결혼관 N2단어형성
結論(けつろん) 결론

帰結(きけつ) 귀결*
結局(けっきょく) 결국
結婚(けっこん) 결혼 2급
結束(けっそく) 결속 N1문규
結ぶ(むすぶ) 맺다 2급, N3표기

지경 경 — 음 きょう / けい 훈 さかい

음독은 「きょう / けい」로 N2에는 주로 「きょう」로 출제된다. 훈독은 「さかい(境)」로 역시 주로 N2부터 출제된다. 시험을 대비하여 「境内(けいだい) : 경내」도 알아 두자. 비슷한 형태의 「鏡(경)」 자와 혼동하지 않도록 주의한다.

環境(かんきょう) 환경 2급
苦境(くきょう) 곤경*
国境(こっきょう) 국경

境界(きょうかい) 경계
境内(けいだい) (신사, 사찰의) 경내
境(さかい) 경계, 갈림길

겨룰 경 — 음 きょう / けい 훈 きそう

競

음독은 「きょう / けい」 훈독은 「きそう(競う)」로 모두 주로 N2에서 출제된다. 음독이 두 가지 있지만, 해당하는 단어가 한정되어 있으므로 통째로 외워 두자.

競技(きょうぎ) 경기
競馬(けいば) 경마

競争(きょうそう) 경쟁 2급, N1교체
競う(きそう) 다투다, 겨루다 N2읽기

공경할 경 — 음 けい 훈 うやまう

음독은 「けい」, 훈독은 「うやまう(敬う)」로 모두 주로 N2부터 출제된다. 비슷한 형태의 「警(경)」 자와 혼동하지 않도록 주의한다.

敬意(けいい) 경의
尊敬(そんけい) 존경 2급

敬語(けいご) 경어
敬う(うやまう) 존경하다, 공경하다

경계할 경 — 음 けい

음독은 「けい」로 주로 N2부터 출제되고 훈독은 없다. 비슷한 형태의 「驚(경)」 자와 혼동하지 않도록 주의한다.

警官(けいかん) 경(찰)관
警察(けいさつ) 경찰 2급

警告(けいこく) 경고 2급
警備(けいび) 경비 2급

| 섬돌 계 | 음 かい |

階

음독은 「かい」로 주로 N2부터 출제되고 훈독은 없다. 비슷한 형태의 「陛(폐)」 자와 혼동하지 않도록 주의한다. 활용도가 낮은 한자이지만, 접미어 「～階(かい)」(p.160)로도 활용하므로 잘 익혀 두자.

～階(～かい) ～층 2급
現段階(げんだんかい) 현단계 N2단어형성
段階的(だんかいてき) 단계적임
階段(かいだん) 계단
段階(だんかい) 단계

| 곳집 고 | 음 こ |

庫

음독은 「こ」로 주로 N2부터 출제되고 훈독은 없다. 시험을 대비하여 「倉庫(そうこ) : 창고」도 알아 두자. 활용도가 낮은 한자이나, 접미어 「～庫(こ)」(p.160)로도 쓰이므로 잘 익혀 두자.

金庫(きんこ) 금고
倉庫(そうこ) 창고
車庫(しゃこ) 차고
冷蔵庫(れいぞうこ) 냉장고 2급

| 두려울 공 | 음 きょう | 훈 おそれる / おそろしい |

恐

음독은 「きょう」, 훈독은 「おそれる(恐れる) / おそろしい(恐ろしい)」로 모두 주로 N2부터 출제된다. 활용도가 낮은 한자이다.

恐怖(きょうふ) 공포 2급
恐らく(おそらく) 아마 N2교체
恐れる(おそれる) 무서워하다 2급
恐怖心(きょうふしん) 공포심
恐れ(おそれ) 우려, 염려
恐ろしい(おそろしい) 무섭다

| 과실 과 | 음 か | 훈 はたす / はてる |

果

음독은 「か」로 주로 N2부터 출제되고, 훈독은 「はたす(果たす) / はてる(果てる)」로 주로 N1에서 출제된다. 「果物(くだもの) : 과일」, 「果して(はたして) : 과연」는 독특하게 읽히므로 통째로 외워 두자.

果敢(かかん) 과감*
果実酒(かじつしゅ) 과실주, 과일주
結果(けっか) 결과 2급
果物(くだもの) 과일
果たす(はたす) 완수하다 N2표기
果実(かじつ) 과실, 과일
果実店(かじつてん) 과일 가게
効果(こうか) 효과 2급, N3용법
果たして(はたして) 과연

| 과정 과 | 음 か |

課

음독은 「か」로 주로 N2부터 출제되고 훈독은 없다. 접미어 「～課(か)」(p.160)로도 쓰이므로 잘 익혀 두자.

課税(かぜい) 과세
課程(かてい) 과정
日課(にっか) 일과 2급
課長(かちょう) 과장(님)
庶務課(しょむか) 서무과*

쇳돌 광 　음 こう

음독은 「こう」로 주로 N2부터 출제되고 훈독은 없다.

鉱山(こうざん) 광산　2급
炭鉱(たんこう) 탄광
鉱物(こうぶつ) 광물　2급

구할 구 　음 きゅう　훈 もとめる

음독은 「きゅう」, 훈독은 「もとめる(求める)」로 모두 주로 N2부터 출제된다. 시험을 대비하여 「請求(せいきゅう) : 청구」도 알아 두자.

求婚(きゅうこん) 구혼
要求(ようきゅう) 요구　N2읽기
請求(せいきゅう) 청구　N2읽기
求める(もとめる) 구하다　2급

공 구 　음 きゅう　훈 たま

음독은 「きゅう」, 훈독은 「たま(球)」로 모두 주로 N2부터 출제된다.

球(きゅう) 구, 둥근 물체, 공
電球(でんきゅう) 전구
地球(ちきゅう) 지구　2급, N3읽기
球(たま) 공, 전구

얽을 구 　음 こう　훈 かまえる

음독은 「こう」로 주로 N2부터 출제되고, 훈독은 「かまえる(構える)」로 주로 N1에서 출제된다. 비슷한 형태의 「講(강)」, 「溝(구)」, 「購(구)」 자와 혼동하지 않도록 주의한다.

結構(けっこう) 괜찮음, 훌륭함
構造(こうぞう) 구조　2급
構える(かまえる) 준비하다*
構成(こうせい) 구성
心構え(こころがまえ) 마음가짐, 각오*　N1용법

법 규 　음 き

음독은 「き」로 주로 N2부터 출제되고 훈독은 없다. 「定規」는 「じょう+き」가 「じょうぎ」로 연탁음이 된 단어로 잘 익혀 두자.

規準(きじゅん) 기준, 규준
規則(きそく) 규칙　N3교체, N3표기
規律(きりつ) 규율
不規則(ふきそく) 불규칙적임　2급
規制(きせい) 규제　2급, N1용법
規模(きぼ) 규모　N1교체, N2읽기
定規(じょうぎ) 자

다할 극 　🔊 きょく / ごく　🔊 きわまる / きわめる

음독은 「きょく / ごく」로, 「きょく」가 주로 N2부터 출제되고 「ごく」는 주로 N1에서 출제된다. 훈독은 「きわまる(極まる) / きわめる(極める)」로 모두 주로 N1에서 출제된다.

極端に(きょくたんに) 극단적으로 `N2읽기`　　極力(きょくりょく) 힘껏 `N1교체`
消極的(しょうきょくてき) 소극적임　　積極的(せっきょくてき) 적극적임 `2급, N2표기, N3문규`
北極(ほっきょく) 북극　　極まりない(きわまりない) 그지없다, 짝이 없다*
極めて(きわめて) 극히* `N1읽기`

심할 극　🔊 げき

음독은 「げき」로 주로 N2부터 출제되고 훈독은 없다. 접두어 「劇(げき)~」(p.158)와 접미어 「~劇(げき)」(p.161)로도 쓰이므로 잘 익혀 두자.

演劇(えんげき) 연극　　劇(げき) 극
劇場(げきじょう) 극장　　悲劇(ひげき) 비극 `2급`
悲劇的(ひげきてき) 비극적임

부지런할 근　🔊 きん　🔊 つとめる / つとまる

음독은 「きん」으로 주로 N2부터 출제된다. 훈독은 「つとめる(勤める) / つとまる(勤まる)」로, 「つとめる」가 주로 N2부터, 「つとまる」는 주로 N1에서 출제된다.

出勤(しゅっきん) 출근　　通勤(つうきん) 통근 `N3읽기, N3교체`
勤める(つとめる) 근무하다 `2급, N3표기`

금할 금　🔊 きん

음독은 「きん」으로 주로 N2부터 출제되고 훈독은 없다.

横断禁止(おうだんきんし) 횡단 금지 `N3교체`
禁煙(きんえん) 금연 `2급`　　禁止(きんし) 금지 `2급`

넉넉할 급　🔊 きゅう

음독은 「きゅう」로 주로 N2부터 출제되고 훈독은 없다. 비슷한 형태의 「絵(회)」자와 혼동하지 않도록 주의한다.

給料(きゅうりょう) 급료　　供給(きょうきゅう) 공급 `2급`
月給(げっきゅう) 월급　　支給(しきゅう) 지급 `N3읽기`

기록할 기　음 き　훈 しるす

음독은 「き」로 주로 N2부터 출제되고, 훈독은 「しるす(記す)」로 주로 N1에서 출제된다.

暗記(あんき) 암기　N3읽기, N3용법
記事(きじ) 기사　2급
記入(きにゅう) 기입
記録(きろく) 기록　2급, N3표기
伝記(でんき) 전기
筆記(ひっき) 필기

記号(きごう) 기호
記者(きしゃ) 기자
記念(きねん) 기념　N3문규
記録的(きろくてき) 기록적임
日記(にっき) 일기　N4읽기

터 기　음 き　훈 もと

음독은 「き」, 훈독은 「もと(基)」로 모두 주로 N2부터 출제된다. 시험을 대비하여 「基礎(きそ) : 기초」, 「基盤(きばん) : 기반」도 알아 두자.

基準(きじゅん) 기준
基地(きち) 기지
基本(きほん) 기본

基礎(きそ) 기초*
基盤(きばん) 기반*　N1문규
基(もと) 기초, 기본, 근거, 토대

부칠 기　음 き　훈 よせる / よる

寄

음독은 「き」, 훈독은 「よせる(寄せる) / よる(寄る)」로 모두 주로 N2부터 출제된다. 훈독은 「引き寄せる(ひきよせる) : 끌어당기다」, 「近寄る(ちかよる) : 다가서다」와 같이 복합동사(p.167)로도 쓰인다.　비슷한 형태의 「奇(기)」자와 혼동하지 않도록 주의한다.

寄付(きふ) 기부　N2표기
寄与(きよ) 기여　N1문규
片寄る(かたよる) 치우치다
引き寄せる(ひきよせる) 끌어당기다
寄せる(よせる) 가까이 대다, 모으다

寄付金(きふきん) 기부금
年寄り(としより) 노인
近寄る(ちかよる) 다가서다
持ち寄る(もちよる) 추렴하다, 함께 모으다
寄る(よる) 접근하다, 들르다

재주 기　음 ぎ　훈 わざ

음독은 「ぎ」로 주로 N2부터 출제되고, 훈독은 「わざ(技)」로 주로 N1에서 출제된다. 비슷한 형태의 「枝(지)」자와 혼동하지 않도록 주의한다.

演技(えんぎ) 연기
技術(ぎじゅつ) 기술　2급

技師(ぎし) 기사
競技(きょうぎ) 경기

下線の漢字はひらがなに、ひらがなは漢字になおしなさい。

1. 彼はいつも消極的に意見を言う。
2. 母は毎年、いろいろな果実酒を作る。
3. 屋根裏を改造して仕事部屋にする。
4. 記事は正確に書くことが大事だ。
5. 盗難が起こらないように警備する。
6. トラックから荷物を降ろす。
7. 階段の上の部屋が図書室です。
8. 明日 弟と競馬を見に行くつもりだ。
9. 尊敬する先輩から助言を受ける。
10. 卒業を記念して木を植える。
11. 間違いは素直に認め改めよう。
12. 新しい感覚のホテル。
13. 北海道の炭鉱で爆発事故が起こった。
14. この詩は彼女への敬意の印だ。
15. あなたの要求に応じてここへ来た。

1. こんなあめふりに出かけるのですか。
2. それはかなりのこうかがあった。
3. 事前にけいこくする。
4. 病気が重くなって生死のさかいにいる。
5. 誰かきろくを取ってください。
6. 乳幼児の死亡率はかこうしている。
7. 彼は今日、しゅっきんしていません。
8. 失敗をおそれずにやってください。
9. しゃこに車を入れる。
10. 一つのけつろんに達する。
11. 彼女はりっぱなえんぎを見せた。
12. ねぼうして学校に１０分ちこくした。
13. 芸術にこっきょうはない。
14. アインシュタインのでんきを読んだ。
15. 地面がからからにかんそうしている。

읽기표기 콕콕 연습문제 07

>>> 下線の漢字はひらがなに、ひらがなは漢字になおしなさい。

1. 米は外国から供給を受けている。
2. 温泉町の実感が出た絵だ。
3. 赤ちゃんが目を覚ました。
4. 地球は太陽のまわりを回る。
5. 悲劇的な事件が起こった。
6. 薬の効果と副作用が分かる本。
7. お金を金庫にしまう。
8. 彼はずいぶん遠くから通勤している。
9. ぬれた服をドライヤーで乾かす。
10. 財布を拾って、警察に届けました。
11. 約300人を収容できる講堂。
12. あの人の努力に感心した。
13. 10人の警官が警戒していた。
14. 校内の規律を乱さないようにしよう。
15. 失敗への恐怖心を克服する方法。

1. かいさつぐちから出る。
2. 毎朝体操をすることが父のにっかだ。
3. 彼の話は大勢の人のきょうかんを得た。
4. 地下さんがいまである建物です。
5. この光景は彼の心に深くきざまれた。
6. もっとちかよって、よく見てください。
7. 貧しい子供たちに衣服をしきゅうした。
8. けっきょく今日は何もしなかった。
9. 彼は正月からきんえんしている。
10. ロボットのこうぞうは複雑だ。
11. なかなかかくごが決められない。
12. 彼はかんじょうを表に出さない。
13. 妹は来月けっこんします。
14. 家族できねん写真をとる。
15. 彼は花子さんにきゅうこんした。

콕콕 연습문제 07

>>> (　　)に入れるのに最もよいものを、1・2・3・4から一つ選びなさい。

1. 山田先生が乗る飛行機の出発(　　)は何時ですか。
   1 遅刻　　2 深刻　　3 時期　　4 時刻

2. 首相官邸は警官によって厳重に(　　)されている。
   1 予備　　2 設備　　3 警備　　4 準備

3. 私は健康のために野菜や魚中心の和食を(　　)にしています。
   1 基本　　2 基地　　3 根本　　4 見本

4. 会社は新入社員に月給20万円を(　　)した。
   1 支度　　2 支持　　3 支援　　4 支給

5. ここで泳いではいけないと彼に(　　)した。
   1 警官　　2 警告　　3 警戒　　4 警備

6. 学生がよく予習してくれば、授業の(　　)はもっとあがるはずです。
   1 能力　　2 実力　　3 効果　　4 口実

7. (　　)で転んで、足をけがしました。
   1 普段　　2 手段　　3 段階　　4 階段

8. われわれは彼をすぐれた指導者として(　　)している。
   1 尊敬　　2 重視　　3 貴重　　4 敬語

9. 全国の大学入試の(　　)率情報を掲載する。
   1 結論　　2 結果　　3 論争　　4 競争

10. この補聴器は(　　)の結果、ずいぶん音の聞こえがよくなった。
    1 改革　　2 改良　　3 改正　　4 改定

문맥규정 콕콕 연습문제 08

정답 P.269

》》（　　）に入れるのに最もよいものを、1・2・3・4から一つ選びなさい。

1 善意（ぜんい）でやったのですが、思いがけない（　　）に終わってしまいました。
　1 結果　　　　2 果実　　　　3 宿題　　　　4 解決

2 憲法（けんぽう）（　　）については十分議論をつくすべきだ。
　1 研修　　　　2 修理　　　　3 改良　　　　4 改正

3 東日本大震災（ひがしにほんだいしんさい）以降、地震に対する（　　）心が強いです。
　1 厳重　　　　2 恐怖　　　　3 案外　　　　4 愉快

4 音楽会の収益金（しゅうえききん）は赤十字社（せきじゅうじしゃ）に（　　）します。
　1 交換　　　　2 寄付　　　　3 活用　　　　4 救助

5 空気が非常に（　　）しているので、のどなどを傷めやすいです。
　1 乾燥　　　　2 呼吸　　　　3 硬貨　　　　4 加減

6 そのプロジェクトは計画の（　　）でつまずいている。
　1 手段　　　　2 修理　　　　3 段階　　　　4 共同

7 私は彼の才能には大いに（　　）を払っている。
　1 敬意　　　　2 敬語　　　　3 意識　　　　4 意図

8 彼は手あつい（　　）のかいもなく昨夜亡くなりました。
　1 訓練　　　　2 検査　　　　3 効力　　　　4 看病

9 ぼくは新入生歓迎（かんげい）の催（もよお）しで（　　）することになっている。
　1 観察　　　　2 経験　　　　3 講演　　　　4 受験

10 この周辺の豊かな（　　）資源（しげん）が富（とみ）の源泉（げんせん）になったと思われます。
　1 鉱物　　　　2 品物　　　　3 供給　　　　4 需要

[ㄴ・ㄷ・ㄹ] 23자

難 農 断 担 帯 途 倒 盗 独 突 童 得 灯 等 乱 練 領 零 頼 了 留 類 律

어려울 난 음 なん 훈 かたい / むずかしい

음독은 「なん」, 훈독은 「かたい(難い) / むずかしい(難しい)」로 모두 주로 N2부터 출제된다. 훈독의 「かたい」는 주로 동사의 연용형에 결합하여 「～がたい」의 형태로 쓰인다. 접두어 「難(なん)～」(p.158)이나 접미어 「～難(なん)」(p.161)으로도 활용하므로 잘 익혀 두자.

難

困難(こんなん) 곤란
盗難(とうなん) 도난 2급
難題(なんだい) 난제
難民(なんみん) 난민
非難(ひなん) 비난
難しい(むずかしい) 어렵다

受難(じゅなん) 수난
難局(なんきょく) 난국
難点(なんてん) 난점 N1교체
避難(ひなん) 피난
言い難い(いいがたい) 말하기 어렵다 2급

농사 농 음 のう

음독은 「のう」로 주로 N2부터 출제되고 훈독은 없다. 비슷한 형태의 「濃(농)」자와 혼동하지 않도록 주의한다. 접두어 「農(のう)～」(p.158)나 접미어 「～農(のう)」(p.161)로도 활용하므로 잘 익혀 두자.

農家(のうか) 농가
農産物(のうさんぶつ) 농산물 2급
農民(のうみん) 농민

農業(のうぎょう) 농업 2급, N3문규
農村(のうそん) 농촌
農薬(のうやく) 농약

끊을 단 음 だん 훈 ことわる

음독은 「だん」, 훈독은 「ことわる(断る)」로 모두 주로 N2부터 출제된다.

横断(おうだん) 횡단 2급, N3읽기, N3문규
決断(けつだん) 결단
断水(だんすい) 단수
断念(だんねん) 단념 N1교체
判断(はんだん) 판단 2급
予断(よだん) 예측* N1문규

横断禁止(おうだんきんし) 횡단 금지 N3교체
診断(しんだん) 진단
断定(だんてい) 단정
中断(ちゅうだん) 중단 N2용법
油断(ゆだん) 방심 2급, N2읽기
断る(ことわる) 거절하다 2급, N3용법

멜 담 | 음 たん | 훈 かつぐ / になう

음독은 「たん」으로 주로 N2부터 출제된다. 훈독은 「かつぐ(担ぐ) / になう(担う)」로 「かつぐ」가 주로 N2부터, 「になう」는 주로 N1에서 출제된다.

担当(たんとう) 담당 2급　　担当者(たんとうしゃ) 담당자
担任(たんにん) 담임　　　　負担(ふたん) 부담
担ぐ(かつぐ) 메다　　　　　担う(になう) 짊어지다, 떠맡다* N1문규

띠 대 | 음 たい | 훈 おび / おびる

음독은 「たい」로 주로 N2부터 출제된다. 훈독은 「おび(帯) / おびる(帯びる)」로 「おび」가 주로 N2부터, 「おびる」는 주로 N1에서 출제된다. 접미어 「~帯(たい)」(p.161)로도 활용하므로 잘 익혀 두자.

温帯(おんたい) 온대　　　　　寒帯(かんたい) 한대
地帯(ちたい) 지대 2급　　　　熱帯(ねったい) 열대 2급
熱帯魚(ねったいぎょ) 열대어　包帯(ほうたい) 붕대
帯(おび) 띠　　　　　　　　　帯びる(おびる) 띠다, 머금다* N1용법

길 도 | 음 と

음독은 「と」로 주로 N2부터 출제되고 훈독은 없다.

中途(ちゅうと) 중도　　途中(とちゅう) 도중 2급
別途(べっと) 별도　　　用途(ようと) 용도 N2용법

넘어질 도 | 음 とう | 훈 たおす / たおれる

음독은 「とう」, 훈독은 「たおす(倒す) / たおれる(倒れる)」로 모두 주로 N2부터 출제된다. 「面倒」는 「めん+とう」가 「めんどう」로 연탁음이 된 단어이다. 시험을 대비하여 「面倒臭い(めんどうくさい) : 매우 귀찮다」도 알아 두자.

倒産(とうさん) 도산　　　　　面倒(めんどう) 귀찮음 2급, N1교체, N2표기
倒す(たおす) 쓰러뜨리다 2급　倒れる(たおれる) 쓰러지다 2급

훔칠 도 | 음 とう | 훈 ぬすむ

음독은 「とう」, 훈독은 「ぬすむ(盗む)」로 모두 주로 N2부터 출제된다. 활용도가 낮은 한자이다.

強盗(ごうとう) 강도　　　　盗作(とうさく) 도작
盗聴(とうちょう) 도청　　　盗難(とうなん) 도난 2급
盗用(とうよう) 도용　　　　盗む(ぬすむ) 훔치다

| 홀로 독 | 음 どく　훈 ひとり |

음독은 「どく」, 훈독은 「ひとり(独り)」로 모두 주로 N2부터 출제된다. 활용도가 높은 한자이므로 잘 익혀 두자.

単独(たんどく) 단독
独自(どくじ) 독자
独特(どくとく) 독특함
独り言(ひとりごと) 혼잣말

独学(どくがく) 독학
独身(どくしん) 독신 N3표기
独立(どくりつ) 독립 2급, N3읽기

| 갑자기 돌 | 음 とつ　훈 つく |

음독은 「とつ」, 훈독은 「つく(突く)」로 모두 주로 N2부터 출제된다.

煙突(えんとつ) 굴뚝
突然(とつぜん) 돌연 2급, N1교체, N2교체, N3문규
突き当たり(つきあたり) 막다른 곳, 마주침
突く(つく) 찌르다

衝突(しょうとつ) 충돌 N2교체
突入(とつにゅう) 돌입
突き当たる(つきあたる) 부딪치다, 막다르다

| 아이 동 | 음 どう　훈 わらべ |

음독은 「どう」로 주로 N2부터 출제된다. 훈독은 「わらべ(童)」인데 출제 가능성이 낮다. 시험을 대비하여 「童謡(どうよう) : 동요」도 알아 두자. 활용도가 낮은 한자이다.

児童(じどう) 아동 2급
童心(どうしん) 동심
童話(どうわ) 동화

童顔(どうがん) 동안
童謡(どうよう) 동요
童(わらべ) 동자, 사내아이

| 얻을 득 | 음 とく　훈 うる / える |

음독은 「とく」, 훈독은 「うる(得る) / える(得る)」로 모두 주로 N2부터 출제된다. 특히 훈독 중 「得る(える)」는 「心得る(こころえる) : 알다, 파악하다」와 같은 복합동사나 부정형을 만드는 데 활용하기도 한다.

取得(しゅとく) 취득
得意(とくい) 자신만만함 2급, N3읽기, N3교체
利得(りとく) 이득
心得る(こころえる) 알다, 파악하다

損得(そんとく) 손익 2급
得点(とくてん) 득점
得る(うる/える) 얻다 N2문규

| 등잔 등 | 음 とう　훈 ひ |

음독은 「とう」, 훈독은 「ひ(灯)」로 모두 주로 N2부터 출제된다. 시험을 대비하여 「蛍光灯(けいこうとう) : 형광등」도 알아 두자. 접미어 「~灯(とう)」(p.161)로도 활용하므로 잘 익혀 두자.

蛍光灯(けいこうとう) 형광등
灯台(とうだい) 등대
灯(ひ) 등불, 불빛

電灯(でんとう) 전등
灯油(とうゆ) 등유

| 가지런할 등 | 음 とう　훈 ひとしい |

음독은 「とう」, 훈독은 「ひとしい(等しい)」로 모두 주로 N2부터 출제된다. 「平等」는 「びょう+とう」가 「びょうどう」로 연탁음이 되므로 잘 익혀 두자. 또한 상용한자표에서는 「等」을 「など」라고 읽지 않는다. 접두어 「等(とう)~」(p.158)와 접미어 「~等(とう)」(p.161)로도 활용하므로 잘 익혀 두자.

高等学校(こうとうがっこう) 고등학교　　上等(じょうとう) 고급, 훌륭함
新聞雑誌等(しんぶんざっしとう) 신문 잡지 등　対等(たいとう) 대등함
等分(とうぶん) 등분　　　　　　　　　　特等(とくとう) 특등*
平等(びょうどう) 평등 2급　　　　　　　不平等(ふびょうどう) 불평등함
等しい(ひとしい) 같다

| 어지러울 란 | 음 らん　훈 みだす / みだれる |

음독은 「らん」으로 주로 N2부터 출제되고, 훈독은 「みだす(乱す) / みだれる(乱れる)」이다. 일본어에는 두음법칙이 없으므로 「なん」으로 읽지 않도록 주의한다. 접두어 「乱(らん)~」(p.158)으로도 활용하므로 잘 익혀 두자.

混乱(こんらん) 혼란 2급, N2표기　　乱暴(らんぼう) 난폭함 2급
乱す(みだす) 어지럽히다*　　　　　　乱れる(みだれる) 흐트러지다 N2표기

| 익힐 련 | 음 れん　훈 ねる |

음독은 「れん」으로 주로 N2부터 출제되고, 훈독은 「ねる(練る)」로 주로 N1에서 출제된다. 비슷한 형태의 「錬(련)」자와 혼동하지 않도록 주의한다.

訓練(くんれん) 훈련 2급, N3읽기　　練習(れんしゅう) 연습
練る(ねる) 반죽하다, 짜다* N1읽기, N1문규

| 거느릴 령 | 음 りょう |

음독은 「りょう」로 주로 N2부터 출제되고 훈독은 없다. 시험을 대비하여 「大統領(だいとうりょう) : 대통령」도 알아 두자.

自治領(じちりょう) 자치령　　　大統領(だいとうりょう) 대통령
要領(ようりょう) 요령　　　　　　領事(りょうじ) 영사
領収書(りょうしゅうしょ) 영수증 2급

| 떨어질 령 | 음 れい |

음독은 「れい」로 주로 N2부터 출제되고 훈독은 없다. 활용도가 낮은 한자이다.

零(れい) 영, 0, 제로　　　　　　零下(れいか) 영하
零細(れいさい) 영세함*　　　　　零時(れいじ) 영시, 밤 12시
零点(れいてん) 0점, 빵점　　　　零度(れいど) 0도 2급
零落(れいらく) 영락, 몰락*

의뢰할 뢰 | 음 らい | 훈 たのむ / たのもしい / たよる

음독은「らい」, 훈독은「たのむ(頼む) / たのもしい(頼もしい) / たよる(頼る)」로 모두 N2부터 출제된다. 비슷한 형태의 「瀬(뢰)」자와 혼동하지 않도록 주의한다. 활용도가 낮은 한자이다.

依頼(いらい) 의뢰 2급
頼み(たのみ) 부탁
頼む(たのむ) 부탁하다 2급
頼る(たよる) 의지하다 N3문규

信頼(しんらい) 신뢰 2급
頼り(たより) 의지 N2표기
頼もしい(たのもしい) 믿음직하다 N2문규

마칠 료 | 음 りょう

음독은「りょう」로 주로 N2부터 출제되고 훈독은 없다. 비슷한 형태의 「予(예)」, 「子(자)」자와 혼동하지 않도록 주의한다.

完了(かんりょう) 완료 2급, N2문규
終了(しゅうりょう) 종료

머무를 류 | 음 りゅう / る | 훈 とまる / とめる

음독은「りゅう / る」이고, 훈독은 「とまる(留まる) / とめる(留める)」로 모두 N2부터 출제된다. 음독「る」는「留守(るす) : 부재중」에만 사용되며, 「書留(かきとめ) : 등기」는 통째로 외워 두자.

在留(ざいりゅう) 재류
留学(りゅうがく) 유학
留守(るす) 부재중 N3읽기
留まる(とまる) 머물다

停留所(ていりゅうじょ) 정류장
留学生(りゅうがくせい) 유학생 2급
書留(かきとめ) 등기
留める(とめる) 만류하다, 말리다

무리 류 | 음 るい

음독은「るい」로 주로 N2부터 출제되고 훈독은 없다. 음독을「りゅう」라고 읽지 않도록 주의한다. 활용도가 높은 한자이므로 잘 익혀 두자. 접미어「〜類(るい)」(p.161)로도 활용하므로 잘 익혀 두자.

衣類(いるい) 의류
種類(しゅるい) 종류
食器類(しょっきるい) 식기류 N2단어형성
人類(じんるい) 인류 2급
同類(どうるい) 동류
類型(るいけい) 유형

魚類(ぎょるい) 어류
書類(しょるい) 서류
親類(しんるい) 친척
人類学(じんるいがく) 인류학 2급
分類(ぶんるい) 분류 N3읽기, N3용법

| 법률 | 음 りつ |

律

음독은 「りつ」로 주로 N2부터 출제되고 훈독은 없다. 비슷한 형태의 「津(진)」자와 혼동하지 않도록 주의한다.

一律に(いちりつに) 일률적으로* N1용법
法律(ほうりつ) 법률 2급, N3표기

規律(きりつ) 규율
法律上(ほうりつじょう) 법률상

읽기 표기 콕콕 연습문제 08

정답 P.269

》》下線の漢字はひらがなに、ひらがなは漢字になおしなさい。

1. あの人は自分の損得ばかり考える。
2. 農業の盛んな地域を訪ねる。
3. レポートをホチキスで留める。
4. 断水時間は10時から13時です。
5. すべての費用は自己負担です。
6. 試験で零点を取ったことがある。
7. 交渉は午前中に終了するはずだ。
8. 誤って指を針で突いてしまった。
9. 昨夜の嵐がたくさんの木を倒した。
10. 申込金として2万円を領収した。
11. 春と秋は農家が忙しい時です。
12. ぶつぶつ独り言をよく言う。
13. クラシックは聴力の訓練によい。
14. 困難な問題に直面する。
15. この道はゴルフ場に突き当たる。

1. 彼はおんたい植物について研究した。
2. 研究書をぶんるいして整理しておく。
3. 会議のとちゅうから参加する。
4. のうさんぶつの改良が行われる。
5. 飛行機で太平洋をおうだんする。
6. 人のアイディアをぬすむのは犯罪です。
7. 書物から知識をえる。
8. 手紙を書くのはめんどうだ。
9. あの人はいつもゆだんがない。
10. 兄はイタリアにりゅうがくしています。
11. 人からしんらいを失う行動。
12. お菓子を3人でびょうどうに分ける。
13. 薬をつけて、ほうたいをまいた。
14. 会議に必要なしょるいを整える。
15. 今度の新入社員はたのもしいね。

연습문제 09

>> 下線の漢字はひらがなに、ひらがなは漢字になおしなさい。

1. 実家で暮らす独身男性が増えている。
2. 彼には別途の収入があった。
3. 彼女は単独で店を開いた。
4. ネギはこの地方の主な農産物だ。
5. すべての人は法律上、平等である。
6. 小麦粉の用途は幅広い。
7. 温帯低気圧の発生に関する研究。
8. 鉄砲を担いで行進する。
9. 遠くに街の灯をのぞむ。
10. 卒業式の準備を完了した。
11. 山田先生に面会を断られた。
12. 車の免許を取得する。
13. それは私に有利な条件であった。
14. 児童科学館へようこそ。
15. 農薬の安全性について考える。

1. 暗くてけいこうとうをつけた。
2. 仕事をちゅうとでやめた。
3. 彼は顔が丸くてどうがんに見える。
4. でんとうをつけっぱなしにする。
5. うっかりして花瓶をたおした。
6. 虎と猫は同じしゅるいです。
7. 友だちがとつぜん訪ねて来た。
8. 人を見た目ではんだんしてはいけない。
9. 仕事のようりょうを覚える。
10. みさきの先に、白いとうだいが見える。
11. 茶道を少しばかりこころえております。
12. 豊作によろこぶのうみんたち。
13. 何ともいいがたい味だ。
14. こうとう教育支援ネットワーク。
15. りょうしゅうしょをもらえますか。

문맥규정 콕콕 연습문제 09

정답 P.270

» (　　) に入れるのに最もよいものを、1・2・3・4から一つ選びなさい。

1 ただそれだけの説明では正しく (　　) することはできません。
1 判事　　2 事故　　3 断念　　4 判断

2 自転車 (　　) をふせぐためには日ごろからの管理が重要です。
1 盗難　　2 超過　　3 悲劇　　4 破産

3 親の過度な期待がだんだん (　　) になってきた。
1 性能　　2 負担　　3 必死　　4 過熱

4 寮生活を快適に過ごすために (　　) 正しい生活が求められている。
1 約束　　2 規律　　3 興味　　4 習慣

5 遠くの (　　) より近くの他人。
1 種類　　2 親類　　3 人類　　4 書類

6 (　　) した会社は、その財産を自由に処分することが制限されます。
1 倒産　　2 得意　　3 犯罪　　4 否定

7 昨日バイト先の弁当屋に (　　) が入ったらしい。
1 強力　　2 強風　　3 強制　　4 強盗

8 その調査を (　　) した人の名前は言えません。
1 共同　　2 交替　　3 経営　　4 依頼

9 (　　) に扱うと、こわれてしまうのでご注意ください。
1 乱暴　　2 骨折　　3 調節　　4 冷静

10 彼女が犯人だろうという疑いはあるが、まだ (　　) はできない。
1 断水　　2 断定　　3 中断　　4 診断

연습문제 10

>>> （　　）に入れるのに最もよいものを、1・2・3・4から一つ選びなさい。

1 古代(こだい)の石器(せっき)には（　　）がわからないものもある。
　1 用事　　　2 中途　　　3 用途　　　4 途中

2 解答用紙(かいとうようし)が白紙なら（　　）だ。
　1 地点　　　2 点数　　　3 零点　　　4 零度

3 （　　）結婚(けっこん)を申し込まれて返事ができなかった。
　1 当然　　　2 天然　　　3 突然　　　4 自然

4 私は一人っ子なので両親(りょうしん)の（　　）を見なければならない。
　1 到着　　　2 倒産　　　3 面会　　　4 面倒

5 自分のつった大きな魚を（　　）になって周りの人に見せる。
　1 得点　　　2 得意　　　3 損得　　　4 利得

6 彼は（　　）のやりかたでその問題を解決(かいけつ)した。
　1 信号　　　2 分解　　　3 迷信　　　4 独特

7 あの子は勉強(べんきょう)の（　　）が悪いだけで、頭が悪いわけではない。
　1 要旨　　　2 要点　　　3 要領　　　4 要求

8 ゴルフを毎日（　　）しています。
　1 練習　　　2 高級　　　3 価値　　　4 話題

9 あの人を安易(あんい)に（　　）することはできない。
　1 避難　　　2 別途　　　3 混乱　　　4 非難

10 もう少し（　　）すればテニスがうまくなりますよ。
　1 趣味　　　2 運動　　　3 習慣　　　4 練習

[ㅁ·ㅂ] 16자

満 望 武 務 泊 放 防 犯 報 復 複 封 負 婦 批 備

찰 만

음 まん   **훈** みちる / みたす / みたない

음독은 「まん」으로 주로 N2부터 출제된다. 훈독은 「みちる(満ちる) / みたす(満たす) / みたない(満たない)」로 「みちる」가 주로 N2부터, 「みたす / みたない」는 주로 N1에서 출제된다. 「접두어 「満(まん)~」(p.158)으로도 활용하므로 잘 익혀 두자.

円満(えんまん) 원만함
満員(まんいん) 만원
満足(まんぞく) 만족 N3표기
満点(まんてん) 만점
未満(みまん) 미만
満ちる(みちる) 차다

充満(じゅうまん) 충만
満喫(まんきつ) 만끽* N1용법
満足感(まんぞくかん) 만족감 2급
不満(ふまん) 불만 N3문규
満たない(みたない) 부족하다* N1용법

바랄 망

음 ぼう / もう   **훈** のぞむ / のぞましい

음독은 「ぼう / もう」로 N2에서는 주로 「ぼう」로 출제된다. 훈독은 「のぞむ(望む) / のぞましい(望ましい)」로 「のぞむ」가 주로 N2부터, 「のぞましい」는 주로 N1에서 출제된다. 시험을 대비하여 「所望(しょもう) : 소망, 소원」도 알아 두자.

願望(がんぼう) 소원 N2읽기
失望(しつぼう) 실망
切望(せつぼう) 갈망, 간절히 바람
欲望(よくぼう) 욕망
望ましい(のぞましい) 바람직하다*

希望(きぼう) 희망 2급, N3문규
所望(しょもう) 소망, 소원*
本望(ほんもう) 숙원, 본래의 희망*
望み(のぞみ) 바람, 희망
望む(のぞむ) 바라다, 소망하다

굳셀 무

음 ぶ / む

음독은 「ぶ / む」로 N2에서는 주로 「ぶ」로 출제되며, 훈독은 없다. 시험을 대비하여 「武者人形(むしゃにんぎょう) : (단옷날에 장식하는) 무사 인형」도 알아 두자.

武器(ぶき) 무기
武者(むしゃ) 무사*

武士(ぶし) 무사
武者人形(むしゃにんぎょう) 무사 인형

힘쓸 무

음 む   **훈** つとめる

음독은 「む」, 훈독은 「つとめる(務める)」로 모두 주로 N2부터 출제된다. 활용도가 높은 한자이므로 잘 익혀 두자.

公務(こうむ) 공무
事務員(じむいん) 사무원
務める(つとめる) 역할을 맡다

公務員(こうむいん) 공무원
事務所(じむしょ) 사무실 2급

머무를 박 　음 はく　훈 とまる / とめる

泊

음독은 「はく」, 훈독은 「とまる(泊まる) / とめる(泊める)」로 모두 주로 N2부터 출제된다. 활용도가 낮은 한자이지만, 접미어 「〜泊(はく)」(p.162)로도 활용하므로 잘 익혀 두자.

三泊(さんぱく) 3박　　　　　　宿泊(しゅくはく) 숙박 `2급`
泊まる(とまる) 숙박하다, 묵다 `2급`　泊める(とめる) 재우다, 묵게 하다

놓을 방 　음 ほう　훈 はなす / はなれる / はなつ

放

음독은 「ほう」, 훈독은 「はなす(放す) / はなれる(放れる) / はなつ(放つ)」로 모두 주로 N2부터 출제된다.

開放(かいほう) 개방　　　　　解放(かいほう) 해방
再放送(さいほうそう) 재방송 `N2단어형성`　追放(ついほう) 추방*
放火(ほうか) 방화　　　　　　放送(ほうそう) 방송
放送局(ほうそうきょく) 방송국 `2급`　言い放つ(いいはなつ) 단언하다*
放す(はなす) 놓다, 놓아주다　　　放つ(はなつ) 추방하다
放れる(はなれる) 놓이다, 풀리다

막을 방 　음 ぼう　훈 ふせぐ

防

음독은 「ぼう」, 훈독은 「ふせぐ(防ぐ)」로 모두 주로 N2부터 출제된다. 비슷한 형태의 「坊(방)」, 「妨(방)」, 「肪(방)」, 「紡(방)」 자와 혼동하지 않도록 주의한다. 활용도가 높은 한자이므로 잘 익혀 두자.

消防(しょうぼう) 소방　　　　消防署(しょうぼうしょ) 소방서 `2급`
防災(ぼうさい) 방재 `N2읽기`　防止(ぼうし) 방지
防犯(ぼうはん) 방범 `2급`　　　予防(よぼう) 예방
防ぐ(ふせぐ) 막다 `2급, N3문규`

범할 범 　음 はん　훈 おかす

犯

음독은 「はん」, 훈독은 「おかす(犯す)」로 모두 주로 N2부터 출제된다. 활용도가 낮은 한자이지만, 접미어 「〜犯(はん)」(p.162)으로도 활용하므로 잘 익혀 두자.

犯罪(はんざい) 범죄 `2급`　　　犯人(はんにん) 범인
防犯(ぼうはん) 방범 `2급`　　　犯す(おかす) 범하다

갚을 보 　음 ほう　훈 ほうじる / むくいる

報

음독은 「ほう」로 주로 N2부터 출제된다. 훈독은 「ほうじる(報じる) / むくいる(報いる)」로 「ほうじる」가 주로 N2부터, 「むくいる」는 출제 가능성이 낮다. 음독의 경우 「-ん+は행」은 「-ん+ぱ행」이 되는데 대표적인 예로 「電報(でんぽう) : 전보」가 있다. 접미어 「〜報(ほう)」(p.162)로도 활용하므로 잘 익혀 두자.

情報(じょうほう) 정보 `2급, N3읽기`　報告書(ほうこくしょ) 보고서 `2급`
予報(よほう) 예보 `2급`　　　朗報(ろうほう) 낭보* `N1교체`
報じる(ほうじる) 보도하다* `N1문규`　報いる(むくいる) 보답하다*

회복할 복 / 다시 부   음 ふく

復

음독은 「ふく」로 주로 N2부터 출제되고 훈독은 없다. 한국어의 음은 「복」과 「부」의 두 가지가 있다. N2에서는 「복」에 해당되는 단어가 주로 출제된다. 참고로 「부」로 읽히는 단어는 「復活(ふっかつ) : 부활」 등이 있다. 비슷한 형태의 「複(복)」 자와 혼동하지 않도록 주의한다.

回復(かいふく) 회복 `2급`, `N2교체`
修復(しゅうふく) 복원 `N1문규`
復旧(ふっきゅう) 복구* `N1용법`
復習(ふくしゅう) 복습 `N3표기`
復活(ふっかつ) 부활
復興(ふっこう) 부흥*

겹칠 복   음 ふく

複

음독은 「ふく」로 주로 N2부터 출제되고 훈독은 없다. 비슷한 형태의 「復(복)」 자와 혼동하지 않도록 주의한다.

複雑(ふくざつ) 복잡함 `2급`, `N3문규`
複写機(ふくしゃき) 복사기
複数形(ふくすうけい) 복수형
複写(ふくしゃ) 복사
複数(ふくすう) 복수 `N3표기`

봉할 봉   음 ふう / ほう

음독은 「ふう / ほう」로 「ふう」가 주로 N2부터, 「ほう」는 주로 N1에서 출제된다. 훈독은 없다. 「ほう」는 「封建(ほうけん : 봉건)」에만 사용된다.

開封(かいふう) 개봉 `2급`
封建(ほうけん) 봉건
封筒(ふうとう) 봉투 `2급`

질 부   음 ふ   훈 まける / おう / まかす

음독은 「ふ」로 주로 N2부터 출제된다. 훈독은 「まける(負ける) / おう(負う) / まかす(負かす)」로 「まける」가 주로 N2부터, 「おう / まかす」는 주로 N1에서 출제된다. 「勝負」는 「しょう+ふ」가 「しょうぶ」로 연탁음이 되므로 잘 익혀 두자.

勝負(しょうぶ) 승부
負け(まけ) 짐, 패배
負ける(まける) 지다
負担(ふたん) 부담
背負う(せおう) 떠맡다, 짊어지다 `2급`

며느리 부   음 ふ

음독은 「ふ」로 주로 N2부터 출제되고 훈독은 없다. 비슷한 형태의 「帰(귀)」, 「掃(소)」 자와 혼동하지 않도록 주의한다. 접미어 「~婦(ふ)」(p.162)로도 활용하므로 잘 익혀 두자.

主婦(しゅふ) 주부
婦人(ふじん) 부인
夫婦(ふうふ) 부부 `2급`, `N3읽기`

 **비평할 비** 음 ひ

批

음독은 「ひ」로 주로 N2부터 출제되고 훈독은 없다. 활용도가 낮은 한자이다.

批判(ひはん) 비판 N2표기　　　批評(ひひょう) 비평 N2읽기

 **갖출 비** 음 び　훈 そなえる / そなわる

備

음독은 「び」로 주로 N2부터 출제된다. 훈독은 「そなえる(備える) / そなわる(備わる)」로 「そなえる」가 주로 N2부터, 「そなわる」는 주로 N1에서 출제된다.

警備(けいび) 경비 2급　　　　　　準備(じゅんび) 준비 2급
整備(せいび) 정비　　　　　　　設備(せつび) 설비
不備(ふび) 충분히 갖추지 않음 N2문규　予備(よび) 예비
備える(そなえる) 대비하다 2급, N2읽기

읽기 표기 콕콕 연습문제 10

정답 P.270

》》 下線の漢字はひらがなに、ひらがなは漢字になおしなさい。

1. 勝った人も負けた人も泣いてしまった。
2. 満員電車に乗る。
3. 防犯カメラを設置する。
4. 俳優になるという希望を捨てた。
5. 自信に満ちた顔で賞状を受け取る。
6. 夫婦で協力して子育てをする。
7. 現在は一般に開放されている。
8. この作品は批評の価値もない。
9. 彼はロープを手から放した。
10. 今年度に整備する建物。
11. 小川さんは消防署で働いている。
12. 災害に備える心構えが大切です。
13. 彼らの関係は非常に複雑である。
14. 彼女は夕食の準備で忙しい。
15. 昨日の試合はいい勝負だった。

1. すべて彼ののぞみ通りいった。
2. 風邪のよぼうのために、うがいをする。
3. 仕事の進捗状況を上司にほうこくする。
4. 京都の旅館にふたばんとまった。
5. 寮生活にありがちなふまん。
6. その番組は一週間後ほうそうされた。
7. 彼はほうかの疑いで取り調べを受けた。
8. しゅくはく施設のあるゴルフ場。
9. キャンプに、よびの食料を持って行く。
10. 風船が手からはなれて飛んでいく。
11. ぶしは何よりも名誉を重んじた。
12. 仕事をやめて専業しゅふになった。
13. はんざいの無い明るい町にしましょう。
14. 兄は国家こうむいんです。
15. ぶきを捨てて出てこい。

연습문제 11

>> 下線の漢字はひらがなに、ひらがなは漢字になおしなさい。

1. 三泊四日で中国を旅行する。
2. 誰でも幸福を望んでいる。
3. 全体としては満足な結果が得られた。
4. 弟を背負って、公園まで行く。
5. つまらないことに時間を消費するな。
6. 破損したデータを安全に復旧します。
7. 手紙を封筒に入れる。
8. 学校で習ったことを家で復習する。
9. 世界史のテストで満点をとった。
10. 上京した友人を家に泊める。
11. 二度と同じあやまちを犯さない。
12. 弁舌を武器にする。
13. 未成年犯罪が急増している。
14. 彼は放送局で働いている。
15. 彼女は芝居の主役を務めている。

1. えんまんな人間関係を築く。
2. 父は銀行のけいび員です。
3. 薬物乱用ぼうしキャンペーン中です。
4. 18歳みまんの方はお断りします。
5. 彼女は徐々にかいふくしている。
6. あなたのじむしょはどこですか。
7. お祝いのでんぽうが2通届いている。
8. この病院はせつびがよい。
9. 結婚式にふうふで招待される。
10. 彼には大いにしつぼうした。
11. じゅんびが終わったら出発だ。
12. しょうぼう車に道をあける。
13. その道路はよくせいびされている。
14. 正しいじょうほうを伝える。
15. 塩は食物が腐るのをふせぐ。

문맥규정 콕콕 연습문제 11

정답 P.271

》》（　　）に入れるのに最もよいものを、1・2・3・4から一つ選びなさい。

1 競争相手の企業から秘密（　　）を探り出す。
1 報告　　　2 覚悟　　　3 情報　　　4 営業

2 そろばんの構造は簡単だが、電子計算機の構造は（　　）だ。
1 複雑　　　2 雑誌　　　3 複写　　　4 雑音

3 友だちとゲームで（　　）をしたが、結果は引き分けに終わった。
1 緊張　　　2 勝負　　　3 克服　　　4 実験

4 一日でも早い（　　）を祈っています。
1 面倒　　　2 回復　　　3 友好　　　4 都合

5 市はこの土地を（　　）して住宅地にしたいと考えている。
1 警備　　　2 整備　　　3 予備　　　4 設備

6 箱根で（　　）ぐらい泊まって、リフレッシュしたい。
1 二階　　　2 二畳　　　3 二軒　　　4 二泊

7 社長は自分の子どもが（　　）になれば、会社が大きくなるだろうと考えた。
1 夫婦　　　2 地位　　　3 接続　　　4 成人

8 あまりに急な出発だったので、なにも（　　）するひまがなかった。
1 出席　　　2 失敗　　　3 準備　　　4 紹介

9 人の（　　）をする前に、自分をかえりみなければならない。
1 要求　　　2 注目　　　3 全般　　　4 批判

10 今の生活に（　　）しているから、ほかにほしいものは何もない。
1 満足　　　2 満点　　　3 未満　　　4 不満

콕콕 연습문제 12

》》（　　）に入れるのに最もよいものを、1・2・3・4から一つ選びなさい。

1 （　　）の表(おもて)にはあて名を書いて切手を貼(は)ってください。
1 封筒　　2 貿易　　3 面積　　4 郵送

2 私は大学に残って研究を続けることを（　　）しています。
1 失望　　2 希望　　3 将来　　4 未来

3 彼女は自分の能力のなさに（　　）して、すっかりやる気をなくしてしまった。
1 希望　　2 得意　　3 失望　　4 敬意

4 川の魚を殺した（　　）は近くの工場の廃液(はいえき)だった。
1 帽子　　2 名人　　3 定員　　4 犯人

5 明日の学会(がっかい)では山田先生が自分の研究を（　　）することになっている。
1 申告　　2 忠告　　3 報告　　4 警告

6 来週の試験(しけん)にそなえて今まで習ったところを（　　）する。
1 評判　　2 満点　　3 判断　　4 復習

7 新しくできたホテルに（　　）する予定です。
1 宿題　　2 手術　　3 宿泊　　4 技術

8 ひさしぶりに仕事から（　　）されて、のんびりと過ごした。
1 反省　　2 開会　　3 解放　　4 誤解

9 彼らはそのうわさが広がるのを（　　）しようと努めた。
1 禁止　　2 防止　　3 拡大　　4 増大

10 あの先生の試験は難(むずか)しいから（　　）はなかなかとれないよ。
1 欠点　　2 採点　　3 終点　　4 満点

[人] 30자

査 師 散 商 象 賞 状 常 想 署 緒 船 設 税 消 掃 速 損 率 授 収 修 純
術 湿 承 勝 植 識 深

조사 사 　音 さ

음독은「さ」로 주로 N2부터 출제되고 훈독은 없다. 시험을 대비하여「巡査(じゅんさ) : 순경」도 알아 두자.

検査(けんさ) 검사　2급, N3읽기, N3문규
調査(ちょうさ) 조사　2급
巡査(じゅんさ) 순경
調査中(ちょうさちゅう) 조사 중

스승 사 　音 し

음독은「し」로 주로 N2부터 출제되고 훈독은 없다. 비슷한 형태의「帥(수)」와 혼동하지 않도록 주의한다. 접미어「～師(し)」(p.162)로도 활용한다.「師走(しわす・しはす) : 음력 섣달」는 독특하게 읽는 한자이니 참고로 알아 두자.

医師(いし) 의사
教師(きょうし) 교사　2급
漁師(りょうし) 어부
技師(ぎし) 기사
講師(こうし) 강사　N2표기
師走(しわす・しはす) 음력 섣달*

흩을 산 　音 さん 　訓 ちらかす / ちらかる / ちらす / ちる

음독은「さん」, 훈독은「ちらかす(散らかす) / ちらかる(散らかる) / ちらす(散らす) / ちる(散る)」로 모두 N2부터 출제된다. 복합동사「～散らす(ちらす)」(p.167)로도 활용하므로 잘 익혀 두자.

解散(かいさん) 해산　N2문규
発散(はっさん) 발산*　N1용법
散らかる(ちらかる) 어지러지다　N2문규
散る(ちる) 떨어지다, 꽃이 지다
散歩(さんぽ) 산책　2급
散らかす(ちらかす) 어지르다
散らす(ちらす) 흩뜨리다

장사 상 　音 しょう 　訓 あきなう

음독은「しょう」로 주로 N2부터 출제된다. 훈독은「あきなう(商う)」로 출제 가능성이 낮다. 접미어「～商(しょう)」(p.162)로도 활용하므로 잘 익혀 두자.

商業(しょうぎょう) 상업　N3읽기
商店(しょうてん) 상점
商人(しょうにん) 상인
商品(しょうひん) 상품　N3읽기
商社(しょうしゃ) 상사
商店街(しょうてんがい) 상점가　N2단어형성
商売(しょうばい) 장사
輸入商(ゆにゅうしょう) 수입상

| 코끼리 상 | 음 しょう / ぞう |

음독은 「しょう/ぞう」로 둘 다 N2부터 출제되고 훈독은 없다. 비슷한 형태의 「像(상)」, 「衆(중)」자와 혼동하지 않도록 주의한다. 시험을 대비하여 「抽象(ちゅうしょう) : 추상」도 알아 두자.

印象(いんしょう) 인상 N3문규
象徴(しょうちょう) 상징 N2표기
対象(たいしょう) 대상
現象(げんしょう) 현상 2급, N2읽기
象(ぞう) 코끼리
抽象的(ちゅうしょうてき) 추상적임 N2읽기

| 상줄 상 | 음 しょう |

음독은 「しょう」로 주로 N2부터 출제되고 훈독은 없다. 비슷한 형태의 「償(상)」자와 혼동하지 않도록 주의한다. 시험을 대비하여 「鑑賞(かんしょう) : 감상」도 알아 두자. 접미어 「～賞(しょう)」(p.162)로도 활용하므로 잘 익혀 두자.

鑑賞(かんしょう) 감상*
賞金(しょうきん) 상금
ノーベル賞(のーべるしょう) 노벨상 2급
賞(しょう) 상
賞品(しょうひん) 상품
文学賞(ぶんがくしょう) 문학상 N2단어형성

| 형상 상 | 음 じょう |

음독은 「じょう」로 주로 N2부터 출제되고 훈독은 없다. 시험을 대비하여 「症状(しょうじょう) : 증상」도 알아 두자. 접미어 「～状(じょう)」(p.162)로도 활용하므로 잘 익혀 두자.

クリーム状(くりーむじょう) 크림 상태 N2단어형성
状況(じょうきょう) 상황 2급
状態(じょうたい) 상태
逮捕状(たいほじょう) 체포장*
現状(げんじょう) 현상
症状(しょうじょう) 증상 N2표기
招待状(しょうたいじょう) 초대장 N2단어형성

| 항상 상 | 음 じょう 훈 つね |

음독은 「じょう」, 훈독은 「つね(常)」로 모두 주로 N2부터 출제된다.

異常(いじょう) 이상 2급
正常(せいじょう) 정상 N3표기, N3문규
非常に(ひじょうに) 상당히 N1교체
常識(じょうしき) 상식
日常(にちじょう) 일상 2급
常に(つねに) 늘, 항상 2급, N2교체

| 생각할 상 | 음 そう / そ |

음독은 「そう/そ」로 「そう」가 주로 N2부터, 「そ」는 주로 N1에서 출제된다. 훈독은 없다. 참고로 「そ」는 「愛想(あいそ) : 붙임성」에만 사용된다. 비슷한 형태의 「憩(게)」자와 혼동하지 않도록 주의한다.

回想(かいそう) 회상* N1교체
空想(くうそう) 공상
想像(そうぞう) 상상 2급, N3읽기, N3문규
理想(りそう) 이상
連想(れんそう) 연상
感想(かんそう) 감상
思想(しそう) 사상
発想(はっそう) 발상
理想的(りそうてき) 이상적임

관청 서

署

🔊 しょ

음독은 「しょ」로 주로 N2부터 출제되고 훈독은 없다. 비슷한 형태의 「暑(서)」, 「著(저)」자와 혼동하지 않도록 주의한다. 접미어 「～署(しょ)」(p.163)로도 활용하므로 잘 익혀 두자.

消防**署**(しょうぼう**しょ**) 소방서 `2급`　　　**署**名(**しょ**めい) 서명

실마리 서

緒

🔊 しょ/ちょ　🔊 お

음독은 「しょ/ちょ」로 주로 N2부터 출제된다. 훈독은 「お(緒)」로 출제 가능성이 낮다. 음독의 「ちょ」는 「情緒(じょうちょ) : 정취, 감정」에 해당된다. 비슷한 형태의 「諸(제)」자와 혼동하지 않도록 주의한다. 활용도가 낮은 한자이다.

一**緒**(いっ**しょ**) 함께, 같이　　　情**緒**(じょう**ちょ**) 정서
内**緒**(ない**しょ**) 비밀 `N3문규`　　由**緒**(ゆい**しょ**) 유서* `N1읽기`
緒(**お**) 줄, 끈, 악기의 현*

배 선

船

🔊 せん　🔊 ふな/ふね

음독은 「せん」, 훈독은 「ふな(船)/ふね(船)」로 모두 주로 N2부터 출제된다. 훈독의 「ふな」는 「船便(ふなびん) : 배편」이 해당된다. 접미어 「～船(せん)」(p.163)으로도 활용하므로 잘 익혀 두자.

造**船**(ぞう**せん**) 조선　　　風**船**(ふう**せん**) 풍선
船(**ふね**) 배　　　　　　　**船**便(**ふな**びん) 배편

베풀 설

設

🔊 せつ　🔊 もうける

음독은 「せつ」로 주로 N2부터 출제되고, 훈독은 「もうける(設ける)」로 주로 N1에서 출제된다. 비슷한 형태의 「説(설)」자와 혼동하지 않도록 주의한다.

建**設**(けん**せつ**) 건설 `2급, N3용법`　　建**設**中(けん**せつ**ちゅう) 건설 중
設計(**せっ**けい) 설계 `2급`　　　　　　**設**備(**せつ**び) 설비
設ける(**もう**ける) 설치하다, 마련하다*

조세 세

税

🔊 ぜい

음독은 「ぜい」로 주로 N2부터 출제되고 훈독은 없다. 한국어 음이 「세」이므로 「せい」라고 잘못 읽기 쉬우므로 주의해서 외워 두자. 시험을 대비하여 「免**税**(めん**ぜい**) : 면세」도 알아 두자. 접미어 「～**税**(**ぜい**)」(p.163)로도 활용하므로 잘 익혀 두자.

課**税**(か**ぜい**) 과세　　　　　　**税**関(**ぜい**かん) 세관
税金(**ぜい**きん) 세금 `2급, N3읽기`　有名**税**(ゆうめい**ぜい**) 유명세*

사라질 소 | 음 しょう | 훈 きえる / けす

消

음독은「しょう」, 훈독은「きえる(消える) / けす(消す)」로 모두 주로 N2부터 출제된다. 시험을 대비하여「消印(けしいん) : 소인」도 알아 두자. 비슷한 형태의「削(삭)」,「硝(초)」,「肖(초)」자와 혼동하지 않도록 주의한다.

解消(かいしょう) 해소 `N2문규`
消極的(しょうきょくてき) 소극적임
消費(しょうひ) 소비 `N3용법`
消防(しょうぼう) 소방
消える(きえる) 사라지다 `2급`

消化(しょうか) 소화
消毒(しょうどく) 소독
消費者(しょうひしゃ) 소비자 `2급`
消防署(しょうぼうしょ) 소방서 `2급`
消す(けす) 끄다, 지우다 `N3표기`

쓸 소 | 음 そう | 훈 はく

掃

음독은「そう」, 훈독은「はく(掃く)」로 모두 주로 N2부터 출제된다. 비슷한 형태의「帰(귀)」,「婦(부)」자와 혼동하지 않도록 주의한다. 활용도가 높지 않은 한자이다.

一掃(いっそう) 일소* `N1문규`
清掃車(せいそうしゃ) 청소차
掃く(はく) 쓸다

清掃(せいそう) 청소
掃除(そうじ) 청소 `2급`

빠를 속 | 음 そく | 훈 はやい / すみやか / はやめる

速

음독은「そく」로 주로 N2부터 출제된다. 훈독 중「はやい(速い)」는 주로 N2부터,「すみやか(速やか) / はやめる(速める)」는 주로 N1에서 출제된다. 활용도가 높은 한자이다.

加速度(かそくど) 가속도
高速(こうそく) 고속
時速(じそく) 시속
速達(そくたつ) 속달
速力(そくりょく) 속력
速い(はやい) 빠르다 `N3표기`

急速(きゅうそく) 급속함 `2급`
早速(さっそく) 즉시
迅速(じんそく) 신속함*
速度(そくど) 속도
速さ(はやさ) 빠르기, 속도 `N2교체`

덜 손 | 음 そん | 훈 そこなう / そこねる

損

음독은「そん」으로 주로 N2부터 출제되고, 훈독은「そこなう(損なう) / そこねる(損ねる)」로 주로 N1에서 출제된다. 복합동사「〜損なう(そこなう) / 〜損ねる(そこねる)」 (p.167)로도 활용하므로 잘 익혀 두자.

損(そん) 손해
損得(そんとく) 손익 `2급`
損なう(そこなう) 손상하다, 깨뜨리다* `N1용법`

損害(そんがい) 손해 `N2읽기`
破損(はそん) 파손* `N1읽기`

거느릴 솔/비율 률 | 음 そつ / りつ | 훈 ひきいる

率

음독은「そつ / りつ」로 주로 N2부터 출제되고, 훈독은「ひきいる(率いる)」로 주로 N1에서 출제된다. 한국어 음「솔」은「そつ」에 해당되고,「률」은「りつ」에 해당된다. 비슷한 형태의「卒(졸)」자와 혼동하지 않도록 주의한다. 접미어「〜率(りつ)」(p.163)로도 활용하므로 잘 익혀 두자.

確率(かくりつ) 확률
進学率(しんがくりつ) 진학률 `2급`
率直(そっちょく) 솔직함 `2급, N1교체, N2읽기`
能率(のうりつ) 능률

就職率(しゅうしょくりつ) 취직률 `N2단어형성`
成功率(せいこうりつ) 성공률 `N2단어형성`
投票率(とうひょうりつ) 투표율 `N2단어형성`

| 줄 수 | 음 じゅ　훈 さずける |

음독은 「じゅ」로 주로 N2부터 출제되고, 훈독은 「さずける(授ける)」로 주로 N1에서 출제된다. 비슷한 형태의 「受(수)」자와 혼동하지 않도록 주의한다.

教授(きょうじゅ) 교수　　　授業(じゅぎょう) 수업
助教授(じょきょうじゅ) 조교수　　授ける(さずける) 하사하다, 전수하다*

| 거둘 수 | 음 しゅう　훈 おさめる / おさまる |

음독은 「しゅう」로 주로 N2부터 출제된다. 훈독은 「おさめる(収める) / おさまる(収まる)」로 「おさめる」가 주로 N2부터, 「おさまる」는 주로 N1에서 출제된다.

回収(かいしゅう) 회수 N3교체, N3용법　　吸収(きゅうしゅう) 흡수
高収入(こうしゅうにゅう) 고수입 N2단어형성　　収穫(しゅうかく) 수확 N2표기, N2문규
収束(しゅうそく) 수습*　　収入(しゅうにゅう) 수입
領収書(りょうしゅうしょ) 영수증 2급　　収める(おさめる) 거두다

| 닦을 수 | 음 しゅう / しゅ　훈 おさめる |

음독은 「しゅう / しゅ」로 「しゅう」가 주로 N2부터, 「しゅ」는 주로 N1에서 출제된다. 훈독은 「おさめる(修める)」로 주로 N2부터 출제된다. 참고로 음독의 「しゅ」는 「修行(しゅぎょう : 수행)」에만 사용된다. 활용도가 높은 한자이다.

研修(けんしゅう) 연수 2급　　修正(しゅうせい) 수정
修正案(しゅうせいあん) 수정안　　修復(しゅうふく) 복원 N1문규
修理(しゅうり) 수리 N3용법　　修める(おさめる) (학문을) 닦다, 수양하다

| 순수할 순 | 음 じゅん |

음독은 「じゅん」으로 주로 N2부터 출제되고 훈독은 없다. 한국어 음이 「순」이라 해서 「しゅん」이라고 읽지 않도록 주의한다. 시험을 대비하여 「純粋(じゅんすい : 순수함)」도 알아 두자. 접두어 「純(じゅん)~」(p.158)으로도 활용하므로 잘 익혀 두자.

純情(じゅんじょう) 순정　　純粋(じゅんすい) 순수함
純和風(じゅんわふう) 순 일본식*　　単純(たんじゅん) 단순함 2급, N3교체

| 꾀 술 | 음 じゅつ |

음독은 「じゅつ」로 주로 N2부터 출제되고 훈독은 없다. 한국어 음이 「술」이므로 「しゅつ」라고 읽지 않도록 주의한다. 접미어 「~術(じゅつ)」(p.163)로도 활용하므로 잘 익혀 두자.

学術(がくじゅつ) 학술　　芸術(げいじゅつ) 예술
技術(ぎじゅつ) 기술 2급　　技術上(ぎじゅつじょう) 기술상
手術(しゅじゅつ) 수술 2급

축축할 습

음 しつ　**훈** しめる

漢 음독은「しつ」, 훈독은「しめる(湿る)」로 모두 주로 N2부터 출제된다. 음독의 경우「-つ」로 끝나므로 뒤에「か・さ・た행」이 오면 촉음「-っ」의 형태가 된다. 대표적인 예로「湿気(しっけ) : 습기」가 있다. 활용도가 낮은 한자이다.

湿気(しっけ) 습기　　　　　　　湿度(しつど) 습도 [2급]
湿っぽい(しめっぽい) 조금 축축하다 [N2표기]　湿る(しめる) 축축해지다 [N2교체]

받들 승

음 しょう　**훈** うけたまわる

음독은「しょう」, 훈독은「うけたまわる(承る)」로 모두 주로 N2부터 출제된다. 훈독의「うけたまわる」의 오쿠리가나는「る」만 한자 뒤로 나온다는 점도 잘 익혀 두자.

承諾(しょうだく) 승낙* [N1읽기]　承知(しょうち) 승낙함, 앎
承認(しょうにん) 승인 [2급]　承る(うけたまわる) 삼가 듣다

이길 승

음 しょう　**훈** かつ / まさる

음독은「しょう」로 주로 N2부터 출제되고, 훈독은「かつ(勝つ) / まさる(勝る)」로,「かつ」는 주로 N2부터,「まさる」는 주로 N1에서 출제된다.「勝手(かって) : 제멋대로임」는 통째로 외워 두자.

圧勝(あっしょう) 압승 [N2읽기]　　準決勝(じゅんけっしょう) 준결승 [N2단어형성]
準優勝(じゅんゆうしょう) 준우승 [N2단어형성]　勝敗(しょうはい) 승패
勝負(しょうぶ) 승부　　　　　　名勝負(めいしょうぶ) 명승부
優勝(ゆうしょう) 우승 [2급]　　　勝手(かって) 제멋대로임 [N2교체]
勝つ(かつ) 이기다

심을 식

음 しょく　**훈** うえる / うわる

음독은「しょく」로 주로 N2부터 출제된다. 훈독은「うえる(植える) / うわる(植わる)」로「うえる」가 주로 N2부터,「うわる」는 주로 N1에서 출제된다.「植木(うえき) : 정원수」는 통째로 외워 두자. 비슷한 형태의「殖(식)」자와 혼동하지 않도록 주의한다.

植物(しょくぶつ) 식물 [2급]　　田植え(たうえ) 모내기
植木(うえき) 정원수 [2급]　　　植える(うえる) 심다 [N3용법]

알 식

음 しき

음독은「しき」로 주로 N2부터 출제되고 훈독은 없다. 비슷한 형태의「職(직)」,「織(직)」자와 혼동하지 않도록 주의한다.

意識(いしき) 의식　　　　　　常識(じょうしき) 상식
知識(ちしき) 지식　　　　　　標識(ひょうしき) 표지 [2급]

깊을 심 ㉿ **しん** ㉾ **ふかい / ふかまる / ふかめる**

음독은 「しん」으로 주로 N2부터 출제된다. 훈독은 「ふかい(深い) / ふかまる(深まる) / ふかめる(深める)」로 「ふかい / ふかまる」가 주로 N2부터, 「ふかめる」는 주로 N1에서 출제된다. 비슷한 형태의 「探(탐)」 자와 혼동하지 않도록 주의한다. 접두어 「深(しん)~」 (p.159)으로도 활용하므로 잘 익혀 두자.

深刻(しんこく) 심각함　2급, N2용법　　深夜(しんや) 심야　2급
深い(ふかい) 깊다　2급, N3읽기　　深まる(ふかまる) 깊어지다

연습문제 12

>>> 下線の漢字はひらがなに、ひらがなは漢字になおしなさい。

1. クイズを当てて<u>賞品</u>をもらう。
2. 制限<u>速度</u>を守って運転する。
3. 論文に<u>賞金</u>をかける。
4. <u>芸術</u>は長く人生は短し。
5. 警察がデモ隊を<u>解散</u>させた。
6. 事故現場の<u>状況</u>を説明する。
7. <u>消防署</u>は、24時間出動態勢だ。
8. 彼は塾の<u>講師</u>で数学を教えている。
9. <u>学術</u>振興のために必要な措置をとる。
10. それは知事の<u>承認</u>を要する。
11. ここでは6月中旬ごろに<u>田植</u>えをする。
12. 父は苦労して学問を<u>修</u>めた。
13. そのことなら十分<u>承知</u>している。
14. 交通<u>標識</u>にいたずらをしてはいけない。
15. 子供のおもちゃで部屋が<u>散</u>らかっている。

1. 私と<u>いっしょ</u>に旅行に行きませんか。
2. 今年は彼らが<u>ゆうしょう</u>すると思う。
3. 両国の関係は複雑な<u>じょうたい</u>だ。
4. <u>ふね</u>が港に入ってきた。
5. 一時間目の<u>じゅぎょう</u>は算数です。
6. さくらの花が<u>ち</u>り始めた。
7. 優勝を<u>いしき</u>して、緊張した。
8. その問題はただ今<u>ちょうさ</u>中です。
9. 秋も<u>ふか</u>まり、木々が紅葉に彩られる。
10. 何が起こるか<u>そうぞう</u>もつかない。
11. 郵便貯金の利子には<u>かぜい</u>されない。
12. <u>しょうきょくてき</u>だから何もできない。
13. その問題を<u>きゅうそく</u>に解決した。
14. 車を<u>しゅうり</u>してもらった。
15. あのアパートは<u>せつび</u>がいい。

읽기 표기 콕콕 연습문제 13

정답 P.271

≫ 下線の漢字はひらがなに、ひらがなは漢字になおしなさい。

1. 植木に水をやった。
2. 市議会に修正案を提出する。
3. 審査員の判定で勝負を決める。
4. その国は急速な産業の発展を遂げた。
5. 作文コンクールで文部大臣賞をもらう。
6. 彼は貿易商社に勤めている。
7. その企画で100万円以上損した。
8. 香港に近いので商業も盛んです。
9. 叔父は大学の教授です。
10. 今届いた手紙に早速、返事を出す。
11. それは技術上困難である。
12. 悪いことをしたら、謝るのが常識だ。
13. あなたの感想を聞かせてください。
14. 商売繁盛を祈願する。
15. 彼の著作は非難の対象となった。

1. しょうかに良い食べ物のレシピ。
2. 約5千万円のそんがいが出た。
3. 住宅をせっけいする。
4. 事態は一段としんこくになった。
5. 彼はかなりのしゅうにゅうがある。
6. 異国じょうちょ豊かな街を散歩する。
7. 機械にいじょうはない。
8. 突風がさくらの花をちらした。
9. その会社は現在けんせつ中です。
10. 科学について多少のちしきは必要だ。
11. 校庭にいちょうの木をうえる。
12. 来年度の予算がしょうにんされた。
13. ぜいきんを4回に分けて納める。
14. それはおもしろいはっそうだ。
15. 毎日犬をさんぽに連れて行く。

연습문제 13

》》( )に入れるのに最もよいものを、1・2・3・4から一つ選びなさい。

1. インターネットを利用して日本の( )を売っている。
   1 宿泊　　2 犯人　　3 商品　　4 予約

2. 最優秀エッセイには100万円の( )があたえられる。
   1 零点　　2 賞金　　3 有料　　4 通貨

3. 長島さんは( )のある人だから、そんな失礼なことは言わないだろう。
   1 常識　　2 日常　　3 標識　　4 非常

4. 彼女の( )のタイプは、背が高くてやさしい人だそうです。
   1 構想　　2 思想　　3 感想　　4 理想

5. この問題を解くには( )の転換が必要だ。
   1 出発　　2 発生　　3 発想　　4 出張

6. ( )税率10％への引き上げを延期する方針を伝えた。
   1 消防　　2 損害　　3 消費　　4 損得

7. 業務上のミスを理由に会社から( )賠償を請求された。
   1 損害　　2 器用　　3 寄付　　4 油断

8. その公園には6000種のさまざまな( )がある。
   1 破片　　2 品物　　3 知恵　　4 植物

9. この曲で一番( )に残ったのは、冒頭のメロディーだ。
   1 印象　　2 担当　　3 印刷　　4 注目

10. 何の資格も持っていない私が再就職できる( )はきわめて低い。
    1 年齢　　2 確率　　3 状態　　4 確立

콕콕 연습문제 14

>> （　　）に入れるのに最もよいものを、1・2・3・4から一つ選びなさい。

1. 修学旅行から帰ってきた生徒たちが駅前で（　　）した。
   1 解散　　2 解約　　3 解消　　4 解説

2. あの企業は高い（　　）力を誇る製品を世に生み出している。
   1 特技　　2 手術　　3 技術　　4 芸術

3. 水質（　　）のためサンプルを抜き取った。
   1 回答　　2 性能　　3 検査　　4 署名

4. 台風が来る前に、家の（　　）をしておかなければならない。
   1 原理　　2 都合　　3 修理　　4 調子

5. こんな作り方では（　　）にならない。
   1 商品　　2 日常　　3 印象　　4 理想

6. この建物には暖房の（　　）がないから、寒くてこまる。
   1 予備　　2 準備　　3 設備　　4 整備

7. 空港建設反対の（　　）が30万人分集まった。
   1 署名　　2 内容　　3 日課　　4 日記

8. 町の中心に60階のビルが新しく（　　）された。
   1 反映　　2 建設　　3 番地　　4 順番

9. 情報が多すぎて現代人は（　　）不良に陥っている。
   1 消毒　　2 消化　　3 解約　　4 分解

10. 彼女は部屋を隅々まで（　　）した後、お風呂に入った。
    1 掃除　　2 水滴　　3 作業　　4 耕地

 **18자**

児 液 額 陽 漁 域 延 煙 演 然 偶 郵 優 違 衣 議 印 認

아이 아

음 じ / に

児

음독은 「じ/に」로 「じ」가 주로 N2부터, 「に」는 주로 N1에서 출제된다. 훈독은 없다. 참고로 음독의 「に」는 「小児科(しょうにか):소아과」에만 사용된다. 활용도가 낮은 한자이지만, 접미어 「~児(じ)」(p.163)로도 활용하므로 잘 익혀 두자.

育児(いくじ) 육아 児童(じどう) 아동 **2급**
児童館(じどうかん) 아동관 新生児(しんせいじ) 신생아*
幼児(ようじ) 유아 **2급**

진 액

음 えき

液

음독은 「えき」로 주로 N2부터 출제되고 훈독은 없다. 활용도가 낮은 한자이다. 시험을 대비하여 「溶液(ようえき):용액」도 알아 두자. 접미어 「~液(えき)」(p.163)로도 활용하므로 잘 익혀 두자.

液体(えきたい) 액체 血液(けつえき) 혈액 **N3표기**
血液型(けつえきがた) 혈액형 **2급, N3읽기**

이마 액

음 がく **훈** ひたい

額

음독은 「がく」, 훈독은 「ひたい(額)」로 모두 주로 N2부터 출제된다. 활용도가 낮은 한자이지만, 접미어 「~額(がく)」(p.163)로도 활용하므로 잘 익혀 두자.

額(がく) 금액, 액자 金額(きんがく) 금액 **2급**
全額(ぜんがく) 전액 **2급** 半額(はんがく) 반액
額(ひたい) 이마

볕 양

음 よう

陽

음독은 「よう」로 주로 N2부터 출제되고 훈독은 없다. 활용도가 낮은 한자로 N1에 해당되는 단어는 별로 없다.

太陽(たいよう) 태양 **2급** 陽気(ようき) 쾌활함, 명랑함

| 고기잡을 어 | 음 ぎょ / りょう |

음독은 「ぎょ / りょう」로 둘다 주로 N2부터 출제되고 훈독은 없다. 음독이 두 가지 있지만, N2에 많은 단어가 출제되지는 않는다. 활용도가 낮은 한자이다.

漁業(ぎょぎょう) 어업 `2급`　　　漁師(りょうし) 어부

| 지경 역 | 음 いき |

음독은 「いき」로 주로 N2부터 출제되고 훈독은 없다. 활용도가 낮은 한자이다. 시험을 대비하여 「領域(りょういき) : 영역」도 알아 두자.

区域(くいき) 구역 `2급`　　　地域(ちいき) 지역 `2급`
流域(りゅういき) 유역　　　領域(りょういき) 영역

| 끌 연 | 음 えん　훈 のばす / のびる / のべ |

延

음독은 「えん」으로 주로 N2부터 출제된다. 훈독은 「のばす(延ばす) / のびる(延びる) / のべ(延べ)」로 「のばす / のびる」가 주로 N2부터, 「のべ」는 주로 N1에서 출제된다. 비슷한 형태의 「廷(정)」자와 혼동하지 않도록 주의한다. 활용도가 낮은 한자이다.

延期(えんき) 연기 `2급, N3교체`　　　延長(えんちょう) 연장 `N2용법`
延長戦(えんちょうせん) 연장전　　　延ばす(のばす) 연장시키다
延びる(のびる) 연장되다

| 연기 연 | 음 えん　훈 けむい / けむり / けむたい / けむる |

음독은 「えん」으로 주로 N2부터 출제된다. 훈독은 「けむい(煙い) / けむり(煙) / けむる(煙る) / けむたい(煙たい)」로, 「けむい / けむり」가 주로 N2부터, 「けむたい / けむる」는 주로 N1에서 출제된다. 활용도가 낮은 한자이다.

煙突(えんとつ) 굴뚝　　　禁煙(きんえん) 금연 `2급`
煙(けむり) 연기 `2급`　　　煙い(けむい) (연기 등이) 맵다

| 넓힐 연 | 음 えん |

음독은 「えん」으로 주로 N2부터 출제되고 훈독은 없다. 활용도가 높은 한자이므로 잘 익혀 두자.

演技(えんぎ) 연기　　　演芸(えんげい) 연예
演劇(えんげき) 연극　　　演習(えんしゅう) 연습
演説(えんぜつ) 연설　　　演奏(えんそう) 연주 `N3문규`
講演(こうえん) 강연 `2급`　　　公演(こうえん) 공연 `2급`
講演会(こうえんかい) 강연회　　　熱演(ねつえん) 열연 `2급`

그러할 연

음： ぜん / ねん

음독은「ぜん/ねん」으로 둘 다 N2부터 출제되고 훈독은 없다. 음독의「ねん」은「天然(てんねん)：천연」에만 해당된다. 비슷한 형태의「燃(연)」자와 혼동하지 않도록 주의한다.

偶然(ぐうぜん) 우연 2급, N2교체
全然(ぜんぜん) 전연, 전혀
当然(とうぜん) 당연함 N3교체
漠然と(ばくぜんと) 막연하게* N1읽기
依然として(いぜんとして) 여전히 N2교체

自然(しぜん) 자연 N3읽기
天然(てんねん) 천연
突然(とつぜん) 돌연 2급, N2교체, N3문규
歴然(れきぜん) 또렷함* N1교체

짝 우

음： ぐう

음독은「ぐう」로 주로 N2부터 출제되고 훈독은 없다. 비슷한 형태의「遇(우)」,「隅(우)」자와 혼동하지 않도록 주의한다. 시험을 대비하여「配偶者(はいぐうしゃ)：배우자」도 알아 두자. 활용도가 낮은 한자이다.

偶数(ぐうすう) 우수, 짝수
配偶者(はいぐうしゃ) 배우자

偶然(ぐうぜん) 우연 2급, N2교체

역참 우

음： ゆう

음독은「ゆう」로 주로 N2부터 출제되고 훈독은 없다. 비슷한 형태의「垂(수)」,「睡(수)」자와 혼동하지 않도록 주의한다. 활용도가 낮은 한자이다.

郵送(ゆうそう) 우송

郵便局(ゆうびんきょく) 우체국 2급

넉넉할 우

음： ゆう　훈： すぐれる / やさしい

음독은「ゆう」, 훈독은「すぐれる(優れる)/やさしい(優しい)」로 모두 주로 N2부터 출제된다. 비슷한 형태의「憂(우)」자와 혼동하지 않도록 주의한다. 시험을 대비하여「俳優(はいゆう)：배우」,「優秀(ゆうしゅう)：우수함」도 알아 두자.

準優勝(じゅんゆうしょう) 준우승 N2단어형성
俳優(はいゆう) 배우
優越(ゆうえつ) 우월
優柔(ゆうじゅう) 우유함. 결단력이 적음*
優良(ゆうりょう) 우량
優れる(すぐれる) 우수하다

女優(じょゆう) 여배우 2급
優位(ゆうい) 우위 N1용법
優秀(ゆうしゅう) 우수함 N2교체
優勝(ゆうしょう) 우승 2급
優待(ゆうたい) 우대
優しい(やさしい) 상냥하다 2급

어길 위

음： い　훈： ちがう / ちがえる

음독은「い」로 주로 N2부터 출제된다. 훈독은「ちがう(違う)/ちがえる(違える)」로「ちがう」가 주로 N2부터,「ちがえる」는 주로 N1에서 출제된다. 비슷한 형태의「偉(위)」,「緯(위)」자와 혼동하지 않도록 주의한다. 활용도가 낮은 한자이다.

違反(いはん) 위반 2급, N2용법
勘違い(かんちがい) 착각* N1교체
食い違う(くいちがう) 어긋나다* N1용법
見違える(みちがえる) 몰라보다*

相違(そうい) 상이 N2문규
違い(ちがい) 다름, 차이
違う(ちがう) 다르다 N2교체

옷 의 　음 い　훈 ころも

음독은 「い」로 주로 N2부터 출제된다. 훈독은 「ころも(衣)」로 출제 가능성이 낮다. 「浴衣(ゆかた) : 유카타」는 독특하게 읽히는 한자이니 주의하자.

衣食住(いしょくじゅう) 의식주　　衣服(いふく) 의복
羽衣(はごろも) 우의, 날개옷*　　浴衣(ゆかた) 유카타

의논할 의　음 ぎ

議

음독은 「ぎ」로 주로 N2부터 출제되고 훈독은 없다. 비슷한 형태의 「義(의)」, 「儀(의)」, 「犠(희)」자와 혼동하지 않도록 주의한다.

会議(かいぎ) 회의　　　　　会議中(かいぎちゅう) 회의중
議員(ぎいん) 의원　　　　　議会(ぎかい) 의회
議長(ぎちょう) 의장　　　　議論(ぎろん) 논쟁 2급
不思議(ふしぎ) 이상함, 신기함

도장 인　음 いん　훈 しるし

음독은 「いん」, 훈독은 「しるし(印)」로 모두 주로 N2부터 출제된다. 훈독의 경우 「目印(めじるし) : 표시, 안표」, 「矢印(やじるし) : 화살표」와 같이 「しるし」가 「じるし」로 음이 바뀐 단어는 통째로 외워 두자.

印刷(いんさつ) 인쇄 2급　　　印象(いんしょう) 인상 N3문규
印(しるし) 표시　　　　　　　目印(めじるし) 표시, 안표
矢印(やじるし) 화살표

알 인　음 にん　훈 みとめる

음독은 「にん」, 훈독은 「みとめる(認める)」로 모두 주로 N2부터 출제된다. 한국어 음이 「인」이라 해서 「いん」으로 읽지 않도록 주의한다.

確認(かくにん) 확인　　　　承認(しょうにん) 승인 2급
認める(みとめる) 인정하다 2급

연습문제 14

» 下線の漢字はひらがなに、ひらがなは漢字になおしなさい。

1. 二つの報告には相当の相違点がある。
2. 田中さんは区会議員です。
3. 被害金額は5千万円にのぼる。
4. この鳥は天然記念物に指定されている。
5. 自分のあやまちを素直に認める。
6. 忘れないように印をつける。
7. 5分違いで彼女に会えなかった。
8. 決められた区域ごとに集団登校する。
9. 汽車が煙を吐きながら走っていく。
10. 日本人の衣食住の歴史を学ぶ。
11. この地域には、大きな工場が多い。
12. 児童向けの読み物を買いました。
13. 予算案を議会で可決した。
14. 日本の印象はいかがですか。
15. 山田さんは演技がうまい。

1. 本人のものかどうかかくにんする。
2. 私と彼はけつえきがたが同じだ。
3. その点はぎろんの余地がある。
4. ポイントでぜんがく支払う。
5. なにやらふしぎな音がする。
6. 悪口を言われてもぜんぜん気にしない。
7. 校長はただいまかいぎ中です。
8. 切手を買いにゆうびんきょくへ行った。
9. 川のりゅういきに平野が広がっている。
10. 彼女にはじょゆうとしての才能がある。
11. 地球温暖化防止に関するこうえんかい。
12. 彼女は心のやさしい人です。
13. 買い物は予定していたがくを上回った。
14. 工場のえんとつから煙が出ている。
15. 法律にいはんしないように注意する。

연습문제 15

> 下線の漢字はひらがなに、ひらがなは漢字になおしなさい。

1. 意見がまとまらず会議が長引いた。
2. 彼に駅で会ったのは全くの偶然だった。
3. 液体の洗剤を使ってセーターを洗った。
4. 日本滞在を一週間延ばす。
5. 同点のまま、試合は延長戦に入った。
6. 君の行為は校則違反である。
7. 山下さんは運動神経が優れている。
8. 夏の太陽の光が強い。
9. 父は健康のために禁煙している。
10. 漁師たちは網を洗っていた。
11. 育児と家事に追われている。
12. 私は彼の行動を不思議に思う。
13. 病院で血液検査を受ける。
14. 立候補者の演説に耳をかたむける。
15. プリンターで写真を印刷する。

1. 子供たちはようきに遊んでいた。
2. しぜんを大切にしましょう。
3. たいしたきんがくではありません。
4. 娘はいまじどうかんで遊んでいます。
5. 運動会は雨のため、えんきとなった。
6. 品質によって価格がちがいます。
7. 原稿を書いてゆうそうする。
8. 帰りのために木にめじるしをつける。
9. 事実関係をよくかくにんする。
10. クラスでえんげきを鑑賞する。
11. これは彼の仕業にそういない。
12. 私はいふくにあまり興味がない。
13. とつぜん大声で叫ぶ。
14. 彼のいんしょうはとても良かった。
15. それは私のかんちがいだった。

콕콕 연습문제 15

>>> （　）に入れるのに最もよいものを、1・2・3・4から一つ選びなさい。

1 彼女は（　）の大小にかかわらず、贈り物は一切受け取らない。
1 財閥　　2 全額　　3 差別　　4 金額

2 この試合中継は放送時間を（　）してお送りします。
1 合計　　2 休講　　3 延長　　4 起床

3 会議の（　）に選ばれたのは田中さんでした。
1 議長　　2 議会　　3 講義　　4 講座

4 この法律を（　）する者は罰金に処せられる。
1 違反　　2 支度　　3 用意　　4 相違

5 彼が今年の最優秀選手に選ばれるのは（　）のことである。
1 未然　　2 天然　　3 見当　　4 当然

6 後日（　）される書類に詳細を記してあります。
1 急行　　2 手段　　3 郵送　　4 特急

7 世界18か国と（　）から40名の若者たちが集まった。
1 入場　　2 産地　　3 地域　　4 下宿

8 その警官の巡回（　）はこの通りも含まれている。
1 国際　　2 区域　　3 容積　　4 拝見

9 彼は駅前で2時間にわたって（　）を行った。
1 演説　　2 判断　　3 性格　　4 才能

10 そのチームは全日本バレーボール大会で（　）した。
1 終了　　2 優勝　　3 首相　　4 加減

콕콕 연습문제 16

>>> (　　)に入れるのに最もよいものを、1・2・3・4から一つ選びなさい。

1 ホテルの予約は電話で(　　)したほうがいいですよ。
　　1 確認　　　2 集金　　　3 承認　　　4 集合

2 パンフレットを5000部(　　)して、顧客あてに発送する。
　　1 印象　　　2 印刷　　　3 看板　　　4 看病

3 小さい芽は(　　)の光をあびてすくすくと生長した。
　　1 気候　　　2 晴天　　　3 爆発　　　4 太陽

4 ソフトに問題が発見されたため、商品の発売は(　　)となった。
　　1 延期　　　2 遅刻　　　3 到着　　　4 展開

5 われわれは政府の外交政策について彼らと(　　)した。
　　1 独立　　　2 蒸気　　　3 成績　　　4 議論

6 彼女は(　　)に専念するために1年間仕事を休んだ。
　　1 生長　　　2 禁煙　　　3 育児　　　4 出勤

7 ぽかぽか(　　)に包まれながら一匹の猫が背伸びをしている。
　　1 陽気　　　2 元気　　　3 換気　　　4 短気

8 山本さんはまじめで、いかにも学生らしい(　　)を与える人です。
　　1 印刷　　　2 思想　　　3 印象　　　4 発想

9 もっとも(　　)したピアニストが、コンクールで優勝した。
　　1 自然　　　2 熱演　　　3 人気　　　4 万歳

10 彼の(　　)の死に皆ショックを受けた。
　　1 自然　　　2 天然　　　3 未然　　　4 突然

[ㅈ] 29자

資 雜 裝 藏 張 争 貯 積 績 適 戦 専 展 情 整 頂 停 程 製 操 調 尊 卒
種 周 準 蒸 増 職

재물 자

음 し

資

음독은 「し」로 주로 N2부터 출제되고 훈독은 없다. 비슷한 형태의 「質(질)」자와 혼동하지 않도록 주의한다. 시험을 대비하여 「資源(しげん) : 자원」도 알아 두자.

資格(しかく) 자격 **2급**　　資源(しげん) 자원 **N3문규**
資本(しほん) 자본　　資本金(しほんきん) 자본금
資料(しりょう) 자료 **2급**

섞일 잡

음 ざつ / ぞう

雜

음독은 「ざつ/ぞう」로 「ざつ」가 주로 N2부터, 「ぞう」는 주로 N1에서 출제된다. 훈독은 없다. 참고로 음독의 「ぞう」는 「雜木(ぞうき) : 잡목」로 활용한다.

混雜(こんざつ) 혼잡 **N3교체**　　雜音(ざつおん) 잡음
雜誌(ざっし) 잡지 **2급, N3표기**　　雜談(ざつだん) 잡담 **N2교체**
雜踏(ざっとう) 혼잡* **N1교체**　　煩雜(はんざつ) 번잡함 **N1용법**
複雜(ふくざつ) 복잡함 **2급, N3문규**

꾸밀 장

음 そう / しょう　　**훈** よそおう

음독은 「そう/しょう」로 「そう」가 주로 N2부터, 「しょう」는 주로 N1에서 출제된다. 훈독은 「よそおう(装う)」로 주로 N1부터 출제된다. 참고로 음독인 「しょう」는 「衣裝(いしょう) : 의상」로 활용한다. 비슷한 형태의 「壯(장)」, 「荘(장)」자와 혼동하지 않도록 주의한다.

裝置(そうち) 장치 **2급, N2읽기**　　服裝(ふくそう) 복장 **2급**
包裝(ほうそう) 포장　　包裝紙(ほうそうし) 포장지

감출 장

음 ぞう　　**훈** くら

음독은 「ぞう」로 주로 N2부터 출제되고, 훈독은 「くら(蔵)」로 주로 N1에서 출제된다. 비슷한 형태의 「臟(장)」자와 혼동하지 않도록 주의한다.

貯蔵(ちょぞう) 저장 **2급**　　埋蔵(まいぞう) 매장*
冷蔵庫(れいぞうこ) 냉장고 **2급**

| 베풀 장 | 음 ちょう 훈 はる |

음독은 「ちょう」, 훈독은 「はる(張る)」로 모두 주로 N2부터 출제된다. 비슷한 형태의 「帳(장)」, 「脹(창)」 자와 혼동하지 않도록 주의한다.

拡張(かくちょう) 확장
誇張(こちょう) 과장* `N1교체`
出張(しゅっちょう) 출장 `N3읽기, N3문규, N3용법`
言い張る(いいはる) 우겨대다* `N1문규`
張る(はる) 펴다

緊張(きんちょう) 긴장 `N3용법`
主張(しゅちょう) 주장 `N3문규`
欲張り(よくばり) 욕심쟁이
張り切る(はりきる) 힘이 넘치다*

| 다툴 쟁 | 음 そう 훈 あらそう |

음독은 「そう」, 훈독은 「あらそう(争う)」로 모두 주로 N2부터 출제된다.

競争(きょうそう) 경쟁 `2급, N1교체`
論争(ろんそう) 논쟁

戦争(せんそう) 전쟁 `2급`
争う(あらそう) 다투다 `N2표기`

| 쌓을 저 | 음 ちょ |

음독은 「ちょ」로 주로 N2부터 출제되고 훈독은 없다. 시험을 대비하여 「貯蓄(ちょちく): 저축」도 알아 두자.

貯金(ちょきん) 저금 `2급, N3읽기`
貯蔵庫(ちょぞうこ) 저장고

貯蔵(ちょぞう) 저장 `2급`
貯蓄(ちょちく) 저축

| 쌓을 적 | 음 せき 훈 つむ / つもる |

음독은 「せき」, 훈독은 「つむ(積む) / つもる(積もる)」로 모두 역시 주로 N2부터 출제된다. 「積極的」는 「せっきょくてき」가 되므로 통째로 외워 두자. 비슷한 형태의 「績(적)」 자와 혼동하지 않도록 주의한다.

積極的(せっきょくてき) 적극적임 `2급, N2표기, N3문규`
体積(たいせき) 체적
容積(ようせき) 용적
積む(つむ) 쌓다 `N2읽기`

面積(めんせき) 면적
積み立てる(つみたてる) 적립하다*
積もる(つもる) 쌓이다

| 길쌈할 적 | 음 せき |

음독은 「せき」로 주로 N2부터 출제되고, 훈독은 없다. 비슷한 형태의 「積(적)」 자와 혼동하지 않도록 주의한다. 시험을 대비하여 「功績(こうせき): 공적」도 알아 두자.

功績(こうせき) 공적
成績(せいせき) 성적 `2급, N3표기`

実績(じっせき) 실적

맞을 적 　음 てき

음독은「てき」로 주로 N2부터 출제되고 훈독은 없다. 비슷한 형태의「敵(적)」,「摘(적)」,「滴(적)」자와 혼동하지 않도록 주의한다.

快適(かいてき) 쾌적함 2급
適度(てきど) 알맞음, 적당함 N2문규
適用(てきよう) 적용
適切(てきせつ) 적절함 2급
適当(てきとう) 적당함
適する(てきする) 적당하다

싸울 전 　음 せん　훈 たたかう

음독은「せん」, 훈독은「たたかう(戦う)」로 모두 주로 N2부터 출제된다. 접미어「～戦(せん)」(p.164)으로도 활용하므로 잘 익혀 두자.

戦争(せんそう) 전쟁 2급
戦い(たたかい) 싸움 2급
戦う(たたかう) 싸우다 N3문규
大戦(たいせん) 대전
戦病死(せんびょうし) 전쟁에서 병사함*

오로지 전 　음 せん　훈 もっぱら

음독은「せん」으로 주로 N2부터 출제되고, 훈독은「もっぱら(専ら)」로 주로 N1에서 출제된다. 시험을 대비하여「専攻(せんこう) : 전공」도 알아 두자.「専門(せんもん) : 전문」을「専問」이라고 쓰지 않도록 주의하자.

専攻(せんこう) 전공
専門(せんもん) 전문
専念(せんねん) 전념 N2문규
専門家(せんもんか) 전문가 N3표기

펼 전 　음 てん

음독은「てん」으로 주로 N2부터 출제되고 훈독은 없다. 시험을 대비하여「展覧会(てんらんかい) : 전람회」도 알아 두자. 접미어「～展(てん)」(p.164)으로도 활용하므로 잘 익혀 두자.

展開(てんかい) 전개 2급
発展(はってん) 발전 2급, N3용법
展覧会(てんらんかい) 전람회

뜻 정 　음 じょう　훈 なさけ

음독은「じょう」로 주로 N2부터 출제되고, 훈독은「なさけ(情け)」로 주로 N1에서 출제된다. 비슷한 형태의「清(청)」자와 혼동하지 않도록 주의한다. 활용도가 높은 한자이므로 잘 익혀 두자.

愛情(あいじょう) 애정
苦情(くじょう) 불평 N1교체
実情(じつじょう) 실정 N1문규
情報(じょうほう) 정보 2급, N3읽기
表情(ひょうじょう) 표정
感情(かんじょう) 감정
事情(じじょう) 사정 N3읽기
純情(じゅんじょう) 순정
心情(しんじょう) 심정*
友情(ゆうじょう) 우정

가지런할 정   음 せい   훈 ととのう / ととのえる

음독은 「せい」로 주로 N2부터 출제된다. 훈독은 「ととのう(整う) / ととのえる(整える)」로 「ととのう」가 주로 N2부터, 「ととのえる」는 주로 N1에서 출제된다.

整数(せいすう) 정수
整理(せいり) 정리 `N3교체, N3문규`
整う(ととのう) 정돈되다 `2급`
整備(せいび) 정비
調整(ちょうせい) 조정

정수리 정   음 ちょう   훈 いただく / いただき

음독은 「ちょう」로 주로 N2부터 출제된다. 훈독은 「いただく(頂く) / いただき(頂)」로 「いただく」가 주로 N2부터, 「いただき」는 주로 N1에서 출제된다.

頂上(ちょうじょう) 정상 `2급, N2용법`
頂く(いただく) 받다
頂点(ちょうてん) 정점 `2급`

머무를 정   음 てい

음독은 「てい」로 주로 N2부터 출제되고 훈독은 없다. 비슷한 형태의 「亭(정)」자와 혼동하지 않도록 주의한다.

停止(ていし) 정지
停滞(ていたい) 정체*
停留所(ていりゅうじょ) 정류장
停車(ていしゃ) 정차 `2급`
停電(ていでん) 정전 `N3표기`

단위 정   음 てい   훈 ほど

음독은 「てい」, 훈독은 「ほど(程)」로 모두 주로 N2부터 출제된다. 시험을 대비하여 「程遠い(ほどとおい) : 좀 멀다, 걸맞지 않다」도 알아 두자. 활용도가 낮은 한자이다.

過程(かてい) 과정
程度(ていど) 정도
方程式(ほうていしき) 방정식
課程(かてい) 과정
日程(にってい) 일정

지을 제   음 せい

음독은 「せい」로 주로 N2부터 출제되고 훈독은 없다. 「製作(せいさく : 제작)」는 기계나 가구 등에, 「制作(せいさく)」는 그림·조각·영화·방송 등에 사용한다. 비슷한 형태의 「制(제)」자와 혼동하지 않도록 주의한다. 접미어 「〜製(せい)」(p.164)로도 활용하므로 잘 익혀 두자.

作製(さくせい) 작성
製作(せいさく) 제작
製品(せいひん) 제품 `2급`
新製品(しんせいひん) 신제품
製造(せいぞう) 제조 `2급, N2표기`
日本製(にほんせい) 일본제

잡을 조 　 음 そう　 훈 あやつる

음독은 「そう」로 주로 N2부터 출제되고, 훈독은 「あやつる(操る)」로 주로 N1에서 출제된다. 비슷한 형태의 「燥(조)」, 「繰(조)」자와 혼동하지 않도록 주의한다.

操作(そうさ) 조작 **2급**　　　　　　体操(たいそう) 체조

고를 조 　 음 ちょう　 훈 しらべる / ととのえる / ととのう

음독은 「ちょう」이다. 훈독은 「しらべる(調べる)」가 주로 N2부터, 「ととのえる(調える) / ととのう(調う)」는 주로 N1에서 출제된다. 활용도가 높은 한자로, 접미어 「~調(ちょう)」(p.164)로도 활용하므로 잘 익혀 두자.

快調(かいちょう) 쾌조　　　　　　　強調(きょうちょう) 강조
好調(こうちょう) 순조로움 **N2표기**　 順調(じゅんちょう) 순조로움 **N1교체, N1표기, N2용법**
調査(ちょうさ) 조사 **2급**　　　　　 調子(ちょうし) 컨디션 **N3문규**
調整(ちょうせい) 조정　　　　　　　調節(ちょうせつ) 조절 **N2읽기**
調達(ちょうたつ) 조달* **N1용법**　　　 調味料(ちょうみりょう) 조미료
同調(どうちょう) 동조　　　　　　　調べる(しらべる) 조사하다 **2급**
調う(ととのう) 성립되다, 갖추어지다*

높을 존 　 음 そん　 훈 とうとい / とうとぶ

尊

음독은 「そん」으로 주로 N2부터 출제된다. 훈독은 「とうとい(尊い) / とうとぶ(尊ぶ)」로 모두 주로 N1에서 출제된다.

自尊心(じそんしん) 자존심* **N1교체**　 尊敬(そんけい) 존경 **2급**
尊重(そんちょう) 존중 **N2읽기**

군사 졸 　 음 そつ

음독은 「そつ」로 주로 N2부터 출제되고 훈독은 없다. 비슷한 형태의 「率(솔)」자와 혼동하지 않도록 주의한다. 활용도가 낮은 한자이다.

高卒(こうそつ) 고졸　　　　　　　　高卒者(こうそつしゃ) 고졸자
卒業(そつぎょう) 졸업 **N3읽기**　　　中卒(ちゅうそつ) 중졸
卒園(そつえん) (유치원, 보육원) 졸업

| 씨 종 | 음 しゅ　훈 たね |

種

음독은「しゅ」, 훈독은「たね(種)」로 모두 주로 N2부터 출제된다. 접미어「〜種(しゅ)」(p.164)로도 활용하므로 잘 익혀 두자.

一種(いっしゅ) 일종
食人種(しょくじんしゅ) 식인종*
種(たね) 씨 **2급**

種類(しゅるい) 종류
人種(じんしゅ) 인종

| 두루 주 | 음 しゅう　훈 まわり |

周

음독은「しゅう」, 훈독은「まわり(周り)」로 모두 주로 N2부터 출제된다. 접미어「〜周(しゅう)」(p.164)로도 활용하므로 잘 익혀 두자.

一周(いっしゅう) 일주, 한 바퀴
周囲(しゅうい) 주위 **2급**
周り(まわり) 주위

円周(えんしゅう) 원주
周辺(しゅうへん) 주변 **2급**

| 법도 준 | 음 じゅん |

準

음독은「じゅん」으로 주로 N2부터 출제되고 훈독은 없다. 비슷한 형태의「准(준)」자와 혼동하지 않도록 주의한다. 접두어「準(じゅん)〜」(p.159)으로도 활용하므로 잘 익혀 두자.

基準(きじゅん) 기준
高水準(こうすいじゅん) 고수준 **N2단어형성**
準社員(じゅんしゃいん) 준사원
準優勝(じゅんゆうしょう) 준우승 **N2단어형성**
標準(ひょうじゅん) 표준

規準(きじゅん) 규준
準決勝(じゅんけっしょう) 준결승 **N2단어형성**
準備(じゅんび) 준비 **2급**
水準(すいじゅん) 수준

| 찔 증 | 음 じょう　훈 むす |

蒸

음독은「じょう」, 훈독은「むす(蒸す)」로 모두 주로 N2부터 출제된다. 활용도가 낮은 한자이다.

蒸気(じょうき) 증기 **2급**
水蒸気(すいじょうき) 수증기

蒸発(じょうはつ) 증발 **2급**
蒸す(むす) 찌다

| 더할 증 | 음 ぞう　훈 ふえる / ふやす / ます |

増

음독은「ぞう」, 훈독은「ふえる(増える) / ふやす(増やす) / ます(増す)」로 모두 주로 N2부터 출제된다. 시험을 대비하여「激増(げきぞう) : 격증」도 알아 두자. 비슷한 형태의「僧(승)」,「憎(증)」자와 혼동하지 않도록 주의한다.

増加(ぞうか) 증가 **2급**
増大(ぞうだい) 증대
増やす(ふやす) 늘리다

増減(ぞうげん) 증감
増える(ふえる) 늘다 **2급**
増す(ます) 많아지다 **2급**

| 벼슬 직 | 음 しょく |

職

음독은「しょく」로 주로 N2부터 출제되고 훈독은 없다. 시험을 대비하여「就職(しゅうしょく): 취직」도 알아 두자. 비슷한 형태의「織(직)」,「識(식)」자와 혼동하지 않도록 주의한다. 접미어「～職(しょく)」(p.165)로도 활용하므로 잘 익혀 두자.

就職(しゅうしょく) 취직
職(しょく) 직장, 직업
職人(しょくにん) 직인, 장인
無職(むしょく) 무직
就職率(しゅうしょくりつ) 취직률 **N2단어형성**
職業(しょくぎょう) 직업
職場(しょくば) 직장 **2급**

꼭꼭 연습문제 16

>> 下線の漢字はひらがなに、ひらがなは漢字になおしなさい。

1. 適切な判断を下す。
2. 地域に貢献し、地域と共に発展する。
3. あの人は小説家を職業としている。
4. 世界じゅうを相手に戦争した。
5. 最近、悩みの種が増えた。
6. 突然の雷で停電した。
7. 大売り出しに先を争ってかけつける。
8. 方程式を立てる。
9. 彼はプラモデルを製作している。
10. びんの中の水が蒸発してしまった。
11. アンケートによる調査を行う。
12. 今のところ、仕事は順調だ。
13. カナダに関する情報を集める。
14. 道路は車で混雑している。
15. 審査の基準をさだめる。

1. お肉をれいぞうこに入れておく。
2. 作文の内容にてきした題をつける。
3. 包装かていで何か手違いがあった。
4. 彼は機械の速度をちょうせいした。
5. 研究に必要なしりょうを集める。
6. 団地ができて、町の人口がふえた。
7. 母は化学ちょうみりょうは使わない。
8. 怒りのひょうじょうが顔に浮かんだ。
9. 彼は改革をしゅちょうした。
10. 兄は来年、中学校をそつぎょうします。
11. いつもふくそうに気を配っている。
12. エアコンがきいていてかいてきな部屋。
13. このざっしは年に４回発行される。
14. その問題が議論をふくざつにした。
15. 野球の試合はちょうてんに達した。

읽기 표기 콕콕 연습문제 17

》》 下線の漢字はひらがなに、ひらがなは漢字になおしなさい。

1. 第二次世界大戦の歴史を写真で振り返る。
2. この花は一種独特の香りがある。
3. 県の１年間の人口の増減を調べる。
4. 研究論文の資料をさがす。
5. 欠陥があって、商品の製造を中止する。
6. 今年は高卒者の採用が増えている。
7. 三角形には三つ頂点がある。
8. 修士課程を修了し、博士課程に進む。
9. 貯金があると安心できる。
10. 古米を50トン貯蔵してある。
11. 他人の意見を尊重する。
12. 時間調整のため、５分間停車します。
13. 湖の周囲を散歩した。
14. 応募者の増加で競争が激しくなった。
15. 日程がぎっしりつまっている。

1. 音量をちょうせつする。
2. 父はしゅっちょうで出かけています。
3. てきどな運動は健康によい。
4. この土地はめんせきが狭い。
5. それはろんそうしあっている説だ。
6. 弟はじょうき機関車のファンです。
7. 木の下にテントをはった。
8. ラジオのざつおんがひどい。
9. 引き出しの中をせいりする。
10. 彼は独特の新理論をてんかいした。
11. 野菜をしゅるいごとに分けて並べる。
12. 彼は２千万円のしほんで本屋を始めた。
13. あるていどの損害はやむを得ない。
14. あの人は、心からそんけいできる人だ。
15. 毎朝、たいそうをしている。

문맥규정 콕콕 연습문제 17

》》（　　　）に入れるのに最もよいものを、1・2・3・4から一つ選びなさい。

1 訪問先の都合に合わせて（　　　）を調整する。
　　1 日記　　　　2 記録　　　　3 日程　　　　4 程度

2 あの新入社員は着々と（　　　）を上げ続けている。
　　1 実績　　　　2 実物　　　　3 実施　　　　4 実感

3 彼の報告書は信頼できる（　　　）に基づいて作成されている。
　　1 重量　　　　2 実用　　　　3 建設　　　　4 資料

4 1920年代から1950年代の近代日本文学を（　　　）に研究しています。
　　1 見当　　　　2 都合　　　　3 専門　　　　4 要領

5 請求書について（　　　）を言う人が毎日来ますよ。
　　1 苦情　　　　2 回答　　　　3 言語　　　　4 承知

6 大いにがんばって、りっぱな（　　　）をおさめることができた。
　　1 性能　　　　2 成績　　　　3 熱心　　　　4 努力

7 発電所で大きな爆発事故があり、都市全体が（　　　）となった。
　　1 停車　　　　2 電球　　　　3 球根　　　　4 停電

8 日本の地下鉄の路線図は（　　　）で、わかりにくい。
　　1 雑誌　　　　2 複雑　　　　3 雑談　　　　4 複数

9 今日は土曜日だけあって、けっこう（　　　）している。
　　1 混雑　　　　2 面倒　　　　3 豊富　　　　4 公務

10 がんの患者は（　　　）しているが、結核の患者は逆に減少している。
　　1 参加　　　　2 加入　　　　3 増加　　　　4 記入

연습문제 18

>>> ( )に入れるのに最もよいものを、1・2・3・4から一つ選びなさい。

1 遠足には動きやすい（　　　）で来てください。
　　1 親友　　　　2 行動　　　　3 服装　　　　4 印象

2 事態が今後われわれに有利に（　　　）される見込みはない。
　　1 閉会　　　　2 展示　　　　3 開会　　　　4 展開

3 今回は天候にもめぐまれ、とても（　　　）な旅行でした。
　　1 適度　　　　2 快適　　　　3 回転　　　　4 名物

4 その国は長いあいだ隣国と（　　　）中である。
　　1 命令　　　　2 役所　　　　3 戦争　　　　4 順調

5 このごろ運動をやらないので、体の（　　　）がよくない。
　　1 調子　　　　2 調査　　　　3 見当　　　　4 検査

6 救急隊員でも救急救命士の（　　　）がないと患者の治療ができない。
　　1 資料　　　　2 資本　　　　3 資格　　　　4 指導

7 この小説は彼の文学活動の（　　　）をなすものと言える。
　　1 重役　　　　2 引退　　　　3 学術　　　　4 頂点

8 みんなが自分の考えばかり（　　　）して、なかなかひとつにまとまらなかった。
　　1 出張　　　　2 主張　　　　3 権利　　　　4 整備

9 日本は山が多く、農地の（　　　）は少ない。
　　1 面会　　　　2 面談　　　　3 面倒　　　　4 面積

10 貴社のますますのご（　　　）をお祈りします。
　　1 発車　　　　2 発展　　　　3 出発　　　　4 告発

[ㅊ · ㅋ · ㅌ · ㅍ] 20자

察 清 測 層 値 置 則 快 炭 筒 退 破 判 板 片 編 評 布 標 筆

살필 찰 　음 さつ

察

음독은 「さつ」로 주로 N2부터 출제되고 훈독은 없다. 비슷한 형태의 「擦(찰)」자와 혼동하지 않도록 주의한다. 시험을 대비하여 「診察(しんさつ) : 진찰」도 알아 두자.

観察(かんさつ) 관찰 `2급, N3문규`　　警察(けいさつ) 경찰 `2급`
察知(さっち) 헤아려 앎*　　視察(しさつ) 시찰
診察(しんさつ) 진찰　　察する(さっする) 헤아리다* `N1용법`

맑을 청 　음 せい 　훈 きよい / きよらか

清

음독은 「せい」로 주로 N2부터 출제된다. 훈독은 「きよい(清い) / きよらか(清らか)」로 「きよい」가 주로 N2부터, 「きよらか」는 주로 N1에서 출제된다. 시험을 대비하여 「清潔(せいけつ) : 청결함」도 알아 두자. 비슷한 형태의 「精(정)」, 「晴(청)」, 「請(청)」자와 혼동하지 않도록 주의한다.

清潔(せいけつ) 청결함 `N2읽기, N3문규, N3용법`　　清書(せいしょ) 정서
清掃(せいそう) 청소　　清掃車(せいそうしゃ) 청소차
清い(きよい) 맑다

잴 측 　음 そく 　훈 はかる

測

음독은 「そく」, 훈독은 「はかる(測る)」로 모두 주로 N2부터 출제된다. 비슷한 형태의 「側(측)」, 「則(칙)」자와 혼동하지 않도록 주의한다.

観測(かんそく) 관측 `2급`　　測定(そくてい) 측정
測量(そくりょう) 측량　　予測(よそく) 예측 `2급, N2문규`
測る(はかる) 재다 `N3읽기`

층 층 　음 そう

層

음독은 「そう」로 주로 N2부터 출제되고 훈독은 없다. 비슷한 형태의 「僧(승)」, 「憎(증)」자와 혼동하지 않도록 주의한다. 시험을 대비하여 「階層(かいそう) : 계층」도 알아 두자. 활용도가 낮은 한자이지만, 접미어 「～層(そう)」(p.165)로도 활용하므로 잘 익혀 두자.

一層(いっそう) 한층 더　　階層(かいそう) 계층
高層(こうそう) 고층 `2급`　　大層(たいそう) 매우

| 값 치 | 음 ち　훈 ね / あたい |

음독은 「ち」로 주로 N2부터 출제된다. 훈독은 「ね(値) / あたい(値)」로 「ね」가 주로 N2부터, 「あたい」은 주로 N1에서 출제된다. 「値段(ねだん) : 값, 가격」과 같이 「훈+음」으로 읽는 단어도 잘 익혀 두자. 접미어 「〜値(ち)」(p.165)로도 활용하므로 잘 익혀 두자.

価値(かち) 가치　　　　　　　　値段(ねだん) 값, 가격　2급, N3읽기
値する(あたいする) 가치가 있다*　N1읽기

| 둘 치 | 음 ち　훈 おく |

음독은 「ち」, 훈독은 「おく(置く)」로 모두 주로 N2부터 출제된다. 「物置(ものおき) : 곳간, 창고」는 통째로 외워 두자.

位置(いち) 위치　2급　　　　　　処置(しょち) 조치*　N1용법
装置(そうち) 장치　2급, N2읽기　　物置(ものおき) 곳간, 창고
一日置きに(いちにちおきに) 하루 걸러　N2단어형성
置く(おく) 놓다, 두다　2급

| 법칙 칙 | 음 そく |

음독은 「そく」로 주로 N2부터 출제되고 훈독은 없다. 비슷한 형태의 「測(측)」, 「側(측)」자와 혼동하지 않도록 주의한다.

規則(きそく) 규칙　N3교체, N3표기　　校則(こうそく) 교칙
不規則(ふきそく) 불규칙적임　2급　　　法則(ほうそく) 법칙

| 쾌할 쾌 | 음 かい　훈 こころよい |

음독은 「かい」, 훈독은 「こころよい(快い)」로 모두 주로 N2부터 출제된다. 시험을 대비하여 「愉快(ゆかい) : 유쾌함」도 알아 두자. 비슷한 형태의 「決(결)」, 「怪(괴)」자와 혼동하지 않도록 주의한다.

快晴(かいせい) 쾌청　　　　　　　　快調(かいちょう) 쾌조
快適(かいてき) 쾌적함　2급　　　　　愉快(ゆかい) 유쾌함　N2교체
快い(こころよい) 상쾌하다, 기분 좋다　N2표기, N2용법

| 숯 탄 | 음 たん　훈 すみ |

음독은 「たん」으로 주로 N2부터 출제되고, 훈독은 「すみ(炭)」로 출제 가능성이 낮다. 비슷한 형태의 「灰(회)」자와 혼동하지 않도록 주의한다. 시험을 대비하여 「炭素(たんそ) : 탄소」도 알아 두자.

石炭(せきたん) 석탄　　　　　　　　炭鉱(たんこう) 탄광
炭素(たんそ) 탄소　　　　　　　　　炭(すみ) 숯, 목탄*

| 대롱 통 | 음 とう | 훈 つつ |

음독은 「とう」로 주로 N2부터 출제되고, 훈독은 「つつ(筒)」로 주로 N1에서 출제된다. 활용도가 낮은 한자이다.

水筒(すいとう) 물통　　　　　　　封筒(ふうとう) 봉투 2급

| 물러날 퇴 | 음 たい | 훈 しりぞく |

음독은 「たい」로 주로 N2부터 출제되고, 훈독은 「しりぞく(退く)」로 출제 가능성이 낮다. 시험을 대비하여 「退屈(たいくつ) : 지루함」도 알아 두자.

引退(いんたい) 은퇴 N2용법　　　辞退(じたい) 사퇴 N2문규
早退(そうたい) 조퇴 N3읽기, N3용법　　退院(たいいん) 퇴원 2급
退屈(たいくつ) 지루함　　　　　　退出(たいしゅつ) 퇴출
退場(たいじょう) 퇴장　　　　　　退く(しりぞく) 물러나다* N1용법

| 깨뜨릴 파 | 음 は | 훈 やぶる / やぶれる |

음독은 「は」, 훈독은 「やぶる(破る) / やぶれる(破れる)」로 모두 주로 N2부터 출제된다. 활용도가 높은 한자이므로 잘 익혀 두자.

破局(はきょく) 파국*　　　　　　破産(はさん) 파산
破損(はそん) 파손* N1읽기　　　　破綻(はたん) 파탄*
破片(はへん) 파편 2급, N2읽기　　破る(やぶる) 찢다, 깨다 2급
破れる(やぶれる) 찢어지다 N2표기, N3문규

| 판단할 판 | 음 はん / ばん |

음독은 「はん / ばん」으로 주로 N2부터 출제되고 훈독은 없다. 시험을 대비하여 「裁判(さいばん) : 재판」, 「審判(しんぱん) : 심판」도 알아 두자. 접미어 「~判(ばん)」(p.165)으로도 활용하므로 잘 익혀 두자.

裁判(さいばん) 재판 2급　　　　審判(しんぱん) 심판
判子(はんこ) 도장　　　　　　　判断(はんだん) 판단 2급
判別(はんべつ) 판별　　　　　　批判(ひはん) 비판 N2표기
批判的(ひはんてき) 비판적임　　評判(ひょうばん) 평판 2급, N2문규

| 널빤지 판 | 음 ばん / はん | 훈 いた |

음독은 「ばん / はん」으로 N2에는 주로 「ばん」으로 출제된다. 훈독은 「いた(板)」로 주로 N2부터 출제된다. 시험을 대비하여 「鉄板(てっぱん) : 철판」도 알아 두자. 비슷한 형태의 「坂(판)」자와 혼동하지 않도록 주의한다. 활용도가 낮은 한자이지만, 접미어 「~板(ばん)」(p.165)으로도 활용하므로 잘 익혀 두자.

看板(かんばん) 간판　　　　　　黒板(こくばん) 칠판
鉄板(てっぱん) 철판　　　　　　板(いた) 판자

| 조각 편 | 음 へん　훈 かた |

음독은 「へん」, 훈독은 「かた(片)」로 모두 주로 N2부터 출제된다. 「-ん+は행」은 「-ん+ぱ행」이 되는데, 대표적인 예로 「断片(だんぺん) : 단편」이 있다. 접미어 「~片(へん)」(p.165)으로도 활용하므로 잘 익혀 두자.

片方(かたほう) 한쪽　N3문규
断片的(だんぺんてき) 단편적임
片付ける(かたづける) 정리하다　N3교체
片道(かたみち) 편도
破片(はへん) 파편　2급, N2읽기
片寄る(かたよる) 치우치다　N2문규

| 엮을 편 | 음 へん　훈 あむ |

음독은 「へん」, 훈독은 「あむ(編む)」로 모두 주로 N2부터 출제된다. 「-ん+は행」은 「-ん+ぱ행」이 되는데, 대표적인 예로 「短編(たんぺん) : 단편」이 있다. 비슷한 형태의 「偏(편)」, 「遍(편)」자와 혼동하지 않도록 주의한다.

短編(たんぺん) 단편
編む(あむ) 엮다, 짜다　N3문규
編集(へんしゅう) 편집　2급

| 평론할 평 | 음 ひょう |

음독은 「ひょう」로 주로 N2부터 출제되고 훈독은 없다. 접미어 「~評(ひょう)」(p.165)로도 활용하므로 잘 익혀 두자.

批評(ひひょう) 비평　N2읽기
評判(ひょうばん) 평판　2급, N2문규
評価(ひょうか) 평가　2급
評論家(ひょうろんか) 평론가

| 베 포 | 음 ふ　훈 ぬの |

음독은 「ふ」, 훈독은 「ぬの(布)」로 모두 주로 N2부터 출제된다. 「-ん+は행」은 「-ん+ぱ행」이 된다. 대표적인 예로 「分布(ぶんぷ) : 분포」가 있다.

財布(さいふ) 지갑
配布(はいふ) 배포　2급, N1용법
分布(ぶんぷ) 분포
布(ぬの) 천, 옷감
座布団(ざぶとん) 방석
布団(ふとん) 이불
毛布(もうふ) 모포

| 표할 표 | 음 ひょう |

음독은 「ひょう」로 주로 N2부터 출제되고 훈독은 없다. 비슷한 형태의 「漂(표)」자와 혼동하지 않도록 주의한다. 접미어 「~標(ひょう)」(p.165)로도 활용하므로 잘 익혀 두자.

標識(ひょうしき) 표식, 표지　2급
標本(ひょうほん) 표본
標準(ひょうじゅん) 표준
目標(もくひょう) 목표　N3문규

| 붓 필 | 음 ひつ | 훈 ふで |

음독은「ひつ」, 훈독은「ふで(筆)」로 모두 주로 N2부터 출제된다. 음독의 경우「-つ」로 끝나므로 뒤에「か・さ・た행」이 오면「-っ」의 형태가 된다. 대표적인 예로「筆記(ひっき) : 필기」,「筆跡(ひっせき) : 필적」등이 있다. 시험을 대비하여「鉛筆(えんぴつ) : 연필」,「執筆(しっぴつ) : 집필」,「随筆(ずいひつ) : 수필」도 알아 두자.

鉛筆(えんぴつ) 연필
随筆(ずいひつ) 수필
筆者(ひっしゃ) 필자
万年筆(まんねんひつ) 만년필 2급

執筆(しっぴつ) 집필
筆記(ひっき) 필기
筆跡(ひっせき) 필적 2급
筆(ふで) 붓

연습문제 18

» 下線の漢字はひらがなに、ひらがなは漢字になおしなさい。

1. 撮影した動画を編集する。
2. 彼が財布のひもをにぎっている。
3. ゆかには板がはってあります。
4. 文学作品の評論をする。
5. 東京で震度3を観測した。
6. 私は昨日退院しました。
7. 私はその万年筆の書き味が大好きだ。
8. 彼はプロテニスを引退すると公表した。
9. 炭鉱の仕事はたいへんだ。
10. 彼のお兄さんは判事です。
11. きのうは快晴だった。
12. 工事に入る前に、まず土地を測量する。
13. あの教授はこの大学の看板だ。
14. 天体の動きを観察する。
15. 彼女は私を過大評価している。

1. ガラスのはへんで手を切った。
2. 机の上をかたづける。
3. あの事件以来、彼はふでを折った。
4. あなたのはんだんに任せます。
5. ふきそくな生活をしている。
6. かいてきな部屋で勉強する。
7. それは古来の伝統をやぶることになる。
8. 彼は私のすることにひはんてきである。
9. 誰も自然のほうそくには逆らえない。
10. お天気のいい日にはふとんを干す。
11. まだトイレのせいそうをしていない。
12. 学者の間でひょうばんが悪くなった。
13. ふうとうの表にあて名を書く。
14. 彼は今年いんたいすることに決めた。
15. 新製品のひょうじゅん価格を定める。

읽기 표기 콕콕 연습문제 19

》》下線(かせん)の漢字(かんじ)はひらがなに、ひらがなは漢字になおしなさい。

1. 自分の目標(もくひょう)を大きな紙に書いて貼った。
2. 標本(ひょうほん)を分析する。
3. 管理人(かんりにん)は、毎朝階段(まいあさかいだん)を清掃(せいそう)している。
4. ぼくの身長(しんちょう)は学年(がくねん)の標準(ひょうじゅん)より高(たか)い。
5. 夏休(なつやす)みには、短編小説(たんぺんしょうせつ)を読(よ)んでみよう。
6. 市長(しちょう)は世間(せけん)の評判(ひょうばん)がよい。
7. 牛肉(ぎゅうにく)の値段(ねだん)が上(あ)がった。
8. 裁判所(さいばんしょ)は彼に破産(はさん)を宣告(せんこく)した。
9. これは私の希望的(きぼうてき)観測(かんそく)にすぎない。
10. 祖父(そふ)の家までは片道(かたみち)1時間(じかん)はかかる。
11. 警察(けいさつ)に道を尋(たず)ねる。
12. 約束(やくそく)を破(やぶ)らないこと。
13. 台風(たいふう)の進路(しんろ)を予測(よそく)する。
14. 財布(さいふ)を落(お)としてしまった。
15. 新しい学校は町(まち)の西に位置(いち)している。

1. 利益(りえき)は500万円(まんえん)とひょうかされた。
2. ひっしゃの主張(しゅちょう)を要約する。
3. せきたん産業(さんぎょう)が発達(はったつ)している。
4. これは一円のかちもない。
5. 山田(やまだ)さんは音楽(おんがく)ひょうろんかです。
6. こうそうビルの立(た)ち並(なら)ぶ新しい町(まち)です。
7. こくばんに字(じ)を書く。
8. 運動場(うんどうじょう)の面積(めんせき)をそくていする。
9. 講演(こうえん)の内容(ないよう)をひっきする。
10. 今日は雲(くも)一つないかいせいだ。
11. 彼は観衆(かんしゅう)にパンフレットをはいふした。
12. 上流(じょうりゅう)は水がきよい。
13. あちこちやぶれた服(ふく)を着(き)ていた。
14. 領収書(りょうしゅうしょ)にはんこをおす。
15. このセーターは妹(いもうと)があんでくれた。

꼭꼭 연습문제 19

≫ （　　）に入れるのに最もよいものを、1・2・3・4から一つ選びなさい。

1 今夜は雨のため月食（げっしょく）は（　　）できません。
1 観測　　2 観客　　3 観光　　4 観念

2 国立大学に入学するという（　　）を立てて勉強している。
1 目次　　2 目標　　3 注目　　4 注文

3 秋元（あきもと）先生は（　　）やさしい方（かた）で、怒ったことなど決してない。
1 大層　　2 高層　　3 大陸　　4 高等

4 彼女は私の原稿（げんこう）を（　　）してくれた。
1 著者　　2 清書　　3 掃除　　4 清掃

5 この絵は少なくとも10万円の（　　）があります。
1 調子　　2 体重　　3 価値　　4 見当

6 結果がどうなるかは誰にも（　　）できない。
1 予報　　2 予定　　3 予測　　4 予約

7 この事件は（　　）にうったえなければ、解決（かいけつ）できないだろう。
1 改善　　2 裁判　　3 医療　　4 頭脳

8 辞書は使ったらもとの（　　）に戻してください。
1 設置　　2 位置　　3 設備　　4 準備

9 道路の真ん中で、突然（とつぜん）エンジンが（　　）してしまい、大変だった。
1 停止　　2 晴天　　3 快適　　4 通過

10 科学とは自然の（　　）の発見である。
1 法律　　2 規律　　3 法則　　4 予測

문맥규정 콕콕 연습문제 20

정답 P.274

» (　　) に入れるのに最もよいものを、1・2・3・4から一つ選びなさい。

1. 私たちは新しい教科書を (　　) している。
   1 日課　　　2 答案　　　3 編集　　　4 辞書

2. (　　) は現在その犯人の行方を追っている。
   1 支度　　　2 出勤　　　3 盗難　　　4 警察

3. 彼はそのグループの人々に高く (　　) されている。
   1 評価　　　2 価値　　　3 平等　　　4 値段

4. あの名選手もたび重なるけがで (　　) に追い込まれている。
   1 骨折　　　2 退院　　　3 退屈　　　4 引退

5. サッカーではボールを手であつかうのは (　　) 違反です。
   1 法則　　　2 規則　　　3 予測　　　4 側面

6. エレベーターには安全 (　　) がついている。
   1 装置　　　2 衣装　　　3 服装　　　4 克服

7. 住民は (　　) マンションの建設に反対している。
   1 高等　　　2 高層　　　3 最高　　　4 最低

8. 彼は彼女の表情の変化をじっと (　　) していた。
   1 観念　　　2 観光　　　3 観客　　　4 観察

9. この器械であなたの体力を (　　) します。
   1 予定　　　2 見当　　　3 測定　　　4 交番

10. おじは事業に失敗して (　　) した。
    1 出産　　　2 出張　　　3 破産　　　4 主張

害 婚 混 紅 貨 拡 確 換 況 効 候

해칠 해   음 がい

音読은「がい」로 주로 N2부터 출제되고 훈독은 없다. 접미어「〜害(がい)」(p.166)로도 활용하므로 잘 익혀 두자.

害(がい) 해, 지장
損害(そんがい) 손해 **N2읽기**
利害(りがい) 이해

公害(こうがい) 공해 **2급**
被害(ひがい) 피해 **2급**

혼인할 혼   음 こん

음독은「こん」으로 주로 N2부터 출제되고 훈독은 없다. 시험을 대비하여「離婚(りこん): 이혼」도 알아 두자. 일본에서는「약혼」을「約婚」이라고 쓰지 않고「婚約(こんやく)」라고 쓴다.

求婚(きゅうこん) 구혼
結婚観(けっこんかん) 결혼관 **N2단어형성**
離婚(りこん) 이혼

結婚(けっこん) 결혼 **2급**
婚約(こんやく) 약혼

섞을 혼   음 こん   훈 まざる / まじる / まぜる

음독은「こん」, 훈독은「まざる(混ざる) / まじる(混じる) / まぜる(混ぜる)」로 모두 주로 N2부터 출제된다.

混合(こんごう) 혼합
混乱(こんらん) 혼란 **2급, N2표기**
混じる(まじる) 섞이다, 끼이다

混雑(こんざつ) 혼잡 **N3교체**
混ざる(まざる) 섞이다
混ぜる(まぜる) 섞다 **N3용법**

붉을 홍   음 こう   훈 べに

음독은「こう」, 훈독은「べに(紅)」로 모두 주로 N2부터 출제된다.「紅葉(もみじ): 단풍, 단풍잎」는 독특하게 읽히는 한자이니 주의하자. 활용도가 낮은 한자이다.

紅茶(こうちゃ) 홍차
口紅(くちべに) 립스틱

紅葉(こうよう) 단풍
紅葉(もみじ) 단풍, 단풍잎

재화 화

음 か

음독은「か」로 주로 N2부터 출제되고 훈독은 없다. 비슷한 형태의「貸(대)」자와 혼동하지 않도록 주의한다.

貨物(かもつ) 화물 `2급`
通貨(つうか) 통화

硬貨(こうか) 경화, 동전 `N2표기`

넓힐 확

음 かく

음독은「かく」로 주로 N2부터 출제되고 훈독은 없다. 시험을 대비하여「拡充(かくじゅう) : 확충」도 알아 두자.

拡充(かくじゅう) 확충 `N2읽기`
拡張(かくちょう) 확장

拡大(かくだい) 확대 `2급`

굳을 확

음 かく **훈** たしか / たしかめる

음독은「かく」, 훈독은「たしか(確か) / たしかめる(確かめる)」로 모두 주로 N2부터 출제된다.

確実(かくじつ) 확실함 `N3문규`
確保(かくほ) 확보 `N2문규`
正確(せいかく) 정확함
的確(てきかく) 정확함
確かめる(たしかめる) 확인하다

確認(かくにん) 확인
確率(かくりつ) 확률
確か(たしか) 확실함 `2급`
明確(めいかく) 명확함 `2급`

바꿀 환

음 かん **훈** かえる

음독은「かん」, 훈독은「かえる(換える)」로 모두 주로 N2부터 출제된다. 비슷한 형태의「喚(환)」자와 혼동하지 않도록 주의한다. 복합동사「~換える(かえる)」(p.168)로도 활용하는데, 이 때「~替える(かえる)」로 바꾸어 쓸 수 있는 경우도 많다.

換気(かんき) 환기
転換(てんかん) 전환
変換(へんかん) 변환
乗り換える(のりかえる) 환승하다, 갈아타다

交換(こうかん) 교환 `2급, N3문규`
乗り換え(のりかえ) 환승, 갈아탐
換える(かえる) 교환하다

상황 황

음 きょう

음독은「きょう」로 주로 N2부터 출제되고 훈독은 없다. 활용도는 낮은 한자이지만, 시험에 잘 나오는 한자이므로 잘 익혀 두자.

実況(じっきょう) 실황
不況(ふきょう) 불황 `2급`

状況(じょうきょう) 상황 `2급`

| 본받을 효 | 음 こう | 훈 きく |

음독은「こう」, 훈독은「きく(効く)」로 모두 주로 N2부터 출제된다. 비슷한 형태의「郊(교)」자와 혼동하지 않도록 주의한다.

効果(こうか) 효과 `2급, N3용법`　　効用(こうよう) 효용
効力(こうりょく) 효력　　有効(ゆうこう) 유효함 `2급, N2문규`
効く(きく) 듣다, 효과가 있다

| 기후 후 | 음 こう |

음독은「こう」로 주로 N2부터 출제되고 훈독은 없다. 비슷한 형태의「侯(후)」자와 혼동하지 않도록 주의한다. 활용도가 낮은 한자이다.

悪天候(あくてんこう) 악천후 `2급`　　気候(きこう) 기후 `2급`
候補(こうほ) 후보　　天候(てんこう) 일기, 날씨

읽기 표기 콕콕 연습문제 20

정답 P.274

» 下線の漢字はひらがなに、ひらがなは漢字になおしなさい。

1. 次の駅で乗り換えてください。
2. 新宿の街の混雑に彼を見失った。
3. このお茶は美容効果があります。
4. それは確かな情報ですか。
5. あのカップルは婚約している。
6. 明日までに明確な返事をください。
7. 利害関係のないつきあい。
8. 彼は彼女に求婚した。
9. ふざけて母の口紅をつけたらしかられた。
10. 長い貨物列車がふみきりを通った。
11. この切符は三日間有効です。
12. 明日の10時、確実にお届けします。
13. 排気ガスの公害が問題になっている。
14. コーヒーより紅茶が好きです。
15. 大きな損害をもたらした。

1. まずはこのじょうきょうを把握しよう。
2. 旅行先で現地つうかに両替する。
3. 規模をかくだいする。
4. 日照りで作物のがいが出た。
5. 赤くもみじした木々と落ち葉。
6. あのチームが勝つかくりつは低い。
7. スケジュールをかくにんする。
8. きこうの温暖な地方。
9. 書類はせいかくに書くこと。
10. 優勝こうほを予想してみる。
11. この殺虫剤のこうりょくは1か月続く。
12. こうようが美しい山へ行こう。
13. てんこうの回復を待つ。
14. じっきょうはこの記事よりもひどい。
15. 質問にてきかくに答える。

연습문제 21

» 下線の漢字はひらがなに、ひらがなは漢字になおしなさい。

1. 被害状況がまったく分からなかった。
2. 毎朝、窓を開けて換気する。
3. フランスの気候は全体的に温暖だ。
4. 少しずつ薬の効き目が現れた。
5. 二つの薬品を混ぜる。
6. 日本の通貨の単位は円です。
7. 明日は、雨の降る確率が高いそうだ。
8. 単語の意味を辞書で確かめる。
9. 発想の転換で市場を創造する。
10. 土地が狭くて店舗を拡張できない。
11. この指輪をお金に換えたい。
12. 資料をもう一度確認する。
13. このところ、悪天候が続く。
14. 図のこの部分を拡大してください。
15. 100円硬貨を2枚入れてください。

1. 別のファイル形式にへんかんする。
2. 赤いくちべにをつける。
3. 男女こんごうのチームを作る。
4. こうがいのない快適な町。
5. かくじつな証拠をつかむ。
6. あの船はかもつを運送している。
7. 彼らは領土かくちょうを試みた。
8. お互いのりがいが一致する。
9. 品質がたしかだから安心できる。
10. けっこんかんの違いで別れを選ぶ。
11. 突然激しい運動をするのは逆こうかです。
12. 頭がこんらんしてパニックになる。
13. 通勤電車のこんざつぶりはひどい。
14. ふきょうを乗り切る。
15. 彼女は彼のきゅうこんを冷たく断った。

콕콕 연습문제 21

>>> (　　) に入れるのに最もよいものを、1・2・3・4から一つ選びなさい。

1. 大きなポスターはお金はかかりますが、それだけの (　　) はあるものです。
   1 効果　　2 権力　　3 尊重　　4 景気

2. ズーム機能で画面を (　　) したり、縮小したりする。
   1 拡大　　2 生長　　3 高速　　4 永久

3. 正確な情報のおかげで (　　) は最小限に食いとめられた。
   1 温度　　2 勝敗　　3 被害　　4 無事

4. われわれは事業をもっと (　　) する予定です。
   1 面積　　2 拡張　　3 貿易　　4 評判

5. 彼女はそのときのことを今でも (　　) に覚えている。
   1 正解　　2 確立　　3 正確　　4 比較

6. (　　) 保険は、未来に起こるリスクに対応するためのものと言える。
   1 貨物　　2 注文　　3 損害　　4 募集

7. 契約書には、さまざまな (　　) があります。
   1 効力　　2 気候　　3 光力　　4 進路

8. 当社の製品に不具合のある場合はいつでも (　　) いたします。
   1 人事　　2 交流　　3 引退　　4 交換

9. 現時点では (　　) なことは言えませんが、まず後遺症は出ないでしょう。
   1 心配　　2 面倒　　3 情報　　4 確実

10. このカードは会員資格を取り消されるまで (　　) です。
    1 有利　　2 有効　　3 効果　　4 効能

연습문제 22

》 (　　) に入れるのに最もよいものを、1・2・3・4から一つ選びなさい。

1 その大地震のあと、全市はひどい (　　) 状態になった。
　1 合流　　　2 公共　　　3 過失　　　4 混乱

2 電話とメールを相手や (　　) に応じて使い分けている。
　1 実況　　　2 状況　　　3 能力　　　4 不況

3 自動販売機に100円 (　　) を入れた。
　1 基本　　　2 硬貨　　　3 貨物　　　4 荷物

4 クリスマスが近づくとかなりの (　　) が予想される。
　1 回復　　　2 雑誌　　　3 出場　　　4 混雑

5 水と油は (　　) できない。
　1 場合　　　2 試合　　　3 混合　　　4 合格

6 条約は国会で批准されてはじめて (　　) を生じる。
　1 指定　　　2 効力　　　3 失望　　　4 希望

7 彼は市長に立 (　　) している。
　1 補充　　　2 利得　　　3 候補　　　4 得意

8 この部屋は窓が開かないので、(　　) がしにくい。
　1 換気　　　2 蒸気　　　3 機嫌　　　4 気分

9 あの人は絶望的な (　　) から立ち上がった。
　1 状況　　　2 重力　　　3 光景　　　4 経由

10 その企業は (　　) を引き起こすおそれがある。
　1 個人　　　2 固体　　　3 成分　　　4 公害

02 2순위 한자 220

N2에 출제되는 단어는 적지만 알아 두어야 할 한자 220자를 나누어 정리하였다. 한자에 따라서는 N1에 해당되는 한자 숙어가 많이 있는 것도 있다.

- 01 주로 N2에 출제되는 한자 29
- 02 주로 훈독으로 출제되는 한자 90
- 03 상위 레벨에도 출제되는 한자 101

01 주로 N2에 출제되는 한자 29

여기에 제시한 한자는 주로 N2 시험에만 출제되는 한자이다. 활용도가 낮으며, 출제가 예상되는 한자 단어도 많지 않다. 그러므로 음독과 훈독으로 나누어 공부하기보다 해당 한자 단어를 통째로 익혀 두자.

한자	뜻	읽기	출제 예상 단어
□ 康	편안할 강	음 こう	健康^{けんこう} 건강 2급, N3표기
□ 較	견줄 교	음 かく	比較^{ひかく} 비교 N3문규 比較的に^{ひかくてき} 비교적으로 2급
□ 欧	토할 구	음 おう	欧米^{おうべい} 구미 2급
□ 肯	긍정할 긍	음 こう	肯定^{こうてい} 긍정 肯定的^{こうていてき} 긍정적임 2급
□ 喫	마실 끽	음 きつ	喫煙^{きつえん} 흡연 喫茶店^{きっさてん} 찻집, 다방 2급 満喫^{まんきつ} 만끽 N1용법 喫^{きっ}する 마시다
□ 濃	짙을 농	음 のう 훈 こい	濃縮^{のうしゅく} 농축 濃度^{のうど} 농도 濃蜜^{のうみつ} 농밀, 진함 濃霧^{のうむ} 농무 濃^こい 짙다 2급
□ 凍	얼 동	음 とう 훈 こおる 훈 こごえる	解凍^{かいとう} 해동 凍結^{とうけつ} 동결 冷凍^{れいとう} 냉동 2급 凍^{こお}る 얼다 N2표기 凍^{こご}える 얼어붙다
□ 銅	구리 동	음 どう	銅^{どう} 동
□ 湾	물굽이 만	음 わん	湾^{わん} 만

N2 대응 중요 한자 129

한자	뜻	읽기	출제 예상 단어
□ 帽	모자 모	음 ぼう	ぼうし 帽子 모자 2급
□ 坊	동네 방	음 ぼう・ぼっ	ねぼう 寝坊 늦잠　坊ちゃん 도련님
□ 符	부신 부	음 ふ	きっぷ 切符 표, 티켓 2급　ふごう 符号 부호
□ 膚	살갗 부	음 ふ	ひふ 皮膚 피부 2급
□ 捨	버릴 사	음 しゃ 훈 すてる	ししゃごにゅう 四捨五入 반올림 2급　す 捨てる 버리다
□ 床	마루 상	음 しょう 훈 とこ 훈 ゆか	きしょう 起床 기상　とこ 床 잠자리, 마루　とこや 床屋 이발소　びょうしょう 病床 병상　ゆか 床 마루
□ 紹	이을 소	음 しょう	しょうかい 紹介 소개 2급
□ 刷	인쇄할 쇄	음 さつ 훈 する	いんさつ 印刷 인쇄 2급　す 刷る 인쇄하다, 찍어내다
□ 億	억 억	음 おく	～おく ～億 ~억 2급　おくまんちょうじゃ 億万長者 억만장자
□ 塩	소금 염	음 えん 훈 しお	しお 塩 소금　しょくえん 食塩 식염
□ 偉	훌륭할 위	음 い 훈 えらい	いだい 偉大 위대함　えら 偉い 훌륭하다 2급
□ 臓	오장 장	음 ぞう	しんぞう 心臓 심장 2급
□ 燥	마를 조	음 そう	かんそう 乾燥 건조 2급
□ 誌	기록할 지	음 し	ざっし 雑誌 잡지 2급, N3표기　しゅうかんし 週刊誌 주간지 N3표기

한자	뜻	읽기	출제 예상 단어
☐ 畳	겹쳐질 첩	음 じょう 훈 たたみ 훈 たたむ	～畳(じょう) ～조, ～장　畳(たたみ) 다다미 2급　折(お)り畳(たた)む 개다, 개키다 畳(たた)む 접다 N2용법
☐ 秒	초 초	음 びょう	一秒(いちびょう) 1초 2급
☐ 塔	탑 탑	음 とう	象牙(ぞうげ)の塔(とう) 상아탑　塔(とう) 탑
☐ 怖	두려워할 포	음 ふ 훈 こわい	恐怖(きょうふ) 공포 2급　怖(こわ)い 무섭다　怖(こわ)がる 무서워하다 N1교체
☐ 軒	추녀 헌	음 けん 훈 のき	～軒(けん) ～채　軒(のき) 처마
☐ 希	바랄 희	음 き	希望(きぼう) 희망 2급, N3문규

읽기 표기 콕콕 연습문제 22

정답 P.275

>>> 下線の漢字はひらがなに、ひらがなは漢字になおしなさい。

1. 彼は科学の分野で偉大な足跡を残した。
2. 明日の起床時間は6時です。
3. 優等生の姉といつも比較される。
4. 今日は手が凍えるような寒さだ。
5. 喫茶店に入ってコーヒーを飲んだ。
6. 初版は4000部刷った。
7. 彼はパクさんをみんなに紹介した。
8. 二酸化炭素の濃度が高くなる季節。
9. 銅はよく電気を通す。
10. 彼女は帽子をかぶって出て行った。
11. ここから2軒先にたばこ屋があります。
12. 床に畳をしいた。
13. 父と二人で釣りをしに東京湾へ行った。
14. うちの茶の間は、四畳半です。
15. 塩をふりかけて魚を焼く。

1. 父は過労でしんぞうを悪くした。
2. 彼女はひふが荒れている。
3. この食物はけんこうに良くない。
4. 種類が多いのでふごうをつけて整理する。
5. ねぼうをして会社に遅刻してしまった。
6. サッとゆでてかられいとうする。
7. 水はこおると体積が増える。
8. おうべい式の教育をする小学校。
9. 彼女はこうていも否定もしなかった。
10. 空気が非常にかんそうしている。
11. こわい夢ばかり見てしまう。
12. 実験のため、しょくえん水を作った。
13. シュバイツァー博士はえらい人です。
14. このビルを建てるのに3おく円かかった。
15. 高所きょうふ症で悩んでいる。

콕콕 연습문제 23

>>> (　　) に入れるのに最もよいものを、1・2・3・4から一つ選びなさい。

1 彼は日本が生んだもっとも (　　) な作曲家(さっきょくか)の一人である。
　1 重大　　　2 増大　　　3 偉大　　　4 拡大

2 あなたのご (　　) に沿(そ)うようにしたいと思っています。
　1 親切　　　2 必要　　　3 希望　　　4 適当

3 空気(くうき)が (　　) しやすい冬は火災(かさい)の多い季節です。
　1 乾燥　　　2 公害　　　3 交流　　　4 活動

4 ひとりの時間を存分(ぞんぶん)に (　　) して楽しむ。
　1 規則　　　2 満喫　　　3 気分　　　4 個人

5 彼はバッハの音楽を日本に最初(さいしょ)に (　　) した人です。
　1 紹介　　　2 拝見　　　3 連絡　　　4 習慣

6 彼女は体が弱いため、人一倍(いちばい) (　　) に気を使っている。
　1 準備　　　2 改正　　　3 心配　　　4 健康

7 (　　) したばかりの新聞がトラックに積(つ)み込(こ)まれているところだ。
　1 出席　　　2 支配　　　3 印刷　　　4 心配

8 コンマは短い区切(くぎ)りをしめすための (　　) です。
　1 中止　　　2 支度　　　3 会計　　　4 符号

9 自分の (　　) に役立(やくだ)つ資格(しかく)を取っておきたい。
　1 将来　　　2 承知　　　3 招待　　　4 相手

10 国際(こくさい) (　　) は、年々盛(さか)んになっています。
　1 予習　　　2 貿易　　　3 経験　　　4 科学

02 주로 훈독으로 출제되는 한자 90

여기에 제시한 90자는 주로 훈독으로 출제된다. ■ 표시가 있는 한자(38자)는 N2에서는 주로 훈독으로 출제되고, N1에서는 주로 음독으로 출제되는 한자이다.

≫ ㄱ ~ ㅅ

한자	뜻	출제 예상 단어
☐ 皆	다 개	みな 皆 모두 2급
☐ 届	이를 계	とど 届く 닿다 2급　とど 届ける 닿게 하다, 신고하다 N3교체
☐ 枯	마를 고	か 枯れる 시들다
■ 雇	품팔 고	やと 雇う 고용하다 2급
☐ 掛	걸 괘	か 掛かる 걸리다, 들다　か 掛ける 걸다　き が 気掛かり 근심, 걱정 연탁음
■ 群	무리 군	ぐんしゅう 群集 군중* N1읽기　む 群れ 떼, 무리 2급
■ 掘	팔 굴	ほ 掘る 파다 2급
☐ 叫	부르짖을 규	さけ 叫ぶ 외치다 2급
☐ 祈	빌 기	いの 祈る 빌다, 기도하다 2급
☐ 怒	성낼 노	おこ 怒る 화내다 2급, N3교체
☐ 悩	번뇌할 뇌	なや 悩ましい 괴롭다*　なや 悩む 고민하다 2급
☐ 泥	진흙 니	どろ 泥 진흙 2급　どろぼう 泥棒 도둑
☐ 袋	자루 대	たび 足袋 일본식 버선 숙자훈　て ぶくろ 手袋 장갑 연탁음　ふくろ 袋 주머니, 봉지
■ 逃	달아날 도	とう ひ 逃避 도피*　とうぼう 逃亡 도망 N2읽기　に 逃がす 놓치다　に 逃げる 도망치다, 달아나다 2급, N3표기　のが 逃れる 달아나다 N1읽기

연탁음 두 음이 결합할 때 뒤에 오는 청음이 탁음으로 변하여 읽히는 것
숙자훈 한자를 한 자씩 읽지 않고 전체를 하나의 훈으로 읽는 것

한자	뜻	출제 예상 단어
■ 塗	바를 도	塗(ぬ)る 칠하다 2급
□ 鈍	무딜 둔	愚鈍(ぐどん) 우둔* 鈍(にぶ)い 무디다 鈍(にぶ)る 무디어지다* N1읽기
□ 涼	서늘할 량	涼(すず)しい 시원하다 2급
□ 戻	어그러질 려	取(と)り戻(もど)す 되찾다* N1문규 戻(もど)す 되돌리다 2급, N2읽기 戻(もど)る 되돌아오다
□ 裏	속 리	裏(うら) 뒤 裏口(うらぐち) 뒷문 裏付(うらづ)け 뒷받침* N1교체 裏腹(うらはら) 정반대임* N1용법
□ 粒	낱알 립	粒(つぶ) 낱알
□ 磨	갈 마	研磨(けんま) 연마* 磨(みが)く 닦다 2급
■ 埋	묻을 매	埋蔵(まいぞう) 매장* 埋没(まいぼつ) 매몰* 埋(う)める 묻다, 메우다
■ 鳴	울 명	悲鳴(ひめい) 비명 鳴(な)く 울다 鳴(な)らす 소리를 내다 鳴(な)る 울리다
□ 暮	저물 모	歳暮(せいぼ) 연말 薄暮(はくぼ) 황혼* 暮(く)らす 생활하다 2급, N2표기 暮(く)れる 날이 저물다
□ 猫	고양이 묘	猫(ねこ) 고양이
□ 薄	엷을 박	薄暮(はくぼ) 황혼 薄(うす)い 얇다, 옅다 2급 薄暗(うすぐら)い 좀 어둡다 N2단어형성 薄(うす)まる 엷어지다 薄(うす)める 엷게 하다 手薄(てうす) 허술함, 부족함* N1읽기
■ 抜	뺄 발	息抜(いきぬ)き 잠시 쉼 N2교체 選抜(せんばつ) 선발* 抜群(ばつぐん) 발군, 뛰어남* N1교체 抜粋(ばっすい) 발췌* N1문규 抜本的(ばっぽんてき) 발본적임* 抜(ぬ)く 빼다 2급 抜(ぬ)ける 빠지다
□ 髪	터럭 발	髪(かみ) 머리카락 白髪(しらが) 백발 숙자훈
□ 壁	벽 벽	壁(かべ) 벽 2급
■ 腹	배 복	裏腹(うらはら) 정반대임* N1용법 腹(はら) 배 腹(はら)を立(た)てる 화를 내다 N2문규
■ 浮	뜰 부	浮(う)かぶ 뜨다 浮(う)かべる 띄우다 浮(う)かれる 들뜨다* 浮(う)く 뜨다 2급
■ 粉	가루 분	粉(こ)・粉(こな) 가루 小麦粉(こむぎこ) 밀가루 粉失(ふんしつ) 분실* 粉争(ふんそう) 분쟁* 粉(まぎ)らわしい 헷갈리기 쉽다* N1문규
■ 沸	끓을 비	沸騰(ふっとう) 비등, 끓어오름 N3용법 沸(わ)かす 끓이다 沸(わ)く 끓다 2급

한자	뜻	출제 예상 단어
■ 貧	가난할 빈	貧ひん富ぷ 빈부* N1읽기　　貧まずしい 가난하다
□ 伺	엿볼 사	伺うかがう 여쭙다, 찾아뵙다 2급
■ 似	같을 사	似にる 닮다 2급　　似にあう 어울리다 N3용법　　真まね似 흉내
■ 砂	모래 사	砂すな 모래
■ 勢	기세 세	勢いきおい 기세 2급, N2표기　　姿し勢せい 자세 N2읽기, N3문규
■ 召	부를 소	召めし上あがる 드시다 2급
□ 焼	사를 소	焼やく 굽다 N3표기　　焼やける 타다 2급
□ 捜	찾을 수	捜さがす 찾다 2급
□ 拾	주울 습	拾ひろう 줍다 2급, N2표기
■ 昇	오를 승	上じょう昇しょう 상승 N2문규　　昇しょう進しん 승진 N1용법　　昇のぼる 해가 뜨다 2급
□ 伸	펼 신	伸のばす 펴다, 기르다　　伸のびる 펴지다, 향상하다
□ 双	쌍 쌍	双ふた子ご 쌍둥이

연습문제 23

>> 下線の漢字はひらがなに、ひらがなは漢字になおしなさい。

1. 目に涙を浮かべながら微笑んでいた。
2. あの二人は双子だ。
3. 沸いた水で紅茶を入れます。
4. その会社は100人の工員を雇っている。
5. 小さな魚が群れになって泳いでいる。
6. 抜け毛を予防するシャンプーを買う。
7. 赤字を埋めるために腕時計を売った。
8. 起きたばかりなので、動作が鈍い。
9. 彼は髪を真ん中で分けている。
10. 水に浮くものと沈むもの。
11. この小鳥はとても良い声で鳴く。
12. 山を掘ってトンネルを作る。
13. ちょうどいま朝日が昇ったところです。
14. 彼は貧しい農家で生まれた。
15. 焼き立てパンを袋に入れる。

1. スポーツは若者の血をわかす。
2. 泥棒をとうとうにがしてしまった。
3. ご健康とご活路をおいのりします。
4. 修学旅行からもどってきました。
5. 公園でゴミをひろう。
6. ねこを飼いはじめました。
7. 壁をうすい青にぬった。
8. 床をきれいにみがく。
9. どうすれば良いのかなやんでいる。
10. 誰かが救急車を呼べとさけんだ。
11. 好きなアーティストのまねをする。
12. どうぞめしあがってください。
13. 他人の郵便物が家にとどいた。
14. いたずらをして父におこられた。
15. パンにバターやジャムをぬって食べる。

문맥규정 콕콕 연습문제 24

정답 P.276

>>> (　　)に入れるのに最もよいものを、1・2・3・4から一つ選びなさい。

1 もう長いあいだ雨がふらないので(　　)木もある。
1 別れた　　2 忘れた　　3 枯れた　　4 慣れた

2 友だちと一緒にタイムカプセルを(　　)。
1 祭った　　2 埋めた　　3 敗れた　　4 寄せた

3 使い終わった本はもとの場所に(　　)ください。
1 映して　　2 示して　　3 残して　　4 戻して

4 うちの店は小さくて人を(　　)ほどではない。
1 迷う　　2 雇う　　3 敬う　　4 伺う

5 食後、すぐに歯を(　　)のは良くない。
1 招く　　2 盗む　　3 磨く　　4 除く

6 彼らは石油を得るために１０００メートルまで土を(　　)。
1 掘った　　2 担いだ　　3 踊った　　4 防いだ

7 朝早くからセミの(　　)声で起こされた。
1 凍る　　2 探る　　3 鳴く　　4 泳ぐ

8 小さな女の子が助けを求めて大声で(　　)。
1 叫んだ　　2 断った　　3 組んだ　　4 配った

9 彼はうでを(　　)、棚の上の本を取った。
1 飛ばして　　2 浮かんで　　3 逆らって　　4 伸ばして

10 部屋の窓にはレースのカーテンが(　　)いる。
1 沸かして　　2 掛かって　　3 許して　　4 溶かして

≫ ㅁ~ㅎ

한자	뜻	출제 예상 단어
□ 押	누를 압	<ruby>押<rt>おさ</rt></ruby>える 누르다, 참다 <ruby>押<rt>お</rt></ruby>す 밀다, 누르다
□ 御	어거할 어	<ruby>御<rt>おん</rt></ruby>中 귀중
■ 軟	연할 연	柔<ruby>軟<rt>じゅうなん</rt></ruby> 유연함 [N2문규] <ruby>軟<rt>なんじゃく</rt></ruby>弱 연약함 <ruby>軟<rt>やわ</rt></ruby>らかい 부드럽다
■ 燃	사를 연	<ruby>燃<rt>も</rt></ruby>える 불타다 [2급] <ruby>燃<rt>も</rt></ruby>やす 불태우다
■ 預	미리 예	<ruby>預<rt>あず</rt></ruby>かる 맡다 <ruby>預<rt>あず</rt></ruby>ける 맡기다 [2급, N3용법, N3표기]
□ 鋭	날카로울 예	<ruby>鋭<rt>するど</rt></ruby>い 날카롭다 [2급, N2문규]
□ 奥	속 오	<ruby>奥<rt>おく</rt></ruby> 안, 속 [2급]
□ 腕	팔 완	<ruby>腕<rt>うで</rt></ruby> 팔 [2급, N2표기] <ruby>腕前<rt>うでまえ</rt></ruby> 솜씨* [N1문규]
□ 腰	허리 요	<ruby>腰<rt>こし</rt></ruby> 허리 [2급]
□ 踊	뛸 용	<ruby>踊<rt>おど</rt></ruby>り 춤 [2급] <ruby>踊<rt>おど</rt></ruby>る 춤추다
□ 隅	모퉁이 우	<ruby>隅<rt>すみ</rt></ruby> 구석 [2급]
■ 越	넘을 월	<ruby>追<rt>お</rt></ruby>い<ruby>越<rt>こ</rt></ruby>し 추월 [2급] <ruby>越<rt>こ</rt></ruby>える 넘다 [2급] <ruby>越<rt>こ</rt></ruby>す 넘어가다 <ruby>乗<rt>の</rt></ruby>り<ruby>越<rt>こ</rt></ruby>える 극복하다 [2급]
■ 底	밑 저	<ruby>底<rt>そこ</rt></ruby> 바닥 [2급, N3문규]
■ 殿	큰 집 전	~<ruby>殿<rt>どの</rt></ruby> ~님
□ 仲	버금 중	<ruby>仲<rt>なか</rt></ruby> 사이 [2급] <ruby>仲間<rt>なかま</rt></ruby> 동료
□ 憎	미워할 증	<ruby>憎<rt>にく</rt></ruby>い 밉다 [N2읽기] <ruby>憎<rt>にく</rt></ruby>む 미워하다
■ 贈	보낼 증	<ruby>贈<rt>おく</rt></ruby>り<ruby>物<rt>もの</rt></ruby> 선물 <ruby>贈<rt>おく</rt></ruby>る 선물하다 [2급]
■ 脂	기름 지	<ruby>脂<rt>あぶら</rt></ruby> 기름, 지방
□ 珍	보배 진	<ruby>珍<rt>めずら</rt></ruby>しい 드물다, 신기하다 [2급]

한자	뜻	출제 예상 단어
☐ 浅	얕을 천	浅(あさ)い 얕다 `2급, N3읽기`
■ 触	닿을 촉	触発(しょくはつ) 촉발, 자극을 받음* `N1교체`　触(さわ)る 닿다　触(ふ)れる 접촉하다 `N2읽기`
■ 吹	불 취	吹雪(ふぶき) 눈보라 `숙자훈`　吹(ふ)く 불다 `2급`
☐ 恥	부끄러워할 치	恥(は)ずかしい 부끄럽다
■ 歯	이 치	歯(は) 이 `2급, N3표기`　虫歯(むしば) 충치 `연탁음`
■ 沈	잠길 침	沈(しず)む 가라앉다 `2급`
■ 探	찾을 탐	探検(たんけん) 탐험*　探知(たんち) 탐지*　探(さが)す 찾다　探(さぐ)る 탐색하다
☐ 坂	비탈 판	坂(さか) 언덕 `2급`
■ 抱	안을 포	抱(いだ)く 품다　抱(かか)え込(こ)む 껴안다 `N1용법`　抱(かか)える 껴안다 `2급, N2문규`　抱(だ)く 안다
■ 捕	잡을 포	捕(つか)まえる 잡다　捕(つか)まる 붙잡히다　捕(とら)える 붙잡다
☐ 幅	폭 폭	大幅(おおはば)に 대폭적으로 `N1교체, N2읽기`　幅(はば) 폭　幅広(はばひろ)い 폭넓다 `N1문규`
■ 疲	지칠 피	疲(つか)れ 피로 `2급`　疲(つか)れる 피로해지다 `2급, N3교체, N3표기`
☐ 汗	땀 한	汗(あせ) 땀 `2급, N3읽기`
☐ 含	머금을 함	含(ふく)まれる 포함되다 `N2문규`　含(ふく)む 포함하다, 머금다 `2급`　含(ふく)める 포함시키다 `N2읽기`
■ 賢	어질 현	賢(かしこ)い 현명하다 `N1읽기`
☐ 挟	낄 협	挟(はさ)まる (틈에) 끼이다　挟(はさ)む 끼우다
☐ 狭	좁을 협	狭(せま)い 좁다 `2급`
☐ 湖	호수 호	湖(みずうみ) 호수 `2급, N3읽기`
☐ 靴	신 화	靴(くつ) 신발, 구두 `2급`　靴下(くつした) 양말　革靴(かわぐつ) 가죽 신발 `2급` `연탁음`
■ 荒	거칠 황	荒(あら)い 거칠다　荒(あ)れる 거칠어지다
■ 黄	누를 황	黄色(きいろ) 황색, 노란색

한자	뜻	출제 예상 단어
□ 灰	재 회	灰(はい) 재　灰色(はいいろ) 회색 2급　灰皿(はいざら) 재떨이
□ 厚	두터울 후	温厚(おんこう) 온후함* N2문규　重厚(じゅうこう) 중후함*　厚(あつ)い 두껍다 N3읽기　分厚(ぶあつ)い 두껍다
□ 胸	가슴 흉	胸(むね) 가슴
■ 喜	기쁠 희	喜(よろこ)び 기쁨　喜(よろこ)ぶ 기뻐하다 2급
□ 詰	힐난할 힐	缶詰(かんづめ) 통조림 2급 연탁음　思(おも)い詰(つ)める 골똘히 생각하다* N1용법　詰(つ)まる 막히다　詰(つ)める 채워 넣다, (간격을) 좁히다

읽기 표기 콕콕 연습문제 24

정답 P.276

>>> 下線の漢字はひらがなに、ひらがなは漢字になおしなさい。

1. 集まった学生は100人を越した。
2. 小銭がないかとポケットを探った。
3. 靴下に穴があいた。
4. この先の川を越えると小さな村がある。
5. 泥棒を追跡して捕らえた。
6. 雨がいつのまにか吹雪になっていた。
7. 子どもたちがとんぼを捕まえる。
8. けが人を抱えて救急車に乗せる。
9. 日本の伝統文化に触れる。
10. 大切な人に花束を贈る。
11. 彼は荒れた生活をしている。
12. うさぎは顎の下を触ると嫌がる。
13. ずいぶんと賢いお子さんですね。
14. 銀行にお金を預ける。
15. 歯科で虫歯を治療する。

1. 若い母親が赤ちゃんをだいている。
2. 熱いお茶をふいて冷ます。
3. 温泉につかって旅のつかれを取った。
4. 仕事に情熱をもやす。
5. 人の幸せをにくむときがある。
6. 彼女は秘密をむねにしまっておいた。
7. 小指をドアにはさんだ。
8. 高校時代のなかまと集まった。
9. 川があさいので子供でも楽しめる。
10. 階段から滑り落ち、こしを強く打った。
11. 私の家はこのおくの方にある。
12. あの人はいつもするどい質問をする。
13. みずうみでボートに乗る。
14. ハンカチであせをふく。
15. 教会はさかの上にある。

연습문제 25

» (　　　)に入れるのに最もよいものを、1・2・3・4から一つ選びなさい。

1. 政府は外交上(がいこうじょう)の難問(なんもん)をたくさん(　　　)いる。
   1 流れて　　2 連れて　　3 消えて　　4 抱えて

2. 落ち葉(おちば)をしおりとして本に(　　　)。
   1 含んだ　　2 憎んだ　　3 進んだ　　4 挟んだ

3. 父は孫の誕生(たんじょう)を心から(　　　)くれた。
   1 喜んで　　2 編んで　　3 転んで　　4 囲んで

4. その家は1年以上(いじょう)も人が住まなかったので、すっかり(　　　)いる。
   1 溶けて　　2 荒れて　　3 冷めて　　4 刻んで

5. 若いうちに異文化(いぶんか)に(　　　)ことは貴重(きちょう)な経験である。
   1 迷う　　2 忘れる　　3 触れる　　4 救う

6. もう少し奥(おく)のほうに(　　　)もらえますか。
   1 求めて　　2 落ちて　　3 詰めて　　4 浅くて

7. 彼のパスポートにはスタンプがいっぱい(　　　)いる。
   1 伸ばされて　　2 押されて　　3 吸われて　　4 畳まれて

8. これは人から(　　　)物ですから、大切にしてください。
   1 預かった　　2 調べた　　3 疲れた　　4 助かった

9. ナイフでりんごを四つに(　　　)食べた。
   1 掃いて　　2 寄って　　3 割って　　4 焼いて

10. このコピー機は(　　　)本もきれいにコピーできる。
    1 分厚い　　2 幅広い　　3 熱い　　4 美味しい

03 상위 레벨에도 출제되는 한자 101

여기에 제시한 한자는 N2에도 출제되지만, 주로 N1에서 자주 출제되는 한자이다. 고득점을 노리기 위해서는 잘 익혀두자.

≫ ㄱ~ㅅ

한자	뜻	읽기	출제 예상 단어
□ 簡	간략할 간	음 かん	簡潔 간결함 `N2표기`　簡素 간소함* `N1교체` 簡単 간단함 `2급`　簡略 간략함
□ 介	끼일 개	음 かい	紹介 소개 `2급`　厄介 성가심* `N1교체`
□ 検	검사할 검	음 けん	検査 검사 `2급, N3읽기, N3문규`　探検 탐험*
□ 傾	기울 경	음 けい 훈 かたむく	傾向 경향　傾斜 경사* `N1읽기`　傾く 기울다 `N2표기`
□ 更	고칠 경	음 こう 훈 さら	変更 변경 `2급, N2표기`　今更 새삼스럽게 `N1용법`
□ 耕	밭갈 경	음 こう 훈 たがやす	耕地 경지　耕す (논밭을) 갈다 `2급`
□ 硬	굳을 경	음 こう 훈 かたい	強硬 강경함* `N1문규`　硬貨 경화, 동전 `N2표기` 硬い 딱딱하다
□ 故	옛 고	음 こ	故意 고의 `N1교체`　事故 사고
□ 供	이바지할 공	음 きょう 훈 とも	供給 공급 `2급`　供与 공여* 　提供 제공 `N2문규` 子供 어린이 `연탁음`　子供連れ 자녀 동반 `N2단어형성`

144

한자	뜻	읽기	출제 예상 단어
管	대롱 관	음 かん 훈 くだ	管理 관리 [2급, N2표기]　管理下 관리하 [N2단어형성] 管 관, 대롱 [2급]
橋	다리 교	음 きょう 훈 はし	鉄橋 철교 [2급]　橋 다리
郊	성밖 교	음 こう	郊外 교외 [2급]
救	구할 구	음 きゅう 훈 すくう	救助 구조 [2급]　救う 구하다, 도와 주다 [N2표기]
巻	쇠뇌 권	음 かん 훈 まく	～巻 ～권　巻く 감다 [2급]
権	권세 권	음 けん	権利 권리 [2급]　実権 실권
均	고를 균	음 きん	均一 균일　平均 평균 [N3읽기, N3문규]
暖	따뜻할 난	음 だん 훈 あたたかい 훈 あたたまる 훈 あたためる	温暖 온난 [N2용법]　温暖化 온난화 [2급]　暖房 난방 暖かい 따뜻하다　暖まる 따뜻해지다 暖める 따뜻하게 하다
努	힘쓸 노	음 ど 훈 つとめる	努力 노력 [2급, N3읽기]　努める 노력하다 [N2표기]
脳	뇌 뇌	음 のう	首脳 수뇌 [2급]　頭脳 두뇌
党	무리 당	음 とう	政党 정당 [2급]　党 당
導	이끌 도	음 どう 훈 みちびく	指導 지도 [2급, N3교체]　導入 도입 [N2문규] 導く 이끌다 [N2표기]

한자	뜻	읽기	출제 예상 단어
☐ 毒	독 독	음 どく	消毒 소독　毒 독
☐ 絡	이을 락	음 らく 훈 からむ	連絡 연락 `2급`
☐ 略	다스릴 략	음 りゃく	概略 개략* `N1읽기`　簡略 간략함　省略 생략 `2급, N2읽기` 略する 생략하다 `N2읽기, N2용법`
☐ 齢	나이 령	음 れい	年齢 연령 `2급`
☐ 療	병 고칠 료	음 りょう	医療 의료 `2급`　治療 치료 `N2읽기`
☐ 輪	바퀴 륜	음 りん 훈 わ	車輪 차바퀴　指輪 반지　輪 고리, 원형 `2급`
☐ 綿	이어질 면	음 めん 훈 わた	綿 면　綿密 면밀함* `N1문규`　木綿 목면 `숙자훈`　綿 목화, 솜
☐ 舞	춤출 무	음 ぶ 훈 まう	舞台 무대 `2급`　見舞う 문병하다
☐ 迷	미혹할 미	음 めい 훈 まよう	迷信 미신　迷惑 폐　迷子 미아 `숙자훈` 迷う 헤매다 `2급, N3문규`
☐ 訪	찾을 방	음 ほう 훈 おとずれる 훈 たずねる	訪問 방문 `2급, N3용법`　訪れる 찾다, 찾아오다 `N2표기` 訪ねる 방문하다
☐ 拝	절 배	음 はい 훈 おがむ	拝見 삼가 봄　拝む 공손히 절하다
☐ 辺	가 변	음 へん 훈 あたり	周辺 주변 `2급`　辺り 주변
☐ 兵	군사 병	음 へい	兵隊 군대

한자	뜻	읽기	출제 예상 단어
□ 補	기울 보	음 ほ 훈 おぎなう	候補 후보　補足 보충 `N2용법`　補う 보충하다 `2급, N2읽기`
□ 棒	몽둥이 봉	음 ぼう	泥棒 도둑　棒 막대기
□ 否	아닐 부	음 ひ 훈 いな	拒否 거부 `N2읽기`　否定 부정　否定的 부정적임 否めない 부정할 수 없다* `N1읽기`
□ 富	넉넉할 부	음 ふ 훈 とみ 훈 とむ	貧富 빈부* `N1읽기`　豊富 풍부함 `2급, N2읽기, N2문규` 富む 부유하다, 풍부하다*
□ 副	버금 부	음 ふく	副〜 부〜　副詞 부사　副社長 부사장 `N2단어형성`
□ 悲	슬플 비	음 ひ 훈 かなしい 훈 かなしむ	悲劇 비극 `2급`　悲鳴 비명*　悲しい 슬프다 悲しむ 슬퍼하다
□ 像	형상 상	음 ぞう	像 상, 조각　想像 상상 `2급, N3읽기, N3문규`
□ 束	묶을 속	음 そく 훈 たば	結束 결속* `N1문규`　収束 수습*　束縛 속박* 約束 약속 `2급`　束 다발 `2급`
□ 述	지을 술	음 じゅつ 훈 のべる	述語 술어　述べる 진술하다 `2급`

읽기 표기 콕콕 연습문제 25

>> 下線の漢字はひらがなに、ひらがなは漢字になおしなさい。

1. プログラムの一部を変更する。
2. 英語で自己紹介をする。
3. あの店はいま傾きかけているそうだ。
4. 命をかけて人を救った。
5. 荒れ地を切り開いて耕地にする。
6. 水質検査で水の安全性を確認する。
7. 最近の出題傾向を分析する。
8. 入院中の先生をみんなで見舞った。
9. 日がさし込んで部屋が暖まってきた。
10. 紙幅の関係で全文は略した。
11. この舞台に立つことを夢見ていた。
12. 傷口をアルコールで消毒する。
13. 先輩は大変な努力家です。
14. ガスストーブで室内を暖める。
15. 社会人として知っておきたい訪問マナー。

1. 腕に包帯をまく。
2. 電車がてっきょうをわたる。
3. 地震で家がかたむいた。
4. 畑をたがやして種をまく。
5. 電力のきょうきゅうを止める。
6. そうぞう通りの味でした。
7. 詳しい説明はしょうりゃくする。
8. トレーニングでずのうを鍛える。
9. 新入社員をしどうする。
10. 花たばをもらって嬉しかった。
11. 種類が多すぎてまよってしまう。
12. お手紙嬉しくはいけんいたしました。
13. 申込書に氏名とねんれいを記入する。
14. 友だちに裏切られてかなしい。
15. ひげき的な事件が起きた。

연습문제 26

>>> (　　) に入れるのに最もよいものを、1・2・3・4から一つ選びなさい。

1 彼はその数学の問題を (　　) に解いてしまった。
1 簡単　　2 交番　　3 感動　　4 道具

2 (　　) な経験を活かしてグローバルビジネスを拡大する。
1 傾向　　2 豊富　　3 流行　　4 活気

3 この機械は定期的な (　　) が必要です。
1 相続　　2 検査　　3 相談　　4 孝行

4 彼は往年の名選手山田氏の (　　) を受けている。
1 独特　　2 創作　　3 指導　　4 認識

5 私はいかなる (　　) も惜しまないつもりです。
1 見当　　2 独身　　3 実例　　4 努力

6 被害総額はわれわれの (　　) をはるかに越えていた。
1 想像　　2 最高　　3 限定　　4 予定

7 価格は予告なく (　　) されることがあります。
1 返事　　2 変更　　3 修理　　4 閉会

8 その飛行機は出発後1時間で (　　) が絶えた。
1 案内　　2 連絡　　3 反対　　4 翻訳

9 このエレベーターは24時間遠隔操作で (　　) されている。
1 理科　　2 理解　　3 合理　　4 管理

10 (　　) で最終リハーサルを行う。
1 実現　　2 対策　　3 舞台　　4 作業

ㅁ~ㅎ

한자	뜻	읽기	출제 예상 단어
岸	언덕 안	음 がん 훈 きし	海岸 해안　岸 물가 2급
与	줄 여	음 よ 훈 あたえる	給与 급여　寄与 기여* N1문규　供与 공여* 与える 주다 2급, N2표기
逆	거스를 역	음 ぎゃく 훈 さからう	逆 반대 2급, N3교체　逆さ 거꾸로 됨　逆らう 거역하다 N2표기
栄	영화로울 영	음 えい	栄養 영양 2급, N3문규
誤	그릇할 오	음 ご 훈 あやまる	誤解 오해　誤り 잘못 2급
勇	날쌜 용	음 ゆう 훈 いさましい	勇気 용기　勇ましい 용감하다
溶	녹을 용	음 よう 훈 とかす 훈 とける	溶液 용액　溶岩 용암　溶かす 녹이다, 풀다 溶ける 녹다, 풀리다
委	맡길 위	음 い	委員 위원　委員会 위원회 2급　委託 위탁*
危	위태할 위	음 き 훈 あぶない 훈 あやうい	危険性 위험성 2급, N2단어형성　危ない 위험하다 危うい 위태롭다
柔	부드러울 유	음 じゅう 훈 やわらかい	柔道 유도　柔軟 유연함 N2문규　柔らかい 부드럽다 N2읽기
乳	젖 유	음 にゅう	牛乳 우유 2급
遊	놀 유	음 ゆう 훈 あそぶ	遊園地 유원지　遊び 놀이　遊ぶ 놀다

한자	뜻	읽기	출제 예상 단어
☐ 幼	어릴 유	음 よう 훈 おさない	ようじ 幼児 유아 `2급`　ようち 幼稚 유치함 `2급`　おさな 幼い 어리다 `2급, N2읽기`
☐ 依	의지할 의	음 い	いそん・いぞん 依存・依存 의존　いらい 依頼 의뢰 `2급` いぜん 依然として 여전히 `N2교체`
☐ 疑	의심할 의	음 ぎ 훈 うたがう	ぎもん 疑問 의문 `2급, N3읽기`　うたが 疑う 의심하다 `N3교체` うたが 疑わしい 의심스럽다*
☐ 異	다를 이	음 い 훈 ことなる	いじょう 異常 이상 `2급`　いしょく 異色 이색　いぶんか 異文化 이문화 `N2단어형성` さい 差異 차이　こと 異なる 다르다 `2급, N2교체`
☐ 翌	다음날 익	음 よく	よく 翌～ 다음～　よくじつ 翌日 다음날　よくねん よくとし 翌年・翌年 다음 해 `N3교체`
☐ 賃	품팔이 임	음 ちん	うんちん 運賃 운임 `N2표기`　でんしゃちん 電車賃 전철 요금 `N2단어형성` やちん 家賃 집세 `2급, N3문규`
☐ 刺	찌를 자	음 し 훈 ささる 훈 さす	しげき 刺激 자극* `N1교체`　めいし 名刺 명함　さ 刺さる 박히다 さ 刺す 찌르다 `2급`
☐ 著	분명할 저	음 ちょ 훈 あらわす	けんちょ 顕著 현저함* `N1읽기`　ちょしゃ 著者 저자 `2급`　あらわ 著す 저술하다
☐ 滴	물방울 적	음 てき	すいてき 水滴 물방울
☐ 絶	끊을 절	음 ぜつ 훈 たえる	ぜつだい 絶大 지대함, 아주 큼*　ぜったい 絶対に 절대로 `N3교체` ぜったいてき 絶対的 절대적임 `2급`　た 絶えず 끊임없이 `2급`
☐ 静	고요할 정	음 せい 훈 しずか 훈 しずまる	あんせい 安静 안정 `N1용법`　かんせい 閑静 조용함* `N1용법`　せいし 静止 정지 れいせい 冷静 냉정함 `N2용법`　しず 静か 조용함 `2급, N3교체`

한자	뜻	읽기	출제 예상 단어
□ 済	건널 제	음 さい 훈 すませる 훈 すむ	経済 경제 2급 연탁음 済ます 끝나다 N2교체 済ませる 끝내다 済む 끝나다
□ 祭	제사 제	음 さい 훈 まつり 훈 まつる	祭日 제삿날, 축일 祭り 축제, 잔치 2급 祭る 제사 지내다, 신을 모시다
□ 諸	모든 제	음 しょ	諸~ 제~, 여러~ 諸外国 여러 외국 N2단어형성 諸国 여러 나라 2급 諸問題 여러 문제 N2단어형성
□ 除	제할 제	음 じ 음 じょ 훈 のぞく	削除 삭제 N2읽기, N2표기 掃除 청소 2급 免除 면제* N1용법 除く 제외하다 N2읽기
□ 照	비출 조	음 しょう 훈 てらす 훈 てる	参照 참조 N2표기 照会 조회* N1교체 対照 대조 照らす 빛을 비추다 照る 비치다
□ 兆	조짐 조	음 ちょう 훈 きざし	~兆 ~조 2급 兆し 조짐* N1읽기
□ 罪	허물 죄	음 ざい 훈 つみ	犯罪 범죄 2급 罪 죄
□ 遅	늦을 지	음 ち 훈 おくれる 훈 おそい	遅延 지연 遅刻 지각 2급 遅れる 늦다 2급, N3읽기 遅い 늦다 N3표기
□ 志	뜻 지	음 し 훈 こころざす	意志 의지 N3문규 志願 지원 闘志 투지 志す 뜻을 두다*
□ 震	진동할 진	음 しん 훈 ふるえる	地震 지진 2급 震える 흔들리다, 떨리다
□ 賛	도울 찬	음 さん	賛成 찬성 2급

한자	뜻	읽기	출제 예상 단어
□ 採	캘 채	음 さい 훈 とる	かりさいよう 仮採用 가채용 N2단어형성　さいしゅう 採集 채집　さいてん 採点 채점 さいよう 採用 채용 2급　と 採る 채집하다
□ 責	꾸짖을 책	음 せき 훈 せめる	せきにん 責任 책임 2급　む せきにん 無責任 무책임 N2단어형성 せ 責める 비난하다, 책망하다 N2표기
□ 処	살 처	음 しょ	しょち 処置 조치* N1용법　しょばつ 処罰 처벌*　しょり 処理 처리 2급
□ 晴	갤 청	음 せい 훈 はれる	かいせい 快晴 쾌청　せいてん 晴天 맑은 날씨 2급　は 晴れる 날이 개다
□ 招	부를 초	음 しょう 훈 まねく	しょうたい 招待 초대 2급, N2표기　しょうたいじょう 招待状 초대장 N2단어형성 まね 招く 초대하다 2급, N2표기
□ 超	넘을 초	음 ちょう 훈 こえる 훈 こす	ちょうか 超過 초과 2급　こ 超える (때가) 지나가다, 초과하다 2급 こ 超す 넘다, 초과하다
□ 総	거느릴 총	음 そう	そううりあげ 総売上 총매상 N2단어형성　そうじんこう 総人口 총인구 2급 そう り だいじん 総理大臣 총리대신 2급　そう 総じて 대체로* N1용법
□ 追	쫓을 추	음 つい 훈 おう	つい か 追加 추가 2급, N2교체　ついほう 追放 추방* お 追いつく 따라 붙다 N3문규　お 追う 쫓다 2급, N3표기
□ 畜	가축 축	음 ちく	ぼくちく 牧畜 목축　ちくさんぎょう 畜産業 축산업
□ 築	쌓을 축	음 ちく 훈 きずく	けんちく 建築 건축 2급　きず 築く 쌓다*
□ 投	던질 투	음 とう 훈 なげる	とうしょ 投書 투서　とうひょうりつ 投票率 투표율 N2단어형성　な だ 投げ出す 내던지다 な 投げる 던지다 N3표기

한자	뜻	읽기	출제 예상 단어
☐ 版	판목 판	음 はん	かいていばん 改定版 개정판 N1문규 / しゅっぱんしゃ 出版(社) 출판(사) 2급 연탁음
☐ 暴	사나울 폭	음 ぼう 훈 あばれる	ばくろ 暴露 폭로* N1읽기 / らんぼう 乱暴 난폭함 2급 / あば 暴れる 난폭하게 굴다
☐ 爆	폭발할 폭	음 ばく	ばくはつ 爆発 폭발 2급
☐ 豊	풍성할 풍	음 ほう 훈 ゆたか	ほうふ 豊富 풍부함 2급, N2읽기, N2문규 / ゆた 豊か 풍요로움 2급
☐ 被	입을 피	음 ひ	ひがい 被害 피해 2급
☐ 河	강 이름 하	음 か 훈 かわ	うんが 運河 운하 연탁음 / かわ 河 강
☐ 航	배 항	음 こう	こうくう 航空 항공 2급
☐ 険	험할 험	음 けん 훈 けわしい	きけん 危険 위험 2급 / きけんせい 危険性 위험성 N2단어형성 / けんあく 険悪 험악함* / ほけん 保険 보험 / けわ 険しい 험하다 2급
☐ 協	도울 협	음 きょう	きょうりょく 協力 협력 2급, N3읽기 / だきょう 妥協 타협* N1문규
☐ 恵	은혜 혜	음 え 음 けい 훈 めぐむ	おんけい 恩恵 은혜 / ちえ 知恵 지혜 2급 / めぐ 恵まれる 혜택받다, 풍족하다 / めぐ 恵む 은혜를 베풀다 N2표기
☐ 環	고리 환	음 かん	かんきょう 環境 환경 2급
☐ 横	가로 횡	음 おう 훈 よこ	おうだん 横断 횡단 2급, N3읽기 / おうだんきんし 横断禁止 횡단 금지 N3교체 / よこ 横 옆 N3읽기
☐ 訓	가르칠 훈	음 くん	きょうくん 教訓 교훈 N1문규 / くんれん 訓練 훈련 2급, N3읽기

연습문제 26

>>> 下線の漢字はひらがなに、ひらがなは漢字になおしなさい。

1. 作業員に作業服を給与する。
2. 各クラスから実行委員を選出する。
3. 翌日までにお届けいたします。
4. 異なった意見を受け入れる。
5. 相手をすぐ疑ってしまう。
6. 川の流れに逆らって生きる魚。
7. 塩は水によく溶ける。
8. この本の著者は有名な学者です。
9. 掃除道具を片づけてください。
10. 夫は経済観念がない。
11. その計画には絶対反対だ。
12. 思いきり泣いたら気持ちが晴れた。
13. 新聞の読者欄に投書する。
14. あなたを責めるつもりはない。
15. 今度のテストは採点が厳しすぎる。

1. ようじの入園料は、無料です。
2. 彼はゆうきのある少年です。
3. それはあなたのごかいです。
4. 夜、女の子が1人で歩くのはあぶない。
5. 駅の前にホテルをけんちくするそうだ。
6. この料理はえいよう満点だ。
7. 畑の野菜を盗む行為はつみである。
8. 努力を続けるいしの強い人。
9. 木の葉からすいてきがしたたり落ちた。
10. 会は予定より10分おくれて始まった。
11. めいしを受け取る。
12. 森の中はしずかだった。
13. 彼の父はぼくちくをやっている。
14. 今日のイベントはかいせいに恵まれた。
15. ちょうか額を算出する。

문맥규정 콕콕 연습문제 27

정답 P.277

>>> (　　) に入れるのに最もよいものを、1・2・3・4から一つ選びなさい。

1 体に必要な (　　) 素が不足すると病気になる可能性が高い。
　1 不平　　　　2 栄養　　　　3 無料　　　　4 予備

2 みんなで (　　) すれば大きな力になります。
　1 強力　　　　2 出力　　　　3 協力　　　　4 入力

3 ごみ (　　) はどこの市でも深刻な問題である。
　1 利用　　　　2 処理　　　　3 便利　　　　4 権利

4 一度引き受けた仕事を途中で (　　) わけにはいかない。
　1 投げ出す　　2 引き起こす　3 売れ出す　　4 差し入れる

5 アルコール (　　) 症になりやすい性格というものはない。
　1 対照　　　　2 依存　　　　3 対立　　　　4 依頼

6 これから期末試験の (　　) をしなければならない。
　1 地点　　　　2 満点　　　　3 採点　　　　4 欠点

7 日本経済にも明るい (　　) が見えている。
　1 疑い　　　　2 逆さ　　　　3 兆し　　　　4 誤り

8 そんなに興奮しないで、もう少し (　　) になりなさい。
　1 比較　　　　2 発売　　　　3 要旨　　　　4 冷静

9 多くの人が政府の対策に (　　) を投げかけている。
　1 疑問　　　　2 指定　　　　3 実験　　　　4 得意

10 私は県の (　　) を受けて新しい県庁の設計をしている。
　1 依頼　　　　2 苦労　　　　3 共通　　　　4 希望

Part 03

한자 활용

01 파생어·복합동사로 쓰이는 N2 한자
02 파생어·복합동사로 쓰이는 N3 한자
03 파생어·복합동사로 쓰이는 N4·N5 한자

01 파생어·복합동사로 쓰이는 N2 한자

한자 파생어(접두어, 접미어)와 복합동사로 많이 쓰이는 N2 한자들을 정리하였다. N2에 해당하는 한자이긴 하지만, N1의 문맥규정 문제에서 출제되기도 하며, N2에서는 단어형성 문제에서 출제된다.

≫ 접두어 24

한자	뜻	출제 예상 단어		
□ 硬~	경~	こうちゃくりく 硬着陸 경착륙(hard landing)		
□ 管~	관~	かんがっき 管楽器 관악기	かんげんがく 管弦楽 관현악	
□ 劇~	극~	げきさっか 劇作家 극작가	げきえいが 劇映画 극영화	げきだいほん 劇台本 극대본
□ 難~	난~	なんこうじ 難工事 난공사	なんじけん 難事件 난사건	なんもんだい 難問題 난문제
□ 農~	농~	のうきぐ 農器具 농기구	のうさぎょう 農作業 농사일	のうさくぶつ 農作物 농작물
□ 濃~	농~	のうえんさん 濃塩酸 농염산	のうしょうさん 濃硝酸 농질산	のうりゅうさん 濃硫酸 농황산
□ 等~	등~	とうかんかく 等間隔 등간격	とうきょり 等距離 등거리	
□ 乱~	난~	らんきりゅう 乱気流 난기류	らんそううん 乱層雲 난층운	
□ 満~	만~	まんタン 満タン 탱크가 가득 참(속어)	まんてんか 満天下 만천하	まんねんれい 満年齢 만 나이
□ 副~	부~	ふくいいんちょう 副委員長 부위원장	ふくぎちょう 副議長 부의장	ふくこうちょう 副校長 부교장
		ふくさよう 副作用 부작용	ふくさんぶつ 副産物 부산물	ふくしゃちょう 副社長 부사장 N2단어형성
		ふくしょくもつ 副食物 부식물	ふくだいとうりょう 副大統領 부대통령	ふくちじ 副知事 부지사
		ふくどくほん 副読本 부독본	ふくとしん 副都心 부도심	ふくほしょうにん 副保証人 부보증인
□ 純~	순~	じゅんこくさん 純国産 순국산	じゅんしゅうにゅう 純収入 순수입	じゅんにほんしき 純日本式 순일본식
		じゅんにほんふう 純日本風 순일본풍	じゅんぶんがく 純文学 순문학, 순수 문학	じゅんりろん 純理論 순이론

한자	뜻	출제 예상 단어		
☐ 深~	심~	深呼吸 (しんこきゅう) 심호흡		
☐ 逆~	역~	逆回転 (ぎゃくかいてん) 역회전	逆効果 (ぎゃくこうか) 역효과	逆探知 (ぎゃくたんち) 역탐지
☐ 軟~	연~	軟着陸 (なんちゃくりく) 연착륙(soft landing)		
☐ 誤~	오~	誤作動 (ごさどう) 오작동		
☐ 乳~	유~	乳製品 (にゅうせいひん) 유제품		
☐ 異~	이~	異業種 (いぎょうしゅ) 다른 업종	異文化 (いぶんか) 이문화 N2단어형성	異民族 (いみんぞく) 이민족
☐ 翌~	다음~	翌朝 (よくあさ) 다음 날 아침	翌営業日 (よくえいぎょうび) 다음 영업일	翌月曜 (よくげつよう) 다음 월요일
☐ 諸~	제~, 여러~	諸外国 (しょがいこく) 여러 외국 N2단어형성	諸経費 (しょけいひ) 여러 경비	諸条件 (しょじょうけん) 여러 조건
		諸先生 (しょせんせい) 여러 선생님	諸地方 (しょちほう) 여러 지방	諸問題 (しょもんだい) 여러 문제 N2단어형성
☐ 静~	정~	静電気 (せいでんき) 정전기		
☐ 準~	준~	準会員 (じゅんかいいん) 준회원	準契約 (じゅんけいやく) 준계약	準決勝 (じゅんけっしょう) 준결승 N2단어형성
		準社員 (じゅんしゃいん) 준사원	準宝石 (じゅんほうせき) 준보석	準優勝 (じゅんゆうしょう) 준우승 N2단어형성
☐ 超~	초~	超高層 (ちょうこうそう) 초고층	超高速 (ちょうこうそく) 초고속	超自然 (ちょうしぜん) 초자연
		超人的 (ちょうじんてき) 초인적임	超短波 (ちょうたんぱ) 초단파	超特価 (ちょうとっか) 초특가
		超特急 (ちょうとっきゅう) 초특급	超能力 (ちょうのうりょく) 초능력	超満員 (ちょうまんいん) 초만원
☐ 総~	총~	総売上 (そううりあげ) 총매상 N2단어형성	総監督 (そうかんとく) 총감독	総攻撃 (そうこうげき) 총공격
		総資産 (そうしさん) 총자산	総辞職 (そうじしょく) 총사퇴	総支配人 (そうしはいにん) 총지배인
		総所得 (そうしょとく) 총소득	総選挙 (そうせんきょ) 총선거	総点検 (そうてんけん) 총점검
		総領事 (そうりょうじ) 총영사		
☐ 被~	피~	被選挙権 (ひせんきょけん) 피선거권	被任命者 (ひにんめいしゃ) 피임명자	被保険者 (ひほけんしゃ) 피보험자

접미어 67

한자	뜻	출제 예상 단어
□ ～感	～감	あんしんかん 安心感 안심감, 안도감 / あんていかん 安定感 안정감 / いわかん 違和感 위화감 ききかん 危機感 위기감 / きょむかん 虚無感 허무감 / げんじつかん 現実感 현실감 ざいあくかん 罪悪感 죄악감 / ざせつかん 挫折感 좌절감 / しめいかん 使命感 사명감 じゅうじつかん 充実感 충실감 / しょうりかん 勝利感 승리감 / しんきんかん 親近感 친근감 せきにんかん 責任感 책임감 / たっせいかん 達成感 달성감 / どくごかん 読後感 독후감 まんぞくかん 満足感 만족감 / むりょくかん 無力感 무력감 / れんたいかん 連帯感 연대감
□ ～階	～층	いっかい 一階 1층 / にかい 二階 2층 / さんがい 三階 3층 / よんかい 四階 4층 ごかい 五階 5층 / ろっかい 六階 6층 / ななかい 七階 7층 / はっかい・はちかい 八階(八階) 8층 きゅうかい 九階 9층 / じゅっかい・じっかい 十階(十階) 10층 / なんがい 何階 몇 층
□ ～庫	～고	かやくこ 火薬庫 화약고 / しゅうのうこ 収納庫 수납고 / ちょぞうこ 貯蔵庫 저장고 ぶきこ 武器庫 무기고 / ほかんこ 保管庫 보관고 / れいとうこ 冷凍庫 냉동고
□ ～課	～과	けいりか 経理課 경리과 / そうむか 総務課 총무과 / じんじか 人事課 인사과
□ ～管	～관	しけんかん 試験管 시험관 / しょうかかん 消化管 소화관 / しんくうかん 真空管 진공관 すいどうかん 水道管 수도관 / でんしかん 電子管 전자관 / はいすいかん 配水管 배수관 はいすいかん 排水管 배수관 / ほうでんかん 放電管 방전관 / もうさいかん 毛細管 모세관
□ ～橋	～교	かいへいきょう 開閉橋 개폐교 / ほどうきょう 歩道橋 육교 / てっこうきょう 鉄鋼橋 철강교
□ ～巻	～권	じょうかん 上巻 상권 / ちゅうかん 中巻 중권 / げかん 下巻 하권 いっかん 一巻 1권 / にかん 二巻 2권 / さんかん 三巻 3권
□ ～権	～권	かいさんけん 解散権 해산권 / きとくけん 既得権 기득권 / きょひけん 拒否権 거부권 けいえいけん 経営権 경영권 / ざいさんけん 財産権 재산권 / しきけん 指揮権 지휘권 しみんけん 市民権 시민권 / しょゆうけん 所有権 소유권 / せんきょけん 選挙権 선거권 ちょさくけん 著作権 저작권 / にんめいけん 任命権 임명권 / はつげんけん 発言権 발언권

한자	뜻	출제 예상 단어		
□ ～劇	～극	仮面劇 가면극	現代劇 현대극	古典劇 고전극
		時代劇 시대극	西部劇 서부극	創作劇 창작극
		放送劇 방송극	翻訳劇 번역극	舞台劇 무대극
□ ～難	～난	求人難 구인난	経営難 경영난	交通難 교통난
		財政難 재정난	資金難 자금난	就職難 취직난
		住宅難 주택난	食料難 식량난	生活難 생활난
□ ～農	～농	小作農 소작농	自作農 자작농	有機農 유기농
□ ～党	～당	革新党 혁신당	共産党 공산당	国民党 국민당
		保守党 보수당	労働党 노동당	民主党 민주당
□ ～帯	～대	亜寒帯 아한대	亜熱帯 아열대	火山帯 화산대
		気候帯 기후대	丘陵帯 구릉대	時間帯 시간대
		地震帯 지진대	湿地帯 습지대	緑地帯 녹지대
□ ～灯	～등	安全灯 안전등	街路灯 가로등	蛍光灯 형광등
		室内灯 실내등	太陽灯 태양등	防犯灯 방범등
□ ～等	～등	一等 1등　二等 2등	三等 3등	四等 4등
		五等 5등　六等 6등	七等 7등	八等(八等) 8등
		九等 9등　十等(十等) 10등	何等 몇 등	
□ ～類	～류	記録類 기록류	雑誌類 잡지류	食器類 식기류 N2단어형성
		文書類 문서류		
□ ～裏	～리	暗々裏 암암리	極秘裏 극비리	盛況裏 성황리
		成功裏 성공리	秘密裏 비밀리	平和裏 평화리
□ ～湾	～만	伊勢湾 이세만	真珠湾 진주만	東京湾 도쿄만
□ ～帽	～모	安全帽 안전모	学生帽 학생모	戦闘帽 전투모
		登山帽 등산모	防寒帽 방한모	野球帽 야구모

한자	뜻	출제 예상 단어		
~泊	~박	一泊 (いっぱく) 1박	二泊 (にはく) 2박	三泊 (さんぱく) 3박
~犯	~범	現行犯 (げんこうはん) 현행범	殺人犯 (さつじんはん) 살인범	窃盗犯 (せっとうはん) 절도범
		知能犯 (ちのうはん) 지능범	放火犯 (ほうかはん) 방화범	誘拐犯 (ゆうかいはん) 유괴범
~辺	~변	二等辺 (にとうへん) 이등변		
~兵	~병	衛生兵 (えいせいへい) 위생병	学徒兵 (がくとへい) 학도병	志願兵 (しがんへい) 지원병
		少年兵 (しょうねんへい) 소년병	戦闘兵 (せんとうへい) 전투병	補充兵 (ほじゅうへい) 보충병
~補	~보	警部補 (けいぶほ) 경부보, 경장	長老補 (ちょうろうほ) 장로보	判事補 (はんじほ) 판사보
~報	~보	院内報 (いんないほう) 원내보	四季報 (しきほう) 사계보	至急報 (しきゅうほう) 지급보
		社内報 (しゃないほう) 사내보	第一報 (だいいっぽう) 제 일보	注意報 (ちゅういほう) 주의보
~婦	~부	家政婦 (かせいふ) 가정부	助産婦 (じょさんぷ) 조산원	派出婦 (はしゅつふ) 파출부
~符	~부, ~표	引用符 (いんようふ) 따옴표	感嘆符 (かんたんふ) 느낌표	疑問符 (ぎもんふ) 물음표
		休止符 (きゅうしふ) 쉼표	護身符 (ごしんふ) 호신표	終止符 (しゅうしふ) 종지부, 마침표
		濁音符 (だくおんふ) 탁음표	長音符 (ちょうおんふ) 장음표	免罪符 (めんざいふ) 면죄부
~師	~사	看護師 (かんごし) 간호사	詐欺師 (さぎし) 사기꾼	指圧師 (しあつし) 지압사
		写真師 (しゃしんし) 사진사	獣医師 (じゅういし) 수의사	勝負師 (しょうぶし) 승부사
		宣教師 (せんきょうし) 선교사	調理師 (ちょうりし) 조리사	調教師 (ちょうきょうし) 조련사
		調律師 (ちょうりつし) 조율사	美容師 (びようし) 미용사	薬剤師 (やくざいし) 약사
~商	~상	小売商 (こうりしょう) 소매상	雑貨商 (ざっかしょう) 잡화상	青果商 (せいかしょう) 청과상
		貿易商 (ぼうえきしょう) 무역상	宝石商 (ほうせきしょう) 보석상	露天商 (ろてんしょう) 노천상
~賞	~상	敢闘賞 (かんとうしょう) 감투상	残念賞 (ざんねんしょう) 유감상	新人賞 (しんじんしょう) 신인상
		努力賞 (どりょくしょう) 노력상	文学賞 (ぶんがくしょう) 문학상 **N2단어형성**	優秀賞 (ゆうしゅうしょう) 우수상
~状	~장, ~상태	案内状 (あんないじょう) 안내장	クリーム状 (じょう) 크림 상태 **N2단어형성**	告訴状 (こくそじょう) 고소장
		紹介状 (しょうかいじょう) 소개장	招待状 (しょうたいじょう) 초대장 **N2단어형성**	信任状 (しんにんじょう) 신임장
		表彰状 (ひょうしょうじょう) 표창장	免許状 (めんきょじょう) 면허장(자격증)	遺言状 (ゆいごんじょう) 유언장

한자	뜻	출제 예상 단어		
□ ～署	～서	警察署 けいさつしょ 경찰서	消防署 しょうぼうしょ 소방서	税務署 ぜいむしょ 세무서
□ ～船	～선	宇宙船 うちゅうせん 우주선	海賊船 かいぞくせん 해적선	貨物船 かもつせん 화물선
		沈没船 ちんぼつせん 침몰선	輸送船 ゆそうせん 수송선	旅客船 りょかくせん 여객선
□ ～税	～세	住民税 じゅうみんぜい 주민세	消費税 しょうひぜい 소비세	登録税 とうろくぜい 등록세
□ ～率	～률, ～율	競争率 きょうそうりつ 경쟁률	合格率 ごうかくりつ 합격률	支持率 しじりつ 지지율
		視聴率 しちょうりつ 시청률	失業率 しつぎょうりつ 실업률	死亡率 しぼうりつ 사망률
		就職率 しゅうしょくりつ 취직률 [N2단어형성]	進学率 しんがくりつ 진학률	成功率 せいこうりつ 성공률 [N2단어형성]
		投票率 とうひょうりつ 투표율 [N2단어형성]		
□ ～術	～술	会話術 かいわじゅつ 회화술	催眠術 さいみんじゅつ 최면술	処世術 しょせいじゅつ 처세술
		占星術 せんせいじゅつ 점성술	読心術 どくしんじゅつ 독심술	錬金術 れんきんじゅつ 연금술
□ ～児	～아	幸運児 こううんじ 행운아	私生児 しせいじ 사생아	新生児 しんせいじ 신생아
		天才児 てんさいじ 천재아	未熟児 みじゅくじ 미숙아	優良児 ゆうりょうじ 우량아
□ ～液	～액	現像液 げんぞうえき 현상액	消化液 しょうかえき 소화액	水溶液 すいようえき 수용액
		電解液 でんかいえき 전해액	不凍液 ふとうえき 부동액	分泌液 ぶんぴつえき 분비액
□ ～額	～액	券面額 けんめんがく 액면가	最高額 さいこうがく 최고액	出資額 しゅっしがく 출자액
		生産額 せいさんがく 생산액	評価額 ひょうかがく 평가액	補償額 ほしょうがく 보상액
		目標額 もくひょうがく 목표액	輸出額 ゆしゅつがく 수출액	輸入額 ゆにゅうがく 수입액
□ ～億	～억	一億 いちおく 1억	二億 におく 2억	三億 さんおく 3억 / 四億 よんおく 4억
		五億 ごおく 5억	六億 ろくおく 6억	七億 ななおく 7억 / 八億 はちおく 8억
		九億 きゅうおく 9억	十億 じゅうおく 10억	何億 なんおく 몇 억
□ ～塩	～염	自然塩 しぜんえん 자연염	天日塩 てんじつえん 천일염	天然塩 てんねんえん 천연염
□ ～賃	～요금, ～삯	汽車賃 きしゃちん 기차 요금	航空賃 こうくうちん 항공 요금	乗車賃 じょうしゃちん 승차 요금
		鉄道賃 てつどうちん 철도 요금	手間賃 てまちん 품삯	電車賃 でんしゃちん 전철 요금 [N2단어형성]

한자	뜻	출제 예상 단어		
~戦	~전	<ruby>延長<rt>えんちょう</rt></ruby>戦 연장전	<ruby>空中<rt>くうちゅう</rt></ruby>戦 공중전	<ruby>決勝<rt>けっしょう</rt></ruby>戦 결승전
		<ruby>宣伝<rt>せんでん</rt></ruby>戦 선전전	<ruby>定期<rt>ていき</rt></ruby>戦 정기전	<ruby>復活<rt>ふっかつ</rt></ruby>戦 부활전
~展	~전	<ruby>作品<rt>さくひん</rt></ruby>展 작품전	<ruby>写真<rt>しゃしん</rt></ruby>展 사진전	<ruby>書道<rt>しょどう</rt></ruby>展 서예전
		<ruby>図書<rt>としょ</rt></ruby>展 도서전	<ruby>発明<rt>はつめい</rt></ruby>展 발명전	<ruby>美術<rt>びじゅつ</rt></ruby>展 미술전
~殿	~님	<ruby>隊長<rt>たいちょう</rt></ruby>殿 대장님	<ruby>山田<rt>やまだ</rt></ruby>殿 야마다 님	
~製	~제	<ruby>英国<rt>えいこく</rt></ruby>製 영국제	<ruby>外国<rt>がいこく</rt></ruby>製 외국제	<ruby>韓国<rt>かんこく</rt></ruby>製 한국제
		<ruby>金属<rt>きんぞく</rt></ruby>製 금속제	<ruby>自家<rt>じか</rt></ruby>製 자가제	<ruby>中国<rt>ちゅうごく</rt></ruby>製 중국제
		<ruby>鉄鋼<rt>てっこう</rt></ruby>製 철강제	<ruby>日本<rt>にほん</rt></ruby>製 일본제	<ruby>米国<rt>べいこく</rt></ruby>製 미국제
~祭	~제	<ruby>映画<rt>えいが</rt></ruby>祭 영화제	<ruby>学園<rt>がくえん</rt></ruby>祭 학원제	<ruby>歌謡<rt>かよう</rt></ruby>祭 가요제
		<ruby>感謝<rt>かんしゃ</rt></ruby>祭 감사제	<ruby>芸術<rt>げいじゅつ</rt></ruby>祭 예술제	<ruby>収穫<rt>しゅうかく</rt></ruby>祭 수확제
		<ruby>体育<rt>たいいく</rt></ruby>祭 체육제	<ruby>大学<rt>だいがく</rt></ruby>祭 대학제	<ruby>文化<rt>ぶんか</rt></ruby>祭 문화제
~兆	~조	<ruby>一<rt>いっ</rt></ruby>兆 1조	<ruby>二<rt>に</rt></ruby>兆 2조 / <ruby>三<rt>さん</rt></ruby>兆 3조	<ruby>四<rt>よん</rt></ruby>兆 4조
		<ruby>五<rt>ご</rt></ruby>兆 5조	<ruby>六<rt>ろく</rt></ruby>兆 6조 / <ruby>七<rt>なな</rt></ruby>兆 7조	<ruby>八<rt>はっ</rt></ruby>兆 8조
		<ruby>九<rt>きゅう</rt></ruby>兆 9조	<ruby>十<rt>じっ</rt></ruby>兆 10조 / <ruby>何<rt>なん</rt></ruby>兆 몇 조	
~調	~조	<ruby>古代<rt>こだい</rt></ruby>調 고대조	<ruby>七五<rt>しちご</rt></ruby>調 7·5조	<ruby>絶好<rt>ぜっこう</rt></ruby>調 절정, 최상의 상태
		<ruby>翻訳<rt>ほんやく</rt></ruby>調 번역조	<ruby>万葉<rt>まんよう</rt></ruby>調 만엽조	<ruby>民謡<rt>みんよう</rt></ruby>調 민요조
~種	~종	<ruby>外来<rt>がいらい</rt></ruby>種 외래종	<ruby>改良<rt>かいりょう</rt></ruby>種 개량종	<ruby>在来<rt>ざいらい</rt></ruby>種 재래종
		<ruby>自然<rt>しぜん</rt></ruby>種 자연종	<ruby>生物<rt>せいぶつ</rt></ruby>種 생물종	<ruby>絶滅<rt>ぜつめつ</rt></ruby>種 절멸종
~罪	~죄	<ruby>横領<rt>おうりょう</rt></ruby>罪 횡령죄	<ruby>監禁<rt>かんきん</rt></ruby>罪 감금죄	<ruby>偽証<rt>ぎしょう</rt></ruby>罪 위증죄
		<ruby>脅迫<rt>きょうはく</rt></ruby>罪 협박죄	<ruby>親告<rt>しんこく</rt></ruby>罪 친고죄	<ruby>窃盗<rt>せっとう</rt></ruby>罪 절도죄
		<ruby>騒乱<rt>そうらん</rt></ruby>罪 소란죄	<ruby>放火<rt>ほうか</rt></ruby>罪 방화죄	<ruby>暴行<rt>ぼうこう</rt></ruby>罪 폭행죄
~周	~주	<ruby>一<rt>いっ</rt></ruby>周 일주, 한 바퀴	<ruby>二<rt>に</rt></ruby>周 이주, 두 바퀴	<ruby>三<rt>さん</rt></ruby>周 삼주, 세 바퀴
~誌	~지	<ruby>会報<rt>かいほう</rt></ruby>誌 회보지	<ruby>学術<rt>がくじゅつ</rt></ruby>誌 학술지	<ruby>季刊<rt>きかん</rt></ruby>誌 계간지
		<ruby>機関<rt>きかん</rt></ruby>誌 기관지	<ruby>月刊<rt>げっかん</rt></ruby>誌 월간지	<ruby>週刊<rt>しゅうかん</rt></ruby>誌 주간지

한자	뜻	출제 예상 단어			
~職	~직	一般職 いっぱんしょく 일반직 専門職 せんもんしょく 전문직	研究職 けんきゅうしょく 연구직 名誉職 めいよしょく 명예직	事務職 じむしょく 사무직 営業職 えいぎょうしょく 영업직	
~畳	~조	一畳 いちじょう 1조 五畳 ごじょう 5조 九畳(九畳) きゅうじょう・くじょう 9조	二畳 にじょう 2조 六畳 ろくじょう 6조 十畳 じゅうじょう 10조	三畳 さんじょう 3조 七畳 ななじょう 7조 何畳 なんじょう 몇 조	四畳(四畳) よじょう・よんじょう 4조 八畳 はちじょう 8조
~秒	~초	一秒 いちびょう 1초 五秒 ごびょう 5초 九秒 きゅうびょう 9초	二秒 にびょう 2초 六秒 ろくびょう 6초 十秒 じゅうびょう 10초	三秒 さんびょう 3초 七秒 ななびょう 7초 何秒 なんびょう 몇 초	四秒 よんびょう 4초 八秒 はちびょう 8초
~層	~층	商人層 しょうにんそう 상인층 読者層 どくしゃそう 독자층	支配層 しはいそう 지배층 年齢層 ねんれいそう 연령층	知識層 ちしきそう 지식층 農民層 のうみんそう 농민층	
~値	~치	異常値 いじょうち 이상치 期待値 きたいち 기대치 測定値 そくていち 측정치 偏差値 へんさち 편차치	観測値 かんそくち 관측치 推定値 すいていち 추정치 統計値 とうけいち 통계치 目標値 もくひょうち 목표치	基準値 きじゅんち 기준치 正常値 せいじょうち 정상치 平均値 へいきんち 평균치 予想値 よそうち 예상치	
~判	~판	規格判 きかくばん 규격판	太鼓判 たいこばん 큰 도장, 보증	名刺判 めいしばん 명함판	
~版	~판	海賊版 かいぞくばん 해적판 限定版 げんていばん 한정판 縮約版 しゅくやくばん 축약판	改定版 かいていばん 개정판 豪華版 ごうかばん 호화판 普及版 ふきゅうばん 보급판	原色版 げんしょくばん 원색판 最新版 さいしんばん 최신판 保存版 ほぞんばん 보존판	
~板	~판	案内板 あんないばん 안내판 製図板 せいずばん 제도판	掲示板 けいじばん 게시판 番号板 ばんごうばん 번호판	広告板 こうこくばん 광고판 表示板 ひょうじばん 표시판	
~片	~편, ~조각	一片 いっぺん 한 조각	金属片 きんぞくへん 금속편		
~評	~평	映画評 えいがひょう 영화평	感想評 かんそうひょう 감상평	審査評 しんさひょう 심사평	
~標	~표	測量標 そくりょうひょう 측량표	番号標 ばんごうひょう 번호표	里程標 りていひょう 이정표	

한자	뜻	출제 예상 단어		
~塔	~탑	管制塔(かんせいとう) 관제탑	広告塔(こうこくとう) 광고탑	司令塔(しれいとう) 사령탑
		展望塔(てんぼうとう) 전망탑	時計塔(とけいとう) 시계탑	無線塔(むせんとう) 무선탑
~軒	~채	一軒(いっけん) 한 채	二軒(にけん) 두 채	三軒(さんげん) 세 채 / 四軒(よんけん) 네 채
		五軒(ごけん) 다섯 채	六軒(ろっけん) 여섯 채	七軒(ななけん) 일곱 채 / 八軒(はっけん) 여덟 채
		九軒(きゅうけん) 아홉 채	十軒(じゅっけん·じっけん) 열 채	何軒(なんげん) 몇 채
~害	~해	浸水害(しんすいがい) 침수해	病虫害(びょうちゅうがい) 병충해	風水害(ふうすいがい) 풍수해

》》 복합동사 14

한자	출제 예상 단어
☐ ～掛かる	行き掛かる 마침 지나다 　　襲い掛かる 덤벼들다 　　通り掛かる 마침 지나가다 飛び掛かる 덤벼들다 　　取り掛かる 착수하다 　　寄り掛かる 기대다, 의지하다
☐ ～掛ける	追い掛ける 뒤쫓아 가다 　　死に掛ける 다 죽어 가다 　　食べ掛ける 먹다 말다 詰め掛ける 몰려들다 　　出掛ける 외출하다 　　問い掛ける 질문하다 投げ掛ける 던지다 　　働き掛ける 작용하다 　　見掛ける 가끔 보다
☐ ～寄せる	押し寄せる 밀어닥치다 　　取り寄せる 주문하여 들여오다 　　引き寄せる 끌어당기다
☐ ～寄る	歩み寄る 다가오다 　　言い寄る 접근하다 　　駆け寄る 달려오다 立ち寄る 들르다 　　走り寄る 뛰어서 다가가다 　　持ち寄る 가지고 모이다
☐ ～抜く	生き抜く 끝까지 살아가다 　　苦しみ抜く 몹시 고생하다 　　困り抜く 몹시 난처하다 通し抜く 관철시키다 　　走り抜く 끝까지 달리다 　　守り抜く 끝까지 지키다 やり抜く 끝까지 해내다 　　弱り抜く 몹시 약해지다 　　読み抜く 독파하다
☐ ～抜ける	言い抜ける 발뺌하다 　　駆け抜ける 달려서 앞지르다 　　切り抜ける 벗어나다 通り抜ける 빠져나가다 　　飛び抜ける 뛰어나다 　　走り抜ける 달려서 앞지르다
☐ ～捨てる	乗り捨てる 타고 간 차를 버리다 　　言い捨てる 말을 내뱉다 　　聞き捨てる 못들은 체하다 脱ぎ捨てる 벗어 던지다 　　投げ捨てる 내던지다 　　切り捨てる 잘라 버리다
☐ ～散らす	言い散らす 멋대로 떠들다 　　食い散らす 흘리며 먹다 　　食べ散らす 지저분하게 먹다 どなり散らす 마구 고함치다 　　投げ散らす 함부로 던지다 　　読み散らす 닥치는 대로 읽다
☐ ～損なう	言い損なう 잘못 말하다 　　書き損なう 잘못 쓰다 　　聞き損なう 잘못 듣다, 못 듣다 食べ損なう 못 먹다 　　見損なう 잘못 보다, 못 보다 　　やり損なう 잘못하다
☐ ～損ねる	言い損ねる 말하지 못하다 　　受け損ねる 받지 못하다 　　撃ち損ねる 쏘지 못하다 書き損ねる 쓰지 못하다 　　聞き損ねる 듣지 못하다 　　食べ損ねる 먹지 못하다 取り損ねる 받지 못하다 　　乗り損ねる 타지 못하다 　　見損ねる 보지 못하다
☐ ～越える	飛び越える 뛰어넘다 　　乗り越える 극복하다 　　踏み越える (위기를) 넘기다

한자	출제 예상 단어		
☐ ～疲(つか)れる	遊(あそ)び疲(つか)れる 놀다 지치다	歩(ある)き疲(つか)れる 걷다 지치다	泣(な)き疲(つか)れる 울다 지치다
☐ ～換(か)える	言(い)い換(か)える 바꿔 말하다	入(い)れ換(か)える 바꿔 넣다	置(お)き換(か)える 바꿔 두다
	切(き)り換(か)える 전환하다	乗(の)り換(か)える 환승하다	引(ひ)き換(か)える 교환하다
☐ ～詰(つ)める	追(お)い詰(つ)める 몰아넣다	押(お)し詰(つ)める 밀어넣다	突(つ)き詰(つ)める 파고들다, 추궁하다

단어형성 콕콕 연습문제 28

정답 P.278

》 (　　) に入れるのに最もよいものを、1・2・3・4から一つ選びなさい。

1 小さな達成 (　　) の積み重ねが大きな成長につながると思う。
1 類　　　2 難　　　3 感　　　4 冠

2 ノベール文学 (　　) をもらった女性作家をインタビューする。
1 賞　　　2 管　　　3 札　　　4 庫

3 事務 (　　) 採用情報を掲載しました。
1 用　　　2 職　　　3 家　　　4 費

4 最近、サッカーが多くの観衆を引き (　　) いる。
1 寄せて　　　2 通して　　　3 抜けて　　　4 損なって

5 4月より教務 (　　) の窓口時間が変更になります。
1 帯　　　2 課　　　3 類　　　4 婦

6 空を見ると、電線にとんぼが (　　) 間隔に並んでとまっていた。
1 乱　　　2 満　　　3 管　　　4 等

7 アフリカの少年 (　　) の最期を記録した本が出た。
1 兵　　　2 戦　　　3 役　　　4 職

8 出資 (　　) におうじて利益を分配する。
1 額　　　2 難　　　3 液　　　4 乱

9 週刊 (　　) は毎週1回発行される。
1 劇　　　2 誌　　　3 裏　　　4 罪

10 野生生物 (　　) が減少する主な理由として次の4つがあげられている。
1 農　　　2 種　　　3 党　　　4 犯

단어 형성 콕콕 연습문제 29

>>> (　　) に入れるのに最もよいものを、1・2・3・4から一つ選びなさい。

1 診断書がないと、告訴（　　）を受け取ってもらえない可能性が高い。
　1 状　　　　2 録　　　　3 論　　　　4 枚

2 新生（　　）は感染症にかかりやすい。
　1 徒　　　　2 流　　　　3 熱　　　　4 児

3 冷蔵（　　）の中をきれいに掃除した。
　1 庫　　　　2 所　　　　3 財　　　　4 帯

4 これもまた処世（　　）の１つなのでございます。
　1 王　　　　2 位　　　　3 師　　　　4 術

5 この危機状態を切り（　　）ためには冷静さが欠かせない。
　1 掛かる　　2 抜ける　　3 詰める　　4 込む

6 周囲の目を意識し、流行を追い（　　）人は多い。
　1 掛ける　　2 損ねる　　3 慣れる　　4 受ける

7 多くの薬剤（　　）が製薬会社で新しい薬の開発のための研究や実験をしている。
　1 兵　　　　2 師　　　　3 状　　　　4 婦

8 彼はその無能さを（　　）天下にさらし、全世界の笑いものになった。
　1 試　　　　2 満　　　　3 全　　　　4 総

9 各航空会社のカウンターは案内（　　）にてご確認ください。
　1 畳　　　　2 軒　　　　3 頭　　　　4 板

10 消防（　　）では、昨夜の火事の原因を調査している。
　1 署　　　　2 製　　　　3 税　　　　4 管

단어형성 콕콕 연습문제 30

정답 P.278

》》（　　）に入れるのに最もよいものを、1・2・3・4から一つ選びなさい。

1 このコーナーではスポーツ、美術（　　）などのイベント情報をご紹介しています。
1 団　　2 展　　3 局　　4 的

2 彼はコートを玄関に脱ぎ（　　）部屋に入った。
1 捨てて　　2 抜けて　　3 替えて　　4 詰めて

3 窃盗（　　）の手口でもっとも多いのは万引きである。
1 補　　2 手　　3 犯　　4 師

4 彼女は金属（　　）のアクセサリーをよく身につける。
1 誤　　2 翌　　3 被　　4 製

5 前から（　　）呼吸や大きく息を吸うと胸が痛みます。
1 逆　　2 直　　3 深　　4 異

6 自作（　　）とは、土地を所有した農民を指す。
1 農　　2 法　　3 面　　4 用

7 私は民謡（　　）のメロディーが好きです。
1 層　　2 階　　3 額　　4 調

8 就職（　　）の問題は憂慮すべき様相を呈している。
1 乱　　2 報　　3 難　　4 版

9 年齢（　　）によってストレスとなる原因は異なります。
1 層　　2 式　　3 節　　4 判

10 宝石（　　）になろうと思ったのは、ぼくが大学生のころだった。
1 片　　2 商　　3 軒　　4 層

단어형성 콕콕 연습문제 31

» (　　)に入れるのに最もよいものを、1・2・3・4から一つ選びなさい。

1 婦人会の回覧（　　）です。お読みになってお隣へお渡しください。
　1 畳　　　2 部　　　3 性　　　4 板

2 彼らの間には一種の連帯（　　）があります。
　1 感　　　2 児　　　3 例　　　4 祭

3 使わなくなった食器（　　）を処分した。
　1 種　　　2 層　　　3 類　　　4 路

4 他にもたくさん言うことがあったのに言い（　　）しまいました。
　1 掛かって　　　2 抜いて　　　3 損なって　　　4 上げて

5 その時間（　　）の予約は既に完了しております。
　1 帯　　　2 類　　　3 裏　　　4 符

6 偏差（　　）は、入学試験の合格率の判定などに広く使われている。
　1 液　　　2 報　　　3 値　　　4 状

7 上位2チームが決勝（　　）で対抗することになっている。
　1 点　　　2 局　　　3 術　　　4 戦

8 激しい競争（　　）の中から最終的にこの二人が選ばれました。
　1 率　　　2 賞　　　3 税　　　4 術

9 蛍光（　　）が切れてしまったが、外し方がわからなくて交換できない。
　1 歴　　　2 灯　　　3 額　　　4 状

10 この不動産取得価格には8.1％の登録（　　）が含まれております。
　1 量　　　2 税　　　3 調　　　4 値

02 파생어·복합동사로 쓰이는 N3 한자

한자 파생어(접두어, 접미어)와 복합동사로 많이 쓰이는 N3 한자를 정리하였다. N3에 해당하는 한자이기는 하나, N2의 단어형성 문제에서 파생어 복합동사로 출제될 가능성이 높다. 특히 N3 한자 중, 2자 이상의 한자 숙어 앞에 붙어 부정의 뜻을 나타내는 「無~·非~·未~」는 자주 활용하므로 잘 익혀 두자.

» 접두어 40

한자	뜻	출제 예상 단어
□ 仮~	가~	仮契約 가계약 / 仮採用 가채용 **N2단어형성** / 仮釈放 가석방 仮処分 가처분 / 仮調印 가조인 / 仮登記 가등기 仮発注 가발주 / 仮埋葬 가매장 / 仮免許 가면허
□ 加~	가~	加速度 가속도
□ 各~	각~	各学生 각 학생 / 各学校 각 학교 / 各家庭 각 가정 各クラス 각 학급 / 各大臣 각 대신 / 各方面 각 방면
□ 角~	각~	角砂糖 각설탕
□ 旧~	구~	旧街道 구가도 / 旧憲法 구헌법 / 旧工場 구공장 旧市内 구시내 / 旧首都 옛 수도 / 旧正月 음력 설 旧制度 구제도 / 旧体制 구체제 / 旧大陸 구대륙
□ 軍~	군~	軍高官 군고관 / 軍資金 군자금 / 軍施設 군시설
□ 当~	당~, 저희	当研究所 당 연구소 / 当事務所 당 사무소 / 当図書館 당 도서관 当ホテル 저희 호텔 **N1문규**
□ 徒~	도~	徒競走 달리기 시합
□ 卵~	난~	卵細胞 난세포

한자	뜻	출제 예상 단어		
☐ 両〜	양〜	りょうきょくたん 両極端 양 극단	りょうきょとう 両巨頭 양 거두	りょうしゅのう 両首脳 양 수뇌
		りょうせんしゅ 両選手 양 선수	りょうたいこく 両大国 양 대국	りょうたいりく 両大陸 양 대륙
☐ 良〜	양〜	りょうどうたい 良導体 양도체		
☐ 老〜	노〜	ろうがくしゃ 老学者 노학자	ろうきょうじゅ 老教授 노교수	ろうふじん 老婦人 노부인
☐ 無〜	무〜	む いしき 無意識 무의식	む いみ 無意味 무의미	む かんけい 無関係 무관계
		む きげん 無期限 무기한	む しかく 無資格 무자격	む しけん 無試験 무시험
		む じょうけん 無条件 무조건	む しょぞく 無所属 무소속	む しんけい 無神経 무신경
		む せいげん 無制限 무제한	む せいぶつ 無生物 무생물	む せきにん 無責任 무책임 N2단어형성
		む たんぽ 無担保 무담보	む ていこう 無抵抗 무저항	む ひはん 無批判 무비판
		む ふんべつ 無分別 무분별	む ぼうび 無防備 무방비	む めんきょ 無免許 무면허
		ぶ あいそう 無愛想 상냥하지 못함	ぶ えんりょ 無遠慮 사양하지 않음	ぶ きみ 無気味 기분이 나쁨
☐ 美〜	미〜	び しょうじょ 美少女 미소녀	び しょうねん 美少年 미소년	び だんし 美男子 미남
☐ 未〜	미〜	み かいきん 未解禁 아직 해금되지 않음	み かいけつ 未解決 미해결	み かいたく 未開拓 미개척
		み かんせい 未完成 미완성	み けいけん 未経験 미경험 N2단어형성	み しゅうろく 未収録 미수록
		み しよう 未使用 미사용 N2단어형성	み しょうだく 未承諾 아직 승낙하지 않음	み はっぴょう 未発表 미발표
☐ 反〜	반〜	はんかくめい 反革命 반혁명	はん さよう 反作用 반작용	はんじゅうりょく 反重力 반중력
		はんせいふ 反政府 반정부	はん びれい 反比例 반비례	はんぶっしつ 反物質 반물질
☐ 非〜	비〜	ひ かがくてき 非科学的 비과학적임	ひ こうかい 非公開 비공개	ひ こうしき 非公式 비공식 N2단어형성
		ひ こうにん 非公認 비공인	ひ ごうほう 非合法 비합법	ひ こくみん 非国民 비국민
		ひ じょうきん 非常勤 비상근	ひ じょうしき 非常識 비상식, 몰상식	ひ じんどうてき 非人道的 비인도적임
		ひ どうめいぐん 非同盟軍 비동맹군	ひ ばいひん 非売品 비매품	ひ ぼうりょく 非暴力 비폭력
☐ 省〜	〜절약	しょう 省エネ 에너지 절약(省エネルギー의 줄임말)		しょう しげん 省資源 자원 절약
☐ 性〜	성〜	せいかんねん 性観念 성관념	せいきょういく 性教育 성교육	せい さべつ 性差別 성차별
☐ 数〜	수〜	すう じかん 数時間 몇 시간	すうねんかん 数年間 수년간	すうまんにん 数万人 수만 명

한자	뜻	출제 예상 단어		
□ 実～	실～	じっしゃかい 実社会 현실 사회	じっせいかつ 実生活 실생활	じっせけん 実世間 현실 사회
□ 愛～	애～	あいこうしゃ 愛好者 애호자 あいどくしゃ 愛読者 애독자	あいこくしゃ 愛国者 애국자 あいどくしょ 愛読書 애독서	あいこくしん 愛国心 애국심
□ 熱～	열～	ねつきかん 熱機関 열기관	ねっしょり 熱処理 열처리	ねつでんどう 熱伝道 열전도
□ 要～	요～	ようかんさつ 要観察 요관찰	ようちゅうい 要注意 요주의	
□ 原～	원～	げんざいりょう 原材料 원재료	げんじゅうみん 原住民 원주민	げんどうりょく 原動力 원동력
□ 再～	재～	さいかいはつ 再開発 재개발 N2단어형성 さいこよう 再雇用 재고용 さいちょうさ 再調査 재조사 さいにんしき 再認識 재인식	さいかんせん 再感染 재감염 さいしあい 再試合 재시합 さいていしゅつ 再提出 재제출 N2단어형성 さいはっこう 再発行 재발행	さいけんとう 再検討 재검토 さいせんきょ 再選挙 재선거 さいにゅうこく 再入国 재입국 さいほうそう 再放送 재방송 N2단어형성
□ 全～	전～	ぜんがめん 全画面 전 화면 ぜんじどう 全自動 전자동	ぜんこくみん 全国民 전 국민 ぜんじんこう 全人口 전 인구 N3문규	ぜんさんぎょう 全産業 전 산업 ぜんそくりょく 全速力 전속력
□ 第～	제～	だいいちい 第一位 제1위 だいいっせん 第一線 최전선	だいいちごう 第一号 제1호 だいいっぽ 第一歩 제일보	だいいちりゅう 第一流 제일류 だいいっぽう 第一報 제일보, 첫 보도
□ 助～	조～	じょかんとく 助監督 조감독	じょきょうゆ 助教諭 준교사	じょどうし 助動詞 조동사
□ 州～	주～	しゅうせいふ 州政府 주정부		
□ 駐～	주～	ちゅうえい 駐英 주영, 영국에 주재함	ちゅうにち 駐日 주일, 일본에 주재함	
□ 直～	직～	ちょくそうろ 直走路 직주로	ちょくゆしゅつ 直輸出 직수출	ちょくゆにゅう 直輸入 직수입
□ 初～	첫～	しょたいけん 初体験 첫 경험 はつかいけん 初会見 첫 회견 はつとうじょう 初登場 첫 등장	しょたいめん 初対面 첫 대면 はつこうかい 初公開 첫 공개 はつとうちょう 初登庁 첫 등청(관청 첫 출근)	しょねんど 初年度 첫해 N2단어형성 はつしょうり 初勝利 첫 승리 はつぶたい 初舞台 첫 무대
□ 草～	비공인의~	くさけいば 草競馬 비공인 경마	くさやきゅう 草野球 풋내기 야구	

한자	뜻	출제 예상 단어		
☐ 最〜	최〜	さいけいこく 最恵国 최혜국	さいこうちょう 最高潮 최고조	さいこうほう 最高峰 최고봉
		さいこうれつ 最後列 최후열, 맨 뒷줄	さいせいき 最盛期 전성기	さいぜんせん 最前線 최전선
		さいせんたん 最先端 최첨단	さいぜんれつ 最前列 최전열, 맨 앞줄	さいゆうりょく 最有力 최유력 `N2단어형성`
☐ 他〜	타〜	ただいがく 他大学 타 대학	たちいき 他地域 타 지역	たみんぞく 他民族 타 민족
☐ 現〜	현〜	げんじてん 現時点 현시점	げんしゃちょう 現社長 현 사장	げんじゅうしょ 現住所 현주소
		げんしゅしょう 現首相 현수상	げんせいけん 現政権 현정권	げんないかく 現内閣 현내각
		げんだんかい 現段階 현단계		
☐ 和〜	일본식〜	わがし 和菓子 일본식 전통 과자	わしょっき 和食器 일본 식기	わていしょく 和定食 일본식 정식
☐ 活〜	활〜	かっかざん 活火山 활화산	かつしゃかい 活社会 현실 사회	
☐ 絵〜	그림〜	えずめん 絵図面 평면도	えちず 絵地図 그림지도	えにっき 絵日記 그림일기

접미어 91

한자	뜻	출제 예상 단어
□ ～価	～가	えいようか 栄養価 영양가 / げんしか 原子価 원자가 / はんばいか 販売価 판매가
□ ～個	～개	いっこ 一個 1개 / にこ 二個 2개 / さんこ 三個 3개 / よんこ 四個 4개 / ごこ 五個 5개 / ろっこ 六個 6개 / ななこ 七個 7개 / はちこ(はっこ) 八個(八個) 8개 / きゅうこ 九個 9개 / じゅっこ(じっこ) 十個(十個) 10개 / なんこ 何個 몇 개
□ ～客	～객	かんこうきゃく 観光客 관광객 / じょせいきゃく 女性客 여성 손님 / だんたいきゃく 団体客 단체객 / とざんきゃく 登山客 등산객 / りょこうきゃく 旅行客 여행객
□ ～係	～담당	かいけいがかり 会計係 회계 담당 / しいくがかり 飼育係 사육 담당 / しんこうがかり 進行係 진행 담당 / すいとうがかり 出納係 출납 담당 / せったいがかり 接待係 접대 담당 / としょがかり 図書係 도서 담당
□ ～曲	～곡	かようきょく 歌謡曲 가요곡 / げんそうきょく 幻想曲 환상곡 / こうきょうきょく 交響曲 교향곡 / こうしんきょく 行進曲 행진곡 / しゅだいきょく 主題曲 주제곡 / れんしゅうきょく 練習曲 연습곡
□ ～公	～공	しゅじんこう 主人公 주인공
□ ～科	～과	かていか 家庭科 가정과 / しゃかいか 社会科 사회과 / ふつうか 普通科 고등학교 보통교육 과정
□ ～官	～관	がいこうかん 外交官 외교관 / けいさつかん 警察官 경찰관 / けんさかん 検査官 검사관 / さいばんかん 裁判官 재판관 / しけんかん 試験官 시험관 / じむかん 事務官 사무관
□ ～観	～관	うちゅうかん 宇宙観 우주관 / かちかん 価値観 가치관 / かていかん 家庭観 가정관 / げいじゅつかん 芸術観 예술관 / けっこんかん 結婚観 결혼관 N2단어형성 / しぜんかん 自然観 자연관 / しょくぎょうかん 職業観 직업관 / じょせいかん 女性観 여성관 / じんせいかん 人生観 인생관 / せかいかん 世界観 세계관 / せんにゅうかん 先入観 선입관 / れきしかん 歴史観 역사관
□ ～具	～(기)구	うんどうぐ 運動具 운동 기구 / きゅうめいぐ 救命具 구명 기구 / せんすいぐ 潜水具 잠수 기구 / そうしんぐ 装身具 장신구 / ぶんぼうぐ 文房具 문방구 / ぼうかんぐ 防寒具 방한구
□ ～局	～국	じむきょく 事務局 사무국 / つうしんきょく 通信局 통신국 / でんわきょく 電話局 전화국 / ほうそうきょく 放送局 방송국 / ほうむきょく 法務局 법무국 / ゆうびんきょく 郵便局 우체국

한자	뜻	출제 예상 단어		
☐ ～軍	～군	革命軍(かくめいぐん) 혁명군	救世軍(きゅうせいぐん) 구세군	強行軍(きょうこうぐん) 강행군
		国民軍(こくみんぐん) 국민군	国連軍(こくれんぐん) UN군	十字軍(じゅうじぐん) 십자군
		女性軍(じょせいぐん) 여군	政府軍(せいふぐん) 정부군	選手軍(せんしゅぐん) 선수군
		反乱軍(はんらんぐん) 반란군	連合軍(れんごうぐん) 연합군	予備軍(よびぐん) 예비군
☐ ～期	～기	過渡期(かとき) 과도기	決算期(けっさんき) 결산기	倦怠期(けんたいき) 권태기
		更年期(こうねんき) 갱년기	産卵期(さんらんき) 산란기	試験期(しけんき) 시험기
		思春期(ししゅんき) 사춘기	適齢期(てきれいき) 적령기	農繁期(のうはんき) 농번기
		反抗期(はんこうき) 반항기	変声期(へんせいき) 변성기	幼児期(ようじき) 유아기
☐ ～器	～기	安全器(あんぜんき) 안전기	拡声器(かくせいき) 확성기	計算器(けいさんき) 계산기
		呼吸器(こきゅうき) 호흡기	消火器(しょうかき) 소화기	消化器(しょうかき) 소화기관
		洗面器(せんめんき) 세면기	聴診器(ちょうしんき) 청진기	電熱器(でんねつき) 전열기
		分度器(ぶんどき) 분도기, 각도기	変圧器(へんあつき) 변압기	補聴器(ほちょうき) 보청기
☐ ～機	～기	印刷機(いんさつき) 인쇄기	映写機(えいしゃき) 영사기	原動機(げんどうき) 원동기
		券売機(けんばいき) 매표기	写真機(しゃしんき) 사진기	製粉機(せいふんき) 제분기
		洗濯機(せんたくき) 세탁기	扇風機(せんぷうき) 선풍기	掃除機(そうじき) 청소기
		電話機(でんわき) 전화기	飛行機(ひこうき) 비행기	輸送機(ゆそうき) 수송기
☐ ～内	～내	会社内(かいしゃない) 회사 내	学校内(がっこうない) 학교 내	家庭内(かていない) 가정 내
		管轄内(かんかつない) 관할 내	期間内(きかんない) 기간 내	期限内(きげんない) 기한 내
		基地内(きちない) 기지 내	教室内(きょうしつない) 교실 내	区域内(くいきない) 구역 내
		時間内(じかんない) 시간 내	敷地内(しきちない) 부지 내	予算内(よさんない) 예산 내
☐ ～能	～능	放射能(ほうしゃのう) 방사능		
☐ ～団	～단	応援団(おうえんだん) 응원단 N2단어형성	自警団(じけいだん) 자경단	使節団(しせつだん) 사절단
		少年団(しょうねんだん) 소년단	消防団(しょうぼうだん) 소방단	青年団(せいねんだん) 청년단
		選手団(せんしゅだん) 선수단	調査団(ちょうさだん) 조사단	暴力団(ぼうりょくだん) 폭력단
☐ ～徒	～도	異教徒(いきょうと) 이교도	仏教徒(ぶっきょうと) 불교도	

한자	뜻	출제 예상 단어		
～卵	～란	受精卵 じゅせいらん 수정란		
		温泉卵 おんせんたまご 온천 달걀	半熟卵 はんじゅくたまご 반숙란	
～量	～량	許容量 きょようりょう 허용량	原子量 げんしりょう 원자량	降水量 こうすいりょう 강수량
		交通量 こうつうりょう 교통량	積載量 せきさいりょう 적재량	絶対量 ぜったいりょう 절대량
		致死量 ちしりょう 치사량	排水量 はいすいりょう 배수량	分子量 ぶんしりょう 분자량
～歴	～력	活動歴 かつどうれき 활동력	指導歴 しどうれき 지도 경력	取材歴 しゅざいれき 취재 경력
		受賞歴 じゅしょうれき 수상력	主婦歴 しゅふれき 주부 경력	選手歴 せんしゅれき 선수 경력
～例	～예	記載例 きさいれい 기재 예	記入例 きにゅうれい 기입 예	具体例 ぐたいれい 구체적인 예
～路	～로	滑走路 かっそうろ 활주로	供給路 きょうきゅうろ 공급로	競走路 きょうそうろ 경주로
		通学路 つうがくろ 통학로	分水路 ぶんすいろ 분수로	輸送路 ゆそうろ 수송로
～録	～록	会議録 かいぎろく 회의록	回顧録 かいころく 회고록	回想録 かいそうろく 회상록
		議事録 ぎじろく 의사록	見聞録 けんぶんろく 견문록	職員録 しょくいんろく 직원 명부
		速記録 そっきろく 속기록	備忘録 びぼうろく 비망록	芳名録 ほうめいろく 방명록
～論	～론	外交論 がいこうろん 외교론	観念論 かんねんろん 관념론	教育論 きょういくろん 교육론
		芸術論 げいじゅつろん 예술론	現実論 げんじつろん 현실론	合理論 ごうりろん 합리론
		国防論 こくぼうろん 국방론	制限論 せいげんろん 제한론	抽象論 ちゅうしょうろん 추상론
		読書論 どくしょろん 독서론	文学論 ぶんがくろん 문학론	理想論 りそうろん 이상론
～流	～류, ～식	一流 いちりゅう 일류	自己流 じこりゅう 자기식	西洋流 せいようりゅう 서양식
		日本人流 にほんじんりゅう 일본인식	日本流 にほんりゅう 일본식 N2단어형성	
～馬	～마	競争馬 きょうそうば 경주마		
～末	～말	学期末 がっきまつ 학기말	今月末 こんげつまつ 이달 말	世紀末 せいきまつ 세기말
～枚	～장, ～매	一枚 いちまい 1장	二枚 にまい 2장	三枚 さんまい 3장 / 四枚 よんまい 4장
		五枚 ごまい 5장	六枚 ろくまい 6장	七枚(七枚) ななまい しちまい 7장 / 八枚 はちまい 8장
		九枚 きゅうまい 9장	十枚 じゅうまい 10장	何枚 なんまい 몇 장

한자	뜻	출제 예상 단어		
☐ ~面	~면	演技面(えんぎめん) 연기면 技術面(ぎじゅつめん) 기술면 興行面(こうぎょうめん) 흥행면 需要面(じゅようめん) 수요면	演奏面(えんそうめん) 연주면 供給面(きょうきゅうめん) 공급면 構成面(こうせいめん) 구성면 設備面(せつびめん) 설비면	価格面(かかくめん) 가격면 経済面(けいざいめん) 경제면 社会面(しゃかいめん) 사회면 第一面(だいいちめん) 제1면
☐ ~美	~미	直線美(ちょくせんび) 직선미		
☐ ~米	~미	一般米(いっぱんまい) 일반미(정부미)	胚芽米(はいがまい) 현미, 배아미	
☐ ~返	~번	一返(いっぺん) 한 번	二返(にへん) 두 번	三返(さんべん) 세 번
☐ ~杯	~잔	一杯(いっぱい) 1잔 五杯(ごはい) 5잔 九杯(きゅうはい) 9잔	二杯(にはい) 2잔 六杯(ろっぱい・ろくはい) 6잔 十杯(じゅっぱい・じっぱい) 10잔	三杯(さんばい) 3잔 七杯(ななはい・しちはい) 7잔 何杯(なんばい) 몇 잔	四杯(よんはい) 4잔 八杯(はっぱい・はちはい) 8잔
☐ ~倍	~배	一倍(いちばい) 1배 五倍(ごばい) 5배 九倍(きゅうばい) 9배	二倍(にばい) 2배 六倍(ろくばい) 6배 十倍(じゅうばい) 10배	三倍(さんばい) 3배 七倍(ななばい) 7배 何倍(なんばい) 몇 배	四倍(よんばい) 4배 八倍(はちばい) 8배
☐ ~番	~번	一番(いちばん) 1번 五番(ごばん) 5번 九番(きゅうばん・くばん) 9번	二番(にばん) 2번 六番(ろくばん) 6번 十番(じゅうばん) 10번	三番(さんばん) 3번 七番(ななばん・しちばん) 7번 何番(なんばん) 몇 번	四番(よんばん・よばん) 4번 八番(はちばん) 8번
☐ ~法	~법	回想法(かいそうほう) 회상법 帰納法(きのうほう) 귀납법 現行法(げんこうほう) 현행법 実定法(じっていほう) 실정법 防止法(ぼうしほう) 방지법	仮定法(かていほう) 가정법 教授法(きょうじゅほう) 교수법 国際法(こくさいほう) 국제법 訴訟法(そしょうほう) 소송법 料理法(りょうりほう) 요리법	慣習法(かんしゅうほう) 관습법 行政法(ぎょうせいほう) 행정법 国内法(こくないほう) 국내법 治療法(ちりょうほう) 치료법 労働法(ろうどうほう) 노동법
☐ ~部	~부	医学部(いがくぶ) 의과대학 下線部(かせんぶ) 밑줄 친 부분 山岳部(さんがくぶ) 산악부 総務部(そうむぶ) 총무부	営業部(えいぎょうぶ) 영업부 企画部(きかくぶ) 기획부 山間部(さんかんぶ) 산간부 編集部(へんしゅうぶ) 편집부	海岸部(かいがんぶ) 해안부 購買部(こうばいぶ) 구매부 執行部(しっこうぶ) 집행부 野球部(やきゅうぶ) 야구부

한자	뜻	출제 예상 단어		
		一部（いちぶ）1부	二部（にぶ）2부	三部（さんぶ）3부
□ ～府	～부	大阪府（おおさかふ）오사카부	総理府（そうりふ）총리부	立法府（りっぽうふ）입법부
□ ～夫	～부	潜水夫（せんすいふ）잠수부		
□ ～費	～비	運動費（うんどうひ）운동비	人件費（じんけんひ）인건비	生活費（せいかつひ）생활비
□ ～史	～사	古代史（こだいし）고대사	世界史（せかいし）세계사	文学史（ぶんがくし）문학사
□ ～詞	～사	感動詞（かんどうし）감동사	形容詞（けいようし）형용사	接続詞（せつぞくし）접속사
□ ～石	～석	人造石（じんぞうせき）인조석	大理石（だいりせき）대리석	天然石（てんねんせき）천연석
□ ～席	～석	喫煙席（きつえんせき）흡연석	貴賓席（きひんせき）귀빈석	禁煙席（きんえんせき）금연석
		指定席（していせき）지정석	特別席（とくべつせき）특별석	普通席（ふつうせき）보통석
□ ～選	～선거	市長選（しちょうせん）시장 선거	上院選（じょういんせん）상원 선거	大統領選（だいとうりょうせん）대통령 선거
□ ～線	～선	延長線（えんちょうせん）연장선	海岸線（かいがんせん）해안선	境界線（きょうかいせん）경계선
		国際線（こくさいせん）국제선	国内線（こくないせん）국내선	国境線（こっきょうせん）국경선
		最低線（さいていせん）최저선	紫外線（しがいせん）자외선	水平線（すいへいせん）수평선
		対角線（たいかくせん）대각선	地平線（ちへいせん）지평선	中央線（ちゅうおうせん）중앙선
		電話線（でんわせん）전화선	動力線（どうりょくせん）동력선	放射線（ほうしゃせん）방사선
□ ～省	～성	外務省（がいむしょう）외무성	法務省（ほうむしょう）법무성	文部省（もんぶしょう）문부성
□ ～性	～성	安全性（あんぜんせい）안전성	安定性（あんていせい）안정성	可能性（かのうせい）가능성
		危険性（きけんせい）위험성	協調性（きょうちょうせい）협조성	現実性（げんじつせい）현실성
		公共性（こうきょうせい）공공성	国民性（こくみんせい）국민성	社会性（しゃかいせい）사회성
		社交性（しゃこうせい）사교성	植物性（しょくぶつせい）식물성	生産性（せいさんせい）생산성
		動物性（どうぶつせい）동물성	独立性（どくりつせい）독립성	人間性（にんげんせい）인간성

한자	뜻	출제 예상 단어			
☐ ～歳	～살, ～세	一歳 1살	二歳 2살	三歳 3살	四歳 4살
		五歳 5살	六歳 6살	七歳 7살	八歳 8살
		九歳 9살	十歳(十歳) 10살	何歳 몇 살	
☐ ～数	～수	周波数 주파수	得票数 득표수	無理数 무리수	
☐ ～順	～순	アルファベット順 알파벳순 N2단어형성		五十音順 오십음도순	
		成績順 성적순	先着順 선착순	年代順 연대순 N2단어형성	
☐ ～式	～식	開会式 개회식	化学式 화학식	結婚式 결혼식	
		告別式 고별식	最新式 최신식	始業式 시업식, 시무식	
		充電式 충전식	成人式 성인식	卒業式 졸업식	
		日本式 일본식 N2단어형성	閉会式 폐회식	方程式 방정식	
☐ ～案	～안	改革案 개혁안	改定案 개정안	契約案 계약안	
		決議案 결의안	最終案 최종안	修正案 수정안	
		折衷案 절충안	妥協案 타협안	予算案 예산안	
☐ ～圧	～압	空気圧 공기압	高気圧 고기압	高血圧 고혈압	
		浸透圧 침투압	低気圧 저기압	低血圧 저혈압	
☐ ～愛	～애	人類愛 인류애	同性愛 동성애	母性愛 모성애	
☐ ～役	～역	相手役 상대역	参謀役 참모역	説明役 설명을 담당하는 사람	
		世話役 남을 잘 돌보는 사람	相談役 상담역	取締役 임원, 중역	
☐ ～熱	～열	海水熱 해수열	教育熱 교육열	太陽熱 태양열	
		地中熱 지중열	野球熱 야구열	溶解熱 용해열	
☐ ～王	～왕	三冠王 삼관왕	打撃王 타격왕	打点王 타점왕	
☐ ～園	～원	果樹園 과수원	樹木園 수목원	植物園 식물원	
		動物園 동물원	保育園 보육원	幼稚園 유치원	
☐ ～浴	～욕	温水浴 온수욕	日光浴 일광욕	冷水浴 냉수욕	

한자	뜻	출제 예상 단어		
□ ～欲	～욕	購買欲 こうばいよく 구매욕	出世欲 しゅっせよく 출세욕	知識欲 ちしきよく 지식욕
□ ～位	～위	金本位 きんほんい 금 본위 제도	銀本位 ぎんほんい 은 본위 제도	第一位 だいいちい 제1위
□ ～油	～유, ～기름	硬化油 こうかゆ 경화유 食用油 しょくようゆ 식용유	脂肪油 しぼうゆ 지방유 植物油 しょくぶつゆ 식물유	潤滑油 じゅんかつゆ 윤활유 大豆油 だいずゆ 콩기름
□ ～章	～장	第一章 だいいっしょう 제1장	第二章 だいにしょう 제2장	第三章 だいさんしょう 제3장
□ ～材	～재	吸音材 きゅうおんざい 흡음재	断熱材 だんねつざい 단열재	冷却材 れいきゃくざい 냉각재
□ ～財	～재	消費財 しょうひざい 소비재	生産財 せいさんざい 생산재	耐久財 たいきゅうざい 내구재
□ ～的	～적임	圧倒的 あっとうてき 압도적임 基本的 きほんてき 기본적임 強制的 きょうせいてき 강제적임 根本的 こんぽんてき 근본적임 進歩的 しんぽてき 진보적임 相対的 そうたいてき 상대적임 日本的 にほんてき 일본적임 保守的 ほしゅてき 보수적임	意識的 いしきてき 의식적임 客観的 きゃっかんてき 객관적임 形式的 けいしきてき 형식적임 宗教的 しゅうきょうてき 종교적임 政治的 せいじてき 정치적임 東洋的 とうようてき 동양적임 熱狂的 ねっきょうてき 열광적임 本格的 ほんかくてき 본격적임	科学的 かがくてき 과학적임 教育的 きょういくてき 교육적임 効果的 こうかてき 효과적임 主観的 しゅかんてき 주관적임 精神的 せいしんてき 정신적임 日常的 にちじょうてき 일상적임 能率的 のうりつてき 능률적임 良心的 りょうしんてき 양심적임
□ ～伝	～전	自叙伝 じじょでん 자서전		
□ ～節	～절	従属節 じゅうぞくせつ 종속절	第一節 だいいっせつ 제1절	
□ ～点	～점	疑問点 ぎもんてん 의문점 最高点 さいこうてん 최고점 平均点 へいきんてん 평균점	及第点 きゅうだいてん 급제점, 합격점 出発点 しゅっぱつてん 출발점 問題点 もんだいてん 문제점	共通点 きょうつうてん 공통점 少数点 しょうすうてん 소수점 落第点 らくだいてん 낙제점
□ ～制	～제	会員制 かいいんせい 회원제 N2단어형성 予約制 よやくせい 예약제 N2단어형성	週番制 しゅうばんせい 주번제 両院制 りょういんせい 양원제	全日制 ぜんにちせい 전일제
□ ～条	～조	一条 いちじょう 1조	八条 はちじょう 8조	九条 きゅうじょう 9조
□ ～組	～조	午前組 ごぜんぐみ 오전조	五人組 ごにんぐみ 5인조	夜勤組 やきんぐみ 야근조

한자	뜻	출제 예상 단어		
□ ～座	～좌, ～자리	乙女座(おとめざ) 처녀자리	獅子座(ししざ) 사자자리	双子座(ふたござ) 쌍둥이자리
□ ～州	～주	大洋州(たいようしゅう) 대양주	ネバダ州(しゅう) 네바다주	六大州(ろくだいしゅう) 6대륙
□ ～酒	～주	果実酒(かじつしゅ) 과실주	混合酒(こんごうしゅ) 혼합주	蒸留酒(じょうりゅうしゅ) 증류주
□ ～差	～차	温度差(おんどさ) 온도차	個人差(こじんさ) 개인차	電位差(でんいさ) 전위차
□ ～冊	～권	一冊(いっさつ) 한 권 五冊(ごさつ) 다섯 권 九冊(きゅうさつ) 아홉 권	二冊(にさつ) 두 권 六冊(ろくさつ) 여섯 권 十冊(じゅっさつ・じっさつ) 열 권	三冊(さんさつ) 세 권 / 四冊(よんさつ) 네 권 七冊(ななさつ) 일곱 권 / 八冊(はっさつ) 여덟 권 何冊(なんさつ) 몇 권
□ ～庁	～청	気象庁(きしょうちょう) 기상청 検察庁(けんさつちょう) 검찰청 水産庁(すいさんちょう) 수산청	警察庁(けいさつちょう) 경찰청 国税庁(こくぜいちょう) 국세청 総務庁(そうむちょう) 총무청	警視庁(けいしちょう) 경시청 消防庁(しょうぼうちょう) 소방청 文化庁(ぶんかちょう) 문화청
□ ～側	～측	相手側(あいてがわ) 상대측 消費者側(しょうひしゃがわ) 소비자측	学校側(がっこうがわ) 학교측 通路側(つうろがわ) 통로측	組合側(くみあいがわ) 조합측 道路側(どうろがわ) 도로측
□ ～痛	～통	筋肉痛(きんにくつう) 근육통	神経痛(しんけいつう) 신경통	心臓痛(しんぞうつう) 심장통
□ ～波	～파	高周波(こうしゅうは) 고주파 超音波(ちょうおんぱ) 초음파 電磁波(でんじは) 전자파	地震波(じしんは) 지진파 低周波(ていしゅうは) 저주파 搬送波(はんそうは) 반송파	衝撃波(しょうげきは) 충격파 定常波(ていじょうは) 정상파 表面波(ひょうめんは) 표면파
□ ～表	～표	一覧表(いちらんひょう) 일람표 献立表(こんだてひょう) 식단표 正誤表(せいごひょう) 정오표 統計表(とうけいひょう) 통계표	価格表(かかくひょう) 가격표 時間表(じかんひょう) 시간표 成績表(せいせきひょう) 성적표 予定表(よていひょう) 예정표	記号表(きごうひょう) 기호표 時刻表(じこくひょう) 시각표 通知表(つうちひょう) 통지표 乱数表(らんすうひょう) 난수표
□ ～匹	～마리	一匹(いっぴき) 1마리 五匹(ごひき) 5마리 九匹(きゅうひき) 9마리	二匹(にひき) 2마리 六匹(ろっぴき・ろくひき) 6마리 十匹(じゅっぴき・じっぴき) 10마리	三匹(さんびき) 3마리 / 四匹(よんひき) 4마리 七匹(ななひき) 7마리 / 八匹(はっぴき・はちひき) 8마리 何匹(なんびき) 몇 마리

한자	뜻	출제 예상 단어		
□ ～港	～항	じゆうこう 自由港 자유항 ゆにゅうこう 輸入港 수입항	ぼうえきこう 貿易港 무역항 よこはまこう 横浜港 요코하마항	ゆしゅつこう 輸出港 수출항
□ ～形	～형	かつようけい 活用形 활용형 しゅうしけい 終止形 종지형	かていけい 仮定形 가정형 せいほうけい 正方形 정사각형	さんかくけい 三角形 삼각형 ちょうほうけい 長方形 직사각형
□ ～型	～형	けつえきがた 血液型 혈액형 りゅうせんけい 流線型 유선형	さいしんがた 最新型 최신형	しゅっせがた 出世型 출세형
□ ～号	～호	さいしんごう 最新号 최신호	そうかんごう 創刊号 창간호	だいいちごう 第一号 제1호
□ ～化	～화	いっぱんか 一般化 일반화 きんだいか 近代化 근대화 こうれいか 高齢化 고령화 とかいか 都会化 도시화	えきたいか 液体化 액체화 ぐたいか 具体化 구체화 しょうしか 少子化 저출산화 ふりょうか 不良化 불량화	きかいか 機械化 기계화 こうぎょうか 工業化 공업화 じょうほうか 情報化 정보화 りったいか 立体化 입체화

복합동사 16

한자	출제 예상 단어
～過ぎる	歩き過ぎる 너무 걷다　言い過ぎる 말이 지나치다　薄過ぎる 너무 연하다 美し過ぎる 몹시 아름답다　吸い過ぎる 너무 피우다　出し過ぎる 너무 내다 食べ過ぎる 과식하다　長過ぎる 너무 길다　飲み過ぎる 과음하다
～慣れる	書き慣れる 쓰기 익숙하다　通い慣れる 다니는 데 익숙하다　使い慣れる 손에 익다
～渡る	鳴り渡る 울려 퍼지다　晴れ渡る 활짝 개다　行き渡る 골고루 미치다
～返す	言い返す 말대답하다　打ち返す 되받아치다　追い返す 돌려 보내다 送り返す 반송하다　折り返す 되풀이하다　聞き返す 되묻다, 다시 듣다 繰り返す 되풀이하다　問い返す 되묻다　掘り返す 파서 일구다, 파내다 巻き返す 되감다　見返す 다시 보다, 되돌아보다　呼び返す 상기하다
～返る	生き返る 되살아나다　静まり返る 아주 조용해지다　振り返る 회고하다
～付く	追い付く 따라붙다　思い付く 생각해 내다　泣き付く 울며 매달리다
～付ける	受け付ける 접수하다　決め付ける 단정하다　叱り付ける 몹시 꾸짖다 備え付ける 갖추다　取り付ける 설치하다　投げ付ける 내던지다
～続ける	歌い続ける 계속 노래하다　書き続ける 계속 쓰다　考え続ける 계속 생각하다 走り続ける 계속 달리다　働き続ける 계속 일하다　話し続ける 계속 말하다 守り続ける 계속 지키다　見続ける 계속 보다　読み続ける 계속 읽다
～受ける	引き受ける 떠맡다　待ち受ける (오기를) 기다리다　譲り受ける 물려받다
～移る	飛び移る 뛰어서 옮겨가다　乗り移る 갈아타다　燃え移る 불이 옮겨붙다
～込む	売り込む 팔아 넘기다　教え込む 철저히 가르치다　押し込む 눌러 담다 思い込む 굳게 믿다　買い込む 사들이다　抱え込む 껴안다 駆け込む 뛰어들다　考え込む 골똘히 생각하다　住み込む 입주하다 頼み込む 신신 당부하다　飛び込む 뛰어들다　申し込む 신청하다

한자	출제 예상 단어		
□ ～<ruby>直<rt>なお</rt></ruby>す	<ruby>洗<rt>あら</rt></ruby>い<ruby>直<rt>なお</rt></ruby>す 다시 씻다	<ruby>言<rt>い</rt></ruby>い<ruby>直<rt>なお</rt></ruby>す 다시 말하다	<ruby>思<rt>おも</rt></ruby>い<ruby>直<rt>なお</rt></ruby>す 고쳐 생각하다
	<ruby>書<rt>か</rt></ruby>き<ruby>直<rt>なお</rt></ruby>す 고쳐 쓰다	<ruby>聞<rt>き</rt></ruby>き<ruby>直<rt>なお</rt></ruby>す 다시 묻다	<ruby>作<rt>つく</rt></ruby>り<ruby>直<rt>なお</rt></ruby>す 고쳐 만들다
	<ruby>出<rt>で</rt></ruby><ruby>直<rt>なお</rt></ruby>す 다시 시작하다	<ruby>取<rt>と</rt></ruby>り<ruby>直<rt>なお</rt></ruby>す 고쳐 잡다	<ruby>練<rt>ね</rt></ruby>り<ruby>直<rt>なお</rt></ruby>す 재검토하다
	<ruby>見<rt>み</rt></ruby><ruby>直<rt>なお</rt></ruby>す 다시 보다	<ruby>持<rt>も</rt></ruby>ち<ruby>直<rt>なお</rt></ruby>す 바꾸어 들다	<ruby>焼<rt>や</rt></ruby>き<ruby>直<rt>なお</rt></ruby>す 다시 굽다
□ <ruby>取<rt>と</rt></ruby>り～	<ruby>取<rt>と</rt></ruby>り<ruby>扱<rt>あつか</rt></ruby>う 취급하다	<ruby>取<rt>と</rt></ruby>り<ruby>組<rt>く</rt></ruby>む 몰두하다	<ruby>取<rt>と</rt></ruby>り<ruby>消<rt>け</rt></ruby>す 취소하다
	<ruby>取<rt>と</rt></ruby>り<ruby>付<rt>つ</rt></ruby>ける 설치하다	<ruby>取<rt>と</rt></ruby>り<ruby>除<rt>のぞ</rt></ruby>く 제거하다	<ruby>取<rt>と</rt></ruby>り<ruby>戻<rt>もど</rt></ruby>す 되찾다
□ ～<ruby>取<rt>と</rt></ruby>る	<ruby>受<rt>う</rt></ruby>け<ruby>取<rt>と</rt></ruby>る 받다, 수취하다	<ruby>奪<rt>うば</rt></ruby>い<ruby>取<rt>と</rt></ruby>る 강탈하다	<ruby>買<rt>か</rt></ruby>い<ruby>取<rt>と</rt></ruby>る 매입하다
	<ruby>勝<rt>か</rt></ruby>ち<ruby>取<rt>と</rt></ruby>る 쟁취하다	<ruby>切<rt>き</rt></ruby>り<ruby>取<rt>と</rt></ruby>る 잘라내다	<ruby>吸<rt>す</rt></ruby>い<ruby>取<rt>と</rt></ruby>る 빨아들이다
□ <ruby>打<rt>う</rt></ruby>ち～	<ruby>打<rt>う</rt></ruby>ち<ruby>切<rt>き</rt></ruby>る 중단하다	<ruby>打<rt>う</rt></ruby>ち<ruby>消<rt>け</rt></ruby>す 부정하다	<ruby>打<rt>う</rt></ruby>ち<ruby>出<rt>だ</rt></ruby>す 내세우다
□ ～<ruby>替<rt>か</rt></ruby>える	<ruby>組<rt>く</rt></ruby>み<ruby>替<rt>か</rt></ruby>える 다시 짜다	<ruby>住<rt>す</rt></ruby>み<ruby>替<rt>か</rt></ruby>える 옮겨 살다	<ruby>立<rt>た</rt></ruby>て<ruby>替<rt>か</rt></ruby>える (돈을) 꾸어주다, 대신 치르다
	<ruby>作<rt>つく</rt></ruby>り<ruby>替<rt>か</rt></ruby>える 다시 만들다	<ruby>取<rt>と</rt></ruby>り<ruby>替<rt>か</rt></ruby>える 바꾸다	<ruby>塗<rt>ぬ</rt></ruby>り<ruby>替<rt>か</rt></ruby>える 다시 칠하다

단어 형성 콕콕 연습문제 32

정답 P.278

》》（　　）に入れるのに最もよいものを、1・2・3・4から一つ選びなさい。

1 （　　）体制はフランス革命によって倒された。
1 劇　　　2 旧　　　3 別　　　4 徒

2 人件（　　）を予算の一部に組み込む。
1 帯　　　2 風　　　3 費　　　4 液

3 今日は3（　　）2節まで読みました。
1 号　　　2 区　　　3 頭　　　4 章

4 市役所で（　　）住所を東京から名古屋に変更する。
1 同　　　2 現　　　3 正　　　4 真

5 急に暑くなったので、電気屋さんにエアコンを取り（　　）もらった。
1 上がって　　2 入れて　　3 付けて　　4 受けて

6 明治以来、日本は近代（　　）が進んでいる。
1 通　　　2 率　　　3 流　　　4 化

7 将来は小児（　　）の医者になりたい。
1 署　　　2 科　　　3 状　　　4 管

8 みんなで話し合っているうちに、だんだん問題（　　）がはっきりしてきた。
1 点　　　2 役　　　3 節　　　4 差

9 この試験は（　　）学生が受けなければなりません。
1 各　　　2 名　　　3 半　　　4 反

10 この定期（　　）は31日まで通用します。
1 点　　　2 巻　　　3 展　　　4 券

콕콕 연습문제 33

>>> (　　)に入れるのに最もよいものを、1・2・3・4から一つ選びなさい。

1. みなさん、この紙を一(　　)ずつ持って行ってください。
   1 頭　　　　2 札　　　　3 巻　　　　4 枚

2. あの小説を読んでから、人生(　　)が変わった。
   1 官　　　　2 座　　　　3 観　　　　4 術

3. 小銭を入れて電車の切符販売(　　)で往復切符を買った。
   1 機　　　　2 製　　　　3 符　　　　4 商

4. この道は目をつぶっても歩けるくらい通い(　　)いる。
   1 捨てて　　2 詰めて　　3 慣れて　　4 回って

5. わが社は、いま新旧交替の過渡(　　)にあります。
   1 的　　　　2 化　　　　3 期　　　　4 下

6. 参加者の一覧(　　)を作る。
   1 判　　　　2 表　　　　3 率　　　　4 状

7. そこは、暴力(　　)の巣になっている。
   1 徒　　　　2 団　　　　3 具　　　　4 局

8. 許諾を得ないで無断で利用すれば著作(　　)侵害となります。
   1 府　　　　2 権　　　　3 組　　　　4 係

9. 会社側が一方的に交渉を(　　)切ったことは明らかな事実だ。
   1 打ち　　　2 取り　　　3 引き　　　4 押し

10. この事件は(　　)調査したほうがいい。
    1 各　　　　2 当　　　　3 再　　　　4 副

단어 형성 콕콕 연습문제 34

:정답 P.278

>>> (　　)に入れるのに最もよいものを、1·2·3·4から一つ選びなさい。

1 科学の世界には(　　)開拓の分野がまだたくさんある。
　1 無　　　2 不　　　3 未　　　4 非

2 あの辞典は今月(　　)にはできあがる予定です。
　1 的　　　2 下　　　3 間　　　4 末

3 捜査(　　)は隠れ場所まで彼のあとを追いました。
　1 制　　　2 官　　　3 型　　　4 漢

4 この新聞の政治(　　)はなかなか良い。
　1 会　　　2 用　　　3 額　　　4 面

5 国際(　　)旅客ターミナルでのお手続きはこちらをご確認ください。
　1 線　　　2 番　　　3 席　　　4 座

6 友人からバイクを譲り(　　)ことになった。
　1 消す　　2 受ける　3 返す　　4 寄せる

7 昨日書店で「日米外交(　　)」という本を買いました。
　1 面　　　2 論　　　3 章　　　4 冊

8 選挙に(　　)所属で立候補する。
　1 非　　　2 不　　　3 無　　　4 末

9 その台所には最新(　　)の電気器具がついている。
　1 役　　　2 式　　　3 財　　　4 順

10 コマーシャルは美辞麗句を並べて、人の購買(　　)をそそる。
　1 欲　　　2 具　　　3 流　　　4 層

단어형성 콕콕 연습문제 35

>>> （　　）に入れるのに最もよいものを、1・2・3・4から一つ選びなさい。

1 最近、（　　）気味な事件が続いている。
1 両　　2 各　　3 当　　4 不

2 この掃除（　　）はゴミを吸い込むタイプではなく、雑巾で拭き掃除するタイプです。
1 係　　2 官　　3 機　　4 製

3 委員長は税制改革（　　）の基本方針を発表した。
1 化　　2 案　　3 的　　4 役

4 大阪（　　）は日本の商都とも言われる。
1 都　　2 府　　3 道　　4 県

5 外国人の観光（　　）に道を聞かれた。
1 客　　2 員　　3 熱　　4 費

6 肺がんの主な治療（　　）と副作用について解説する。
1 発　　2 略　　3 所　　4 法

7 隅々まで暖かさが行き（　　）人感センサー付ヒーター。
1 損ねる　　2 散らす　　3 慣れる　　4 渡る

8 古代の女性を美しく飾った装身（　　）の数々を紹介する展示会。
1 器　　2 式　　3 用　　4 具

9 あの研究は（　　）世界が注目している。
1 半　　2 全　　3 総　　4 仮

10 この科学技術の時代に、幽霊の存在を信じるなんて（　　）科学的だ。
1 不　　2 無　　3 未　　4 非

03 파생어·복합동사로 쓰이는 N4·N5 한자

한자 파생어(접두어, 접미어)와 복합동사로 많이 쓰이는 N4·N5 예상 한자를 정리하였다. N4·N5의 출제 예상 한자이기는 하나, N2의 단어형성 문제에서 파생어·복합동사로 출제될 가능성이 높다. 참고로 접두어 「高～, 半～, 悪～, 低～, 前～, 主～, 真～, 名～, 不～, 短～」등과, 접미어 「～部, ～度, ～界, ～力, ～発, ～色, ～集, ～風, ～下, ～回る」등은 시험에 출제된 바 있다.

》》 접두어 54

한자	뜻	출제 예상 단어		
□ 軽～	경～	軽演劇 (けいえんげき) 경연극	軽音楽 (けいおんがく) 경음악	軽過失 (けいかしつ) 경과실
		軽気球 (けいききゅう) 경기구	軽金属 (けいきんぞく) 경금속	軽合金 (けいごうきん) 경합금
□ 高～	고～	高学年 (こうがくねん) 고학년	高学歴 (こうがくれき) 고학력	高気圧 (こうきあつ) 고기압
		高血圧 (こうけつあつ) 고혈압	高収入 (こうしゅうにゅう) 고수입 N2단어형성	高水準 (こうすいじゅん) 고수준 N2단어형성
		高性能 (こうせいのう) 고성능 N2단어형성	高速度 (こうそくど) 고속도	高濃度 (こうのうど) 고농도
□ 広～	광～	広範囲 (こうはんい) 광범위		
□ 古～	헌～	古新聞 (ふるしんぶん) 헌 신문	古本屋 (ふるほんや) 헌책방	
□ 空～	하늘～	空模様 (そらもよう) 날씨, 형세		
□ 区～	구～	区役所 (くやくしょ) 구청		
□ 金～	금～	金細工 (きんざいく) 금세공	金製品 (きんせいひん) 금 제품	金相場 (きんそうば) 금시세
□ 今～	이번～, 금～	今学期 (こんがっき) 이번 학기	今シーズン (こん) 이번 시즌	今世紀 (こんせいき) 금세기
		今年度 (こんねんど) 금년도		
□ 急～	급～	急傾斜 (きゅうけいしゃ) 급경사	急下落 (きゅうげらく) 급하락	急降下 (きゅうこうか) 급강하
		急上昇 (きゅうじょうしょう) 급상승	急進展 (きゅうしんてん) 급진전	急成長 (きゅうせいちょう) 급성장
		急停止 (きゅうていし) 급정지	急停車 (きゅうていしゃ) 급정차	急発進 (きゅうはっしん) 급발진

한자	뜻	출제 예상 단어		
☐ 多～	다～	多機能 (たきのう) 다기능 多人数 (たにんずう) 많은 인원수	多国籍 (たこくせき) 다국적 多方面 (たほうめん) 다방면	多趣味 (たしゅみ) 다취미 多目的 (たもくてき) 다목적
☐ 短～	단～	短期間 (たんきかん) 단기간	短距離 (たんきょり) 단거리	短時間 (たんじかん) 단시간
☐ 大～	대～, 큰～	大宇宙 (だいうちゅう) 대우주 大規模 (だいきぼ) 대규모 大自然 (だいしぜん) 대자연 大先輩 (だいせんぱい) 대선배	大学者 (だいがくしゃ) 대학자 大賛成 (だいさんせい) 대찬성 大失敗 (だいしっぱい) 대실패 大都市 (だいとし) 대도시	大家族 (だいかぞく) 대가족 大試合 (だいしあい) 큰 시합 大成功 (だいせいこう) 대성공 大流行 (だいりゅうこう) 대유행
		大掃除 (おおそうじ) 대청소 大人数 (おおにんずう) 많은 인원 大文字 (おおもじ) 대문자	大太鼓 (おおだいこ) 큰북 大広間 (おおひろま) 꽤 넓은 방	大道具 (おおどうぐ) 대도구 大部屋 (おおべや) 큰 방
☐ 同～	동～	同会社 (どうかいしゃ) 동 회사 同商会 (どうしょうかい) 동 상회	同形式 (どうけいしき) 동 형식 同民族 (どうみんぞく) 동 민족	同期間 (どうきかん) 동 기간 同問題 (どうもんだい) 동 문제
☐ 動～	동～	動電気 (どうでんき) 동전기, 전류	動電力 (どうでんりょく) 동전력, 기전력	動名詞 (どうめいし) 동명사
☐ 立～	입～	立候補 (りっこうほ) 입후보	立太子 (りったいし) 태자 책봉	
☐ 毎～	매～	毎土曜 (まいどよう) 매 토요일	毎年度 (まいねんど) 매년도	毎分岐 (まいぶんき) 매 분기
☐ 名～	명～	名演説 (めいえんぜつ) 명연설 名女優 (めいじょゆう) 명여배우 名場面 (めいばめん) 명장면	名監督 (めいかんとく) 명감독 名探偵 (めいたんてい) 명탐정 名判決 (めいはんけつ) 명판결	名産地 (めいさんち) 명산지 名投手 (めいとうしゅ) 명투수 名文句 (めいもんく) 명문구
☐ 半～	반～	半合成 (はんごうせい) 반합성 半世紀 (はんせいき) 반세기 半透明 (はんとうめい) 반투명 N2단어형성	半固体 (はんこたい) 반고체 半製品 (はんせいひん) 반제품 半病人 (はんびょうにん) 반환자	半時間 (はんじかん) 반 시간, 30분 半地下 (はんちか) 반지하 半裸体 (はんらたい) 반나체
☐ 白～	백～	白人種 (はくじんしゅ) 백인종	白地図 (はくちず) 백지도	白粘土 (はくねんど) 백점토
☐ 別～	별～	別行動 (べっこうどう) 다른 행동	別世界 (べっせかい) 별세계, 별천지	別問題 (べつもんだい) 별문제, 다른 문제
☐ 本～	본～	本契約 (ほんけいやく) 본 계약	本設定 (ほんせってい) 본 설정	本舞台 (ほんぶたい) 본 무대

한자	뜻	출제 예상 단어		
□ 不～	불～	ふ あんてい 不安定 불안정함	ふ かのう 不可能 불가능함	ふ きそ 不起訴 불기소
		ふ けいき 不景気 불경기	ふ じゆう 不自由 부자유함	ふ せいせき 不成績 성적이 좋지 않음
		ふ つごう 不都合 형편이 좋지 않음	ふ てきとう 不適当 부적당함	ふ にんじょう 不人情 몰인정함
		ふ ひつよう 不必要 불필요함	ふ べんきょう 不勉強 애써 공부하지 않음	ふ ようい 不用意 부주의함
		ぶ かっこう 不格好 모양이 나쁨	ぶ さほう 不作法 버릇이 없음	ぶ ようじん 不用心 경계가 소홀함
□ 私～	사～	し しょうせつ 私小説 사소설	し せいかつ 私生活 사생활	し せいじ 私生児 사생아
□ 山～	산～	やま かじ 山火事 산불	やま ごや 山小屋 산막	
□ 上～	좋은～	じょう きげん 上機嫌 기분이 매우 좋음	じょう でき 上出来 성과가 훌륭함	じょう てんき 上天気 좋은 날씨
		かみはんき 上半期 상반기		
□ 生～	생～	なまがくもん 生学問 설익은 학문	なまちゅうけい 生中継 생중계	なまばんぐみ 生番組 생방송 프로그램
		なまへんじ 生返事 건성으로 하는 대답	なまほうそう 生放送 생방송	なま やさい 生野菜 생채소
□ 先～	선～	せんこうしゃ 先行者 선행자	せんてんせい 先天性 선천성	
□ 小～	소～	しょう うちゅう 小宇宙 소우주	しょうげきじょう 小劇場 소극장	しょう しきん 小資金 소자본
		しょう しみん 小市民 소시민	しょう とし 小都市 소도시	しょうろんぶん 小論文 소논문
		こ だいこ 小太鼓 소고	こ どうぐ 小道具 소도구	こ もじ 小文字 소문자
□ 市～	시～	し ぎかい 市議会 시의회	し とうきょく 市当局 시당국	し やくしょ 市役所 시청
□ 試～	시～	し うんてん 試運転 시운전	し きょうひん 試供品 견본품	し さくひん 試作品 시작품
□ 食～	식～	しょくじんしゅ 食人種 식인종	しょくせいかつ 食生活 식생활	しょくちゅうどく 食中毒 식중독
□ 新～	신～, 새로운～	しんがっき 新学期 신학기	しんかんかく 新感覚 신감각	しんくうこう 新空港 새로운 공항
		しん くふう 新工夫 새로운 연구	しんけいこう 新傾向 신경향	しんけんぽう 新憲法 새로운 헌법
		しん しそう 新思想 신사상	しん じだい 新時代 신시대	しん しちょう 新市長 새로운 시장
		しん せかい 新世界 신세계	しんせいひん 新製品 신제품	しんたいせい 新体制 신체제
		しん ちしき 新知識 신지식	しんはつめい 新発明 신발명	しん ろせん 新路線 새로운 노선

한자	뜻	출제 예상 단어		
悪〜	악〜	あくえいきょう 悪影響 악영향 N2단어형성	あくかんじょう 悪感情 악감정	あくしゅみ 悪趣味 악취미
		あくじゅんかん 悪循環 악순환	あくじょうけん 悪条件 악조건 N2단어형성	あくせんでん 悪宣伝 악선전
暗〜	어두운〜	あんししょく 暗紫色 어두운 자색	あんりょくしょく 暗緑色 어두운 녹색	
洋〜	양〜	ようがし 洋菓子 양과자	ようがっき 洋楽器 양악기	ようていしょく 洋定食 서양식 정식
女〜	여〜	じょがくせい 女学生 여학생	じょてんいん 女店員 여점원	
英〜	영〜	えいさくぶん 英作文 영작문	えいぶんがく 英文学 영문학	
銀〜	은〜	ぎんしょっき 銀食器 은식기	ぎんせいひん 銀製品 은제품	ぎんせかい 銀世界 은세계
一〜	일개〜	いちおんがくか 一音楽家 일개 음악가	いちしゃかいじん 一社会人 일개 사회인	いちしんぶんきしゃ 一新聞記者 일개 신문기자
		いちにほんじん 一日本人 일개 일본인	いちふじん 一婦人 일개 부인	
自〜	자〜	じいしき 自意識 자의식		
長〜	장〜	ちょうきかん 長期間 장기간	ちょうきょり 長距離 장거리	ちょうじかん 長時間 장시간
		ながいき 長生き 장수	ながでんわ 長電話 장시간 통화	ながどうちゅう 長道中 긴 여로
低〜	저〜	ていかかく 低価格 저가격 N2단어형성	ていがくねん 低学年 저학년	ていきあつ 低気圧 저기압
		ていけつあつ 低血圧 저혈압	ていしせい 低姿勢 저자세	ていしぼう 低脂肪 저지방
前〜	전〜	ぜんきんだいてき 前近代的 전근대적	ぜんこうちょう 前校長 전교장	ぜんじだい 前時代 전시대
		ぜんしゃちょう 前社長 전사장 N2단어형성	ぜんせいき 前世紀 전세기	ぜんせかい 前世界 전세계
		ぜんはんき 前半期 전반기	ぜんはんせい 前半生 전반생	ぜんはんせん 前半戦 전반전
正〜	정〜	せいかいいん 正会員 정회원	せいしゃいん 正社員 정사원	せいはんたい 正反対 정반대
主〜	주〜	しゅさんち 主産地 주산지	しゅしゃりん 主車輪 주륜, 주축이 되는 바퀴	しゅせいぶん 主成分 주성분 N2단어형성
		しゅせんじょう 主戦場 주전장	しゅもくてき 主目的 주목적	
重〜	중〜	じゅうかしつ 重過失 중과실	じゅうきんぞく 重金属 중금속	じゅうこうぎょう 重工業 중공업
		じゅうしょうじ 重障児 중장애아	じゅうすいそ 重水素 중수소	じゅうでんき 重電気 중전기(발전기, 전동기 등)
		じゅうようし 重陽子 중양자	じゅうりゅうし 重粒子 중립자	じゅうろうどう 重労働 중노동

한자	뜻	출제 예상 단어		
☐ 中〜	중〜	中学生(ちゅうがくせい) 중학생	中学校(ちゅうがっこう) 중학교	中距離(ちゅうきょり) 중거리
☐ 真〜	완전히 〜함	真新(まあたら)しい 아주 새롭다 N2단어형성		真後(まうし)ろ 바로 뒤 N2단어형성
		真四角(ましかく) 정사각형	真横(まよこ) 바로 옆	真夜中(まよなか) 한밤중 N2단어형성
☐ 青〜	청〜	青少年(せいしょうねん) 청소년		
☐ 何〜	몇 〜	何時間(なんじかん) 몇 시간	何世紀(なんせいき) 몇 세기	
☐ 下〜	하〜	下半身(かはんしん) 하반신		
		下半期(しもはんき) 하반기		
☐ 漢〜	한〜	漢民族(かんみんぞく) 한족		
☐ 合〜	합〜	合目的性(ごうもくてきせい) 합목적성		
☐ 好〜	호〜	好景気(こうけいき) 호경기	好材料(こうざいりょう) 좋은 재료	好条件(こうじょうけん) 호조건
		好人物(こうじんぶつ) 호인	好成績(こうせいせき) 호성적	好男子(こうだんし) 호남자, 호남
		好都合(こうつごう) 형편이 좋음	好天気(こうてんき) 좋은 날씨	好敵手(こうてきしゅ) 호적수
☐ 後〜	후〜	後半期(こうはんき) 후반기	後半戦(こうはんせん) 후반전	

접미어 113

한자	뜻	출제 예상 단어
□ ～家	～가	音楽家 음악가 / 活動家 활동가 / 教育家 교육가 芸術家 예술가 / 建築家 건축가 / 倹約家 절약가 資産家 자산가 / 思想家 사상가 / 宗教家 종교가 小説家 소설가 / 声楽家 성악가 / 政治家 정치가 専門家 전문가 / 努力家 노력가 / 評論家 평론가 勉強家 공부파 / 理論家 이론가
□ ～歌	～가	愛唱歌 애창가 / 革命歌 혁명가 / 賛美歌 찬미가 主題歌 주제가 / 流行歌 유행가 / 労働歌 노동가 子守歌 자장가 / 田植歌 모내기할 때 부르는 노래 / 流行歌 유행가
□ ～間	～간, ～사이	兄弟間 형제간 / 京浜間 도쿄와 요코하마 사이 / 夫婦間 부부간
□ ～強	～보다 조금 더	五百円強 5백엔을 조금 넘음 / 三キロ強 3킬로그램을 조금 넘음
□ ～犬	～견	軍用犬 군용견 / 警察犬 경찰견 / 日本犬 일본견
□ ～界	～계	医学界 의학계 (N2단어형성) / 映画界 영화계 / 経済界 경제계 芸能界 연예계 / 自然界 자연계 / 社交界 사교계 出版界 출판계 / 政治界 정치계 / 文学界 문학계
□ ～計	～계	圧力計 압력계 / 雨量計 우량계 / 温度計 온도계 血圧計 혈압계 / 地震計 지진계 / 速度計 속도계 体温計 체온계 / 電力計 전력계 / 風力計 풍력계
□ ～高	～고, ～액, ～량	売上高 판매액 / 収穫高 수확량 / 生産高 생산액, 생산량
□ ～工	～공	印刷工 인쇄공 / 機械工 기계공 / 組立工 조립공 修理工 수리공 / 熟練工 숙련공 / 配管工 배관공 見習工 견습공 / 溶接工 용접공

한자 활용 197

한자	뜻	출제 예상 단어		
□ ～館	～관	映画館(えいがかん) 영화관	迎賓館(げいひんかん) 영빈관	写真館(しゃしんかん) 사진관
		水族館(すいぞくかん) 수족관	西洋館(せいようかん) 서양관	博物館(はくぶつかん) 박물관
		美術館(びじゅつかん) 미술관	領事館(りょうじかん) 영사관	歴史館(れきしかん) 역사관
□ ～光	～광	直射光(ちょくしゃこう) 직사광		
□ ～教	～교	キリスト教(きょう) 기독교		
□ ～校	～교	一流校(いちりゅうこう) 일류교	実験校(じっけんこう) 실험 학교	出身校(しゅっしんこう) 출신교
		進学校(しんがくこう) 진학교	有名校(ゆうめいこう) 유명 학교	予備校(よびこう) 예비교(입시 학원)
□ ～区	～구	渋谷区(しぶやく) 시부야구	新宿区(しんじゅくく) 신주쿠구	選挙区(せんきょく) 선거구
		全国区(ぜんこくく) 전국구	地方区(ちほうく) 지방구	中野区(なかのく) 나카노구
□ ～口	～구	突破口(とっぱこう) 돌파구	排気口(はいきこう) 배기구	噴火口(ふんかこう) 분화구
		通用口(つうようぐち) 통용구	出入口(でいりぐち) 출입구	非常口(ひじょうぐち) 비상구
□ ～国	～국	海洋国(かいようこく) 해양국	合衆国(がっしゅうこく) 합중국	共和国(きょうわこく) 공화국
		後進国(こうしんこく) 후진국	交戦国(こうせんこく) 교전국	産油国(さんゆこく) 산유국
		先進国(せんしんこく) 선진국	中進国(ちゅうしんこく) 중진국	農業国(のうぎょうこく) 농업국
□ ～金	～금	違約金(いやくきん) 위약금	権利金(けんりきん) 권리금	持参金(じさんきん) 지참금
		資本金(しほんきん) 자본금	準備金(じゅんびきん) 준비금	賞与金(しょうよきん) 상여금
		退職金(たいしょくきん) 퇴직금	入学金(にゅうがくきん) 입학금	配当金(はいとうきん) 배당금
		保険金(ほけんきん) 보험금	保証金(ほしょうきん) 보증금	補助金(ほじょきん) 보조금
□ ～年	～년	一年(いちねん) 1년　二年(にねん) 2년　三年(さんねん) 3년　四年(よねん) 4년		
		五年(ごねん) 5년　六年(ろくねん) 6년　七年(しちねん・ななねん) 7년　八年(はちねん) 8년		
		九年(きゅうねん・くねん) 9년　十年(じゅうねん) 10년　何年(なんねん) 몇 년		
□ ～堂	～당	音楽堂(おんがくどう) 음악당	教会堂(きょうかいどう) 교회당	公会堂(こうかいどう) 공회당
		納骨堂(のうこつどう) 납골당	礼拝堂(れいはいどう) 예배당	

한자	뜻	출제 예상 단어
□ ～台	～대	きしょうだい 気象台 기상대　けしょうだい 化粧台 화장대　じっけんだい 実験台 실험대 しゅじゅつだい 手術台 수술대　てんもんだい 天文台 천문대　へいきんだい 平均台 평균대 いちだい 一台 1대　にだい 二台 2대　さんだい 三台 3대　よんだい 四台 4대 ごだい 五台 5대　ろくだい 六台 6대　ななだい・しちだい 七台(七台) 7대　はちだい 八台 8대 きゅうだい・くだい 九台(九台) 9대　じゅうだい 十台 10대　なんだい 何台 몇 대
□ ～代	～대, ～값	きっぷだい 切符代 표값　しゅうりだい 修理代 수리비　しょくじだい 食事代 식사대 しょせきだい 書籍代 서적비, 책값　すいどうだい 水道代 수도세　せんたくだい 洗濯代 세탁비 チケットだい チケット代 티켓비　でんきだい 電気代 전기세　ようふくだい 洋服代 양복값
□ ～図	～도	あんないず 案内図 안내도　こうかいず 航海図 항해도　しんでんず 心電図 심전도 せっけいず 設計図 설계도　だんめんず 断面図 단면도　ちけいず 地形図 지형도 てんきず 天気図 일기도　とうえいず 投影図 투영도　へいめんず 平面図 평면도
□ ～度	～도 / ～번	あんせいど 安静度 안정도　おせんど 汚染度 오염도　かんこうど 感光度 감광도 きけんど 危険度 위험도　こうふくど 幸福度 행복도　ちめいど 知名度 지명도 とうめいど 透明度 투명도　なんいど 難易度 난이도　りかいど 理解度 이해도 いちど 一度 한 번　にど 二度 두 번　さんど 三度 세 번　よんど 四度 네 번 ごど 五度 다섯 번　ろくど 六度 여섯 번　ななど・しちど 七度(七度) 일곱 번　はちど 八度 여덟 번 きゅうど 九度 아홉 번　じゅうど 十度 열 번　なんど 何度 몇 번
□ ～道	～도	とうかいどう 東海道 동해도(도쿄에서 교토까지를 잇는 해안도로)　ほっかいどう 北海道 홋카이도
□ ～頭	～마리	いっとう 一頭 1마리　にとう 二頭 2마리　さんとう 三頭 3마리　よんとう 四頭 4마리 ごとう 五頭 5마리　ろくとう 六頭 6마리　ななとう 七頭 7마리　はっとう・はちとう 八頭(八頭) 8마리 きゅうとう 九頭 9마리　じゅっとう・じっとう 十頭(十頭) 10마리　なんとう 何頭 몇 마리
□ ～楽	～악	かんげんがく 管弦楽 관현악　こうきょうがく 交響楽 교향악　すいそうがく 吹奏楽 취주악

한자	뜻	출제 예상 단어
☐ ~力	~력	観察力 관찰력　記憶力 기억력　競争力 경쟁력 決断力 결단력　原動力 원동력　思考力 사고력 実行力 실행력　指導力 지도력　集中力 집중력 生活力 생활력　忍耐力 인내력　理解力 이해력
☐ ~料	~료	慰謝料 위자료　化粧料 화장료　原稿料 원고료 広告料 광고료　授業料 수업료　受験料 수험료 使用料 사용료 N3문규　水道料 수도료　選考料 전형료 調味料 조미료　手数料 수수료　入園料 (공원) 입장료 入場料 입장료　配達料 배송료　保険料 보험료
☐ ~林	~림	原始林 원시림　原生林 원생림　国有林 국유림 針葉樹林 침엽수림　熱帯林 열대림　防風林 방풍림
☐ ~名	~명	会社名 회사명　学校名 학교명　団体名 단체명 動物名 동물명
☐ ~目	~째	五軒目 다섯 채째　五番目 다섯 번째　三年目 3년째 三人目 세 사람째　二つ目 두 번째　四時間目 4시간째
☐ ~文	~문	紀行文 기행문　疑問文 의문문　説明文 설명문 報告文 보고문　命令文 명령문　論説文 논설문
☐ ~物	~물	塩化物 염화물　海産物 해산물　刊行物 간행물 建築物 건축물　出版物 출판물　障害物 장애물 著作物 저작물　廃棄物 폐기물　郵便物 우편물 アクション物 액션물　毛織物 모직물　時代物 시대물 恋愛物 연애물
☐ ~味	~미	人間味 인간미　人情味 인정미
☐ ~民	~민	居留民 거류민, 재류민　避難民 피난민

한자	뜻	출제 예상 단어
□ ～発	～발	とうきょうえきはつ 東京駅発 동경역 발 **N2단어형성** いっぱつ 一発 1발 / にはつ 二発 2발 / さんぱつ さんはつ 三発(三発) 3발 / よんぱつ よんはつ 四発(四発) 4발 ごはつ 五発 5발 / ろっぱつ ろくはつ 六発(六発) 6발 / ななはつ 七発 7발 / はっぱつ 八発 8발 きゅうはつ 九発 9발 / じゅっぱつ じっぱつ 十発(十発) 10발 / なんぱつ 何発 몇 발
□ ～別	～별	しょくぎょうべつ 職業別 직업별 / たいじゅうべつ 体重別 체중별 / ちほうべつ 地方別 지방별 ねんれいべつ 年齢別 연령별 / のうりょくべつ 能力別 능력별 / ふけんべつ 府県別 부현별
□ ～病	～병	こくしびょう 黒死病 흑사병 / しょくぎょうびょう 職業病 직업병 / せいしんびょう 精神病 정신병 せいじんびょう 成人病 성인병 / でんせんびょう 伝染病 전염병 / とうにょうびょう 糖尿病 당뇨병 はっけつびょう 白血病 백혈병 / ひふびょう 皮膚病 피부병 / ふじんびょう 婦人病 부인병
□ ～歩	～걸음	いっぽ 一歩 1걸음 / にほ 二歩 2걸음 / さんぽ 三歩 3걸음 / よんぽ 四歩 4걸음 ごほ 五歩 5걸음 / ろっぽ 六歩 6걸음 / ななほ 七歩 7걸음 / はちほ はっぽ 八歩(八歩) 8걸음 きゅうほ 九歩 9걸음 / じゅっぽ じっぽ 十歩(十歩) 10걸음 / なんぽ 何歩 몇 걸음
□ ～服	～복 / ～잔	うちゅうふく 宇宙服 우주복 / がくせいふく 学生服 학생복 / さぎょうふく 作業服 작업복 じむふく 事務服 사무복 / ふじんふく 婦人服 부인복 / ぼうかんふく 防寒服 방한복 いっぷく 一服 1잔 / にふく 二服 2잔 / さんぷく 三服 3잔 / よんふく 四服 4잔 ごふく 五服 5잔 / ろっぷく 六服 6잔 / しちふく ななふく 七服(七服) 7잔 / はっぷく 八服 8잔 きゅうふく 九服 9잔 / じゅっぷく じっぷく 十服(十服) 10잔 / なんぷく 何服 몇 잔
□ ～本 **N5 한자읽기**	～자루, ～병	いっぽん 一本 1자루 / にほん 二本 2자루 / さんぼん 三本 3자루 / よんほん 四本 4자루 ごほん 五本 5자루 / ろっぽん 六本 6자루 / ななほん 七本 7자루 / はちほん はっぽん 八本(八本) 8자루 きゅうほん 九本 9자루 / じゅっぽん じっぽん 十本(十本) 10자루 / なんぼん 何本 몇 자루
□ ～部	～부	しゃしんぶ 写真部 사진부 / しゅっぱんぶ 出版部 출판부 / しょくひんぶ 食品部 식품부 しれいぶ 司令部 사령부 / ちゅうしんぶ 中心部 중심부 / へいやぶ 平野部 평야부
□ ～分	～분	いっぷん 一分 1분 / にふん 二分 2분 / さんぷん 三分 3분 / よんぷん 四分 4분 ごふん 五分 5분 / ろっぷん 六分 6분 / ななふん 七分 7분 / はちふん はっぷん 八分(八分) 8분 きゅうふん 九分 9분 / じゅっぷん じっぷん 十分(十分) 10분 / なんぷん 何分 몇 분

한자	뜻	출제 예상 단어		
□ ～社	～사	新聞社 しんぶんしゃ 신문사	赤十字社 せきじゅうじしゃ 적십자사	通信社 つうしんしゃ 통신사
□ ～死	～사	安楽死 あんらくし 안락사	過労死 かろうし 과로사	事故死 じこし 사고사
□ ～産	～산	アメリカ産 さん 미국산 N3문규	韓国産 かんこくさん 한국산	中国産 ちゅうごくさん 중국산
		日本産 にほんさん 일본산		
□ ～上	～상	一身上 いっしんじょう 일신상	学問上 がくもんじょう 학문상	教育上 きょういくじょう 교육상
		経済上 けいざいじょう 경제상	研究上 けんきゅうじょう 연구상	健康上 けんこうじょう 건강상
		政治上 せいじじょう 정치상	地球上 ちきゅうじょう 지구상	都合上 つごうじょう 형편상
		道義上 どうぎじょう 도의상	必要上 ひつようじょう 필요상	法律上 ほうりつじょう 법률상
□ ～色	～색	郷土色 きょうどしょく 향토색	国際色 こくさいしょく 국제색 N2단어형성	三原色 さんげんしょく 삼원색
		地方色 ちほうしょく 지방색	中間色 ちゅうかんしょく 중간색	天然色 てんねんしょく 천연색
□ ～生	～생	研究生 けんきゅうせい 연구생	研修生 けんしゅうせい 연수생	高校生 こうこうせい 고교생
		在校生 ざいこうせい 재학생	小学生 しょうがくせい 초등학생	新入生 しんにゅうせい 신입생
		大学生 だいがくせい 대학생	中学生 ちゅうがくせい 중학생	留学生 りゅうがくせい 유학생
□ ～書	～서	医学書 いがくしょ 의학서	貴重書 きちょうしょ 귀중서	教科書 きょうかしょ 교과서
		研究書 けんきゅうしょ 연구서	参考書 さんこうしょ 참고서	証明書 しょうめいしょ 증명서
		新刊書 しんかんしょ 신간서	申請書 しんせいしょ 신청서	請求書 せいきゅうしょ 청구서
		専門書 せんもんしょ 전문서	入門書 にゅうもんしょ 입문서	報告書 ほうこくしょ 보고서
		申込書 もうしこみしょ 신청서 N3문규		
□ ～席	～석	運転席 うんてんせき 운전석	助手席 じょしゅせき 조수석	予約席 よやくせき 예약석
□ ～先	～처, ～손님	勤務先 きんむさき 근무처	仕事先 しごとさき 일터	出張先 しゅっちょうさき 출장지
		得意先 とくいさき 단골 손님	取引先 とりひきさき 거래처	連絡先 れんらくさき 연락처
□ ～説	～설	原子説 げんしせつ 원자설	権力説 けんりょくせつ 권력설	性悪説 せいあくせつ 성악설
		性善説 せいぜんせつ 성선설	地動説 ちどうせつ 지동설	予定説 よていせつ 예정설

한자	뜻	출제 예상 단어
~所	~소	案内所 あんないじょ 안내소 / 営業所 えいぎょうしょ 영업소 / 休憩所 きゅうけいじょ 휴게소 / 刑務所 けいむしょ 형무소 / 研究所 けんきゅうじょ 연구소 / 拘置所 こうちしょ 구치소 / 撮影所 さつえいじょ 촬영소 / 事務所 じむしょ 사무소 / 洗面所 せんめんじょ 화장실 / 登記所 とうきしょ 등기소 / 派出所 はしゅつじょ 파출소 / 保健所 ほけんじょ 보건소
~水	~수	飲料水 いんりょうすい 음료수 / 化粧水 けしょうすい 화장수 / 石灰水 せっかいすい 석회수 / 蒸留水 じょうりゅうすい 증류수 / 炭酸水 たんさんすい 탄산수 / 地下水 ちかすい 지하수
~手	~수	運転手 うんてんしゅ 운전수 / 外野手 がいやしゅ 외야수 / 交換手 こうかんしゅ 교환수 / 射撃手 しゃげきしゅ 사격수 / 内野手 ないやしゅ 내야수 / 遊撃手 ゆうげきしゅ 유격수
~時	~시	緊急時 きんきゅうじ 긴급시 / 空腹時 くうふくじ 공복시 / 交渉時 こうしょうじ 교섭시 / 衝突時 しょうとつじ 충돌시 / 非常時 ひじょうじ 비상시 / 標準時 ひょうじゅんじ 표준시 / 一時 いちじ 1시 / 二時 にじ 2시 / 三時 さんじ 3시 / 四時 よじ 4시 / 五時 ごじ 5시 / 六時 ろくじ 6시 / 七時 しちじ 7시 / 八時 はちじ 8시 / 九時 くじ 9시 / 十時 じゅうじ 10시 / 何時 なんじ 몇 시
~市	~시 / ~시장	大阪市 おおさかし 오사카시 / 京都市 きょうとし 교토시 / 長野市 ながのし 나가노시 / 青物市 あおものいち 채소 시장 / 古本市 ふるほんいち 헌책 시장
~食	~식	栄養食 えいようしょく 영양식 / 宇宙食 うちゅうしょく 우주식 / 規定食 きていしょく 규정식 / 機内食 きないしょく 기내식 / 固形食 こけいしょく 고형식 / 自然食 しぜんしょく 자연식 / 代用食 だいようしょく 대용식 / 病人食 びょうにんしょく 환자식 / 離乳食 りにゅうしょく 이유식
~室	~실	応接室 おうせつしつ 응접실 / 会議室 かいぎしつ 회의실 / 喫煙室 きつえんしつ 흡연실 / 教務室 きょうむしつ 교무실 / 研究室 けんきゅうしつ 연구실 / 化粧室 けしょうしつ 화장실 / 実験室 じっけんしつ 실험실 / 手術室 しゅじゅつしつ 수술실 / 職員室 しょくいんしつ 직원실 / 図書室 としょしつ 도서실 / 面会室 めんかいしつ 면회실

한자	뜻	출제 예상 단어		
□ ~心	~심	愛校心(あいこうしん) 애교심	競争心(きょうそうしん) 경쟁심	虚栄心(きょえいしん) 허영심
		警戒心(けいかいしん) 경계심	道徳心(どうとくしん) 도덕심	反抗心(はんこうしん) 반항심
		冒険心(ぼうけんしん) 모험심	勇猛心(ゆうもうしん) 용맹심	利己心(りこしん) 이기심
□ ~悪	~악	社会悪(しゃかいあく) 사회악	必要悪(ひつようあく) 필요악	
□ ~弱	~이 조금 안 됨	三千名弱(さんぜんめいじゃく) 3천 명이 조금 안 됨	十万円弱(じゅうまんえんじゃく) 10만 엔이 조금 안 됨	
□ ~薬	~약	胃腸薬(いちょうやく) 위장약	外用薬(がいようやく) 외용약	漢方薬(かんぽうやく) 한방약
		消毒薬(しょうどくやく) 소독약	常備薬(じょうびやく) 상비약	睡眠薬(すいみんやく) 수면약
		特効薬(とっこうやく) 특효약	内服薬(ないふくやく) 내복약	麻酔薬(ますいやく) 마취약
□ ~語	~어	外国語(がいこくご) 외국어	外来語(がいらいご) 외래어	韓国語(かんこくご) 한국어
		擬声語(ぎせいご) 의성어	共通語(きょうつうご) 공통어	現代語(げんだいご) 현대어
		中国語(ちゅうごくご) 중국어	同義語(どうぎご) 동의어	日本語(にほんご) 일본어
		反対語(はんたいご) 반대어	標準語(ひょうじゅんご) 표준어	類義語(るいぎご) 유의어
□ ~魚	~어	塩乾魚(えんかんぎょ) 소금에 절여 말린 생선	淡水魚(たんすいぎょ) 담수어, 민물고기	熱帯魚(ねったいぎょ) 열대어
□ ~業	~업	印刷業(いんさつぎょう) 인쇄업	建築業(けんちくぎょう) 건축업	自由業(じゆうぎょう) 자유업
		製造業(せいぞうぎょう) 제조업	造船業(ぞうせんぎょう) 조선업	販売業(はんばいぎょう) 판매업
□ ~駅	~역	始発駅(しはつえき) 시발역	終着駅(しゅうちゃくえき) 종착역	新宿駅(しんじゅくえき) 신주쿠역
□ ~屋	~가게, ~직업인	運送屋(うんそうや) 운송기사	機械屋(きかいや) 기계를 파는 사람	技術屋(ぎじゅつや) 기술가
		政治屋(せいじや) 정치가	電気屋(でんきや) 전파상	料理屋(りょうりや) 음식점
□ ~外	~외	管轄外(かんかつがい) 관할 외	規定外(きていがい) 규정 외	勤務外(きんむがい) 근무 외
		時間外(じかんがい) 시간 외	範囲外(はんいがい) 범위 외	問題外(もんだいがい) 문제 외
		予算外(よさんがい) 예산 외	予想外(よそうがい) 예상외	領域外(りょういきがい) 영역 외

한자	뜻	출제 예상 단어		
☐ ～用	～용	大人用(おとなよう) 성인용	家庭用(かていよう) 가정용	競争用(きょうそうよう) 경쟁용
		業務用(ぎょうむよう) 업무용	検査用(けんさよう) 검사용	工業用(こうぎょうよう) 공업용
		子供用(こどもよう) 아이용, 어린이용	自家用(じかよう) 자가용	実験用(じっけんよう) 실험용
		受験用(じゅけんよう) 수험용	女性用(じょせいよう) 여성용	整理用(せいりよう) 정리용
		男性用(だんせいよう) 남성용	非常用(ひじょうよう) 비상용	麻酔用(ますいよう) 마취용
☐ ～雨	～우	酸性雨(さんせいう) 산성비		
☐ ～園	～원	動物園(どうぶつえん) 동물원	バラ園(えん) 장미정원	幼稚園(ようちえん) 유치원
☐ ～円	～엔	一円(いちえん) 1엔	二円(にえん) 2엔	三円(さんえん) 3엔	四円(四円)(よえん/よんえん) 4엔
		五円(ごえん) 5엔	六円(ろくえん) 6엔	七円(ななえん) 7엔	八円(はちえん) 8엔
		九円(きゅうえん) 9엔	十円(じゅうえん) 10엔	百円(ひゃくえん) 100엔	何円(なんえん) 몇 엔
☐ ～院	～원	芸術院(げいじゅついん) 예술원	孤児院(こじいん) 고아원	参議院(さんぎいん) 참의원
		衆議院(しゅうぎいん) 중의원	修道院(しゅうどういん) 수도원	少年院(しょうねんいん) 소년원
		大学院(だいがくいん) 대학원	美容院(びよういん) 미용실	養老院(ようろういん) 양로원
☐ ～員	～원	運動員(うんどういん) 운동원	会社員(かいしゃいん) 회사원	学芸員(がくげいいん) 학예원
		教職員(きょうしょくいん) 교직원	警備員(けいびいん) 경비원	研究員(けんきゅういん) 연구원
		公務員(こうむいん) 공무원	事務員(じむいん) 사무원	乗務員(じょうむいん) 승무원
		調査員(ちょうさいん) 조사원	通信員(つうしんいん) 통신원	特派員(とくはいん) 특파원
☐ ～月	～월/～달	一月(いちがつ) 1월	二月(にがつ) 2월	三月(さんがつ) 3월	四月(しがつ) 4월
		五月(ごがつ) 5월	六月(ろくがつ) 6월	七月(しちがつ) 7월	八月(はちがつ) 8월
		九月(くがつ) 9월	十月(じゅうがつ) 10월	十一月(じゅういちがつ) 11월	十二月(じゅうにがつ) 12월
		何月(なんがつ) 몇 월			
		一月(ひとつき) 1달	二月(ふたつき) 2달	三月(みつき) 3달	四月(よつき) 4달
		五月(いつつき) 5달	六月(むつき) 6달	七月(ななつき) 7달	八月(やつき) 8달
		九月(ここのつき) 9달	十月(とつき) 10달	何ヶ月(なんげつ) 몇 달	

한자	뜻	출제 예상 단어		
~医	~의	開業医 (かいぎょうい) 개업의	眼科医 (がんかい) 안과의	漢方医 (かんぽうい) 한의사
		外科医 (げかい) 외과의	歯科医 (しかい) 치과의사	主治医 (しゅじい) 주치의
		専属医 (せんぞくい) 전속 의사	専門医 (せんもんい) 전문의	内科医 (ないかい) 내과의
~人	~인 / ~명	芸能人 (げいのうじん) 연예인	現代人 (げんだいじん) 현대인	古代人 (こだいじん) 고대인
		社会人 (しゃかいじん) 사회인	西洋人 (せいようじん) 서양인	中国人 (ちゅうごくじん) 중국인
		日本人 (にほんじん) 일본인	文化人 (ぶんかじん) 문화인	有名人 (ゆうめいじん) 유명인
		参考人 (さんこうにん) 참고인	支配人 (しはいにん) 지배인	選挙人 (せんきょにん) 선거인
		世話人 (せわにん) 남을 돌봐주는 사람	相続人 (そうぞくにん) 상속인	保証人 (ほしょうにん) 보증인
		一人 (ひとり) 1명　二人 (ふたり) 2명　三人 (さんにん) 3명　四人 (よにん) 4명		
		五人 (ごにん) 5명　六人 (ろくにん) 6명　七人 (しちにん) 7명　八人 (はちにん) 8명		
		九人(九人) (きゅうにん・くにん) 9명　十人 (じゅうにん) 10명　何人 (なんにん) 몇 명		
~日	~일	記念日 (きねんび) 기념일	誕生日 (たんじょうび) 생일	
		一日 (ついたち) 1일　二日 (ふつか) 2일　三日 (みっか) 3일　四日 (よっか) 4일		
		五日 (いつか) 5일　六日 (むいか) 6일　七日 (なのか) 7일　八日 (ようか) 8일		
		九日 (ここのか) 9일　十日 (とおか) 10일　十一日 (じゅういちにち) 몇 일　十四日 (じゅうよっか) 14일		
		十九日 (じゅうくにち) 19일　二十日 (はつか) 20일　二十四日 (にじゅうよっか) 24일　二十九日 (にじゅうくにち) 29일		
		三十日 (さんじゅうにち) 30일　何日 (なんにち) 며칠		
~一	~제일	世界一 (せかいいち) 세계 제일	日本(日本)一 (にほん・にっぽんいち) 일본 제일	社内一 (しゃないいち) 사내 제일
~者	~자	科学者 (かがくしゃ) 과학자	学習者 (がくしゅうしゃ) 학습자	教育者 (きょういくしゃ) 교육자
		協力者 (きょうりょくしゃ) 협력자	経営者 (けいえいしゃ) 경영자	研究者 (けんきゅうしゃ) 연구자
		合格者 (ごうかくしゃ) 합격자	支配者 (しはいしゃ) 지배자	消費者 (しょうひしゃ) 소비자
		生産者 (せいさんしゃ) 생산자	責任者 (せきにんしゃ) 책임자	代表者 (だいひょうしゃ) 대표자
		担当者 (たんとうしゃ) 담당자	配偶者 (はいぐうしゃ) 배우자	文学者 (ぶんがくしゃ) 문학자
		編集者 (へんしゅうしゃ) 편집자	有力者 (ゆうりょくしゃ) 유력자	利用者 (りようしゃ) 이용자
~作	~작	出世作 (しゅっせさく) 출세작	処女作 (しょじょさく) 처녀작, 첫 작품	平年作 (へいねんさく) 평년작

한자	뜻	출제 예상 단어		
□ ～場	～장	運動場(うんどうじょう) 운동장	会議場(かいぎじょう) 회의장	競技場(きょうぎじょう) 경기장
		試験場(しけんじょう) 시험장	浄水場(じょうすいじょう) 정수장	駐車場(ちゅうしゃじょう) 주차장
		停車場(ていしゃじょう) 정차장	飛行場(ひこうじょう) 비행장	養魚場(ようぎょじょう) 양어장
□ ～長	～장	教育長(きょういくちょう) 교육장	警察署長(けいさつしょちょう) 경찰서장	研究所長(けんきゅうじょちょう) 연구소장
		裁判所長(さいばんしょちょう) 재판소장	支店長(してんちょう) 지점장	書記長(しょきちょう) 서기장
□ ～前	～전	紀元前(きげんぜん) 기원전	使用前(しようぜん) 사용 전	
□ ～店	～점	飲食店(いんしょくてん) 음식점	喫茶店(きっさてん) 찻집, 다방	小売店(こうりてん) 소매점
		専門店(せんもんてん) 전문점	代理店(だいりてん) 대리점	特約店(とくやくてん) 특약점
		百貨店(ひゃっかてん) 백화점	洋品店(ようひんてん) 양품점	理髪店(りはつてん) 이발소
□ ～鳥	～조	不死鳥(ふしちょう) 불사조	保護鳥(ほごちょう) 보호조, 보호새	
□ ～族	～족	団地族(だんちぞく) 단지에 사는 사람	暴走族(ぼうそうぞく) 폭주족	
□ ～足	～켤레	一足(いっそく) 1켤레 / 二足(にそく) 2켤레 / 三足(さんぞく) 3켤레 / 四足(よんそく) 4켤레		
		五足(ごそく) 5켤레 / 六足(ろくそく) 6켤레 / 七足(ななそく) 7켤레 / 八足(はっそく) 8켤레		
		九足(きゅうそく) 9켤레 / 十足(じゅっそく・じっそく)(十足) 10켤레 / 何足(なんぞく・なんそく)(何足) 몇 켤레		
□ ～中	～중 / 온～	会議中(かいぎちゅう) 회의 중	休暇中(きゅうかちゅう) 휴가 중	試験中(しけんちゅう) 시험 중
		仕事中(しごとちゅう) 작업 중	授業中(じゅぎょうちゅう) 수업 중	食事中(しょくじちゅう) 식사 중
		戦争中(せんそうちゅう) 전쟁 중	電話中(でんわちゅう) 전화 중	来月中(らいげつちゅう) 내달 중
		家中(いえじゅう) 온 집안	一日中(いちにちじゅう) 하루 종일	一年中(いちねんじゅう) 1년 내내
		顔中(かおじゅう) 온 얼굴	学校中(がっこうじゅう) 온 학교	体中(からだじゅう) 온 몸
		世界中(せかいじゅう) 세계 도처, 전 세계	東京中(とうきょうじゅう) 온 도쿄	夏休み中(なつやすみじゅう) 여름방학 내내
		年中(ねんじゅう) 1년 내내, 언제나	部屋中(へやじゅう) 온 방	村中(むらじゅう) 온 마을
□ ～紙	～지	印画紙(いんがし) 인화지	画用紙(がようし) 도화지	五線紙(ごせんし) 오선지
		試験紙(しけんし) 시험지	新聞紙(しんぶんし) 신문지	全国紙(ぜんこくし) 전국지
		複写紙(ふくしゃし) 복사지	方眼紙(ほうがんし) 방안지, 모눈종이	包装紙(ほうそうし) 포장지

한자	뜻	출제 예상 단어		
□ ～池	～지	貯水池(ちょすいち) 저수지	養魚池(ようぎょち) 양어지	
□ ～地	～지	原産地(げんさんち) 원산지	行楽地(こうらくち) 행락지	住宅地(じゅうたくち) 주택지
		出身地(しゅっしんち) 출신지	植民地(しょくみんち) 식민지	所在地(しょざいち) 소재지
		占領地(せんりょうち) 점령지	中心地(ちゅうしんち) 중심지	発祥地(はっしょうち) 발상지
		避暑地(ひしょち) 피서지	目的地(もくてきち) 목적지	遊園地(ゆうえんち) 유원지
□ ～質	～질	筋肉質(きんにくしつ) 근육질	原型質(げんけいしつ) 원형질	細胞質(さいぼうしつ) 세포질
		神経質(しんけいしつ) 신경질	象牙質(ぞうげしつ) 상아질	蛋白質(たんぱくしつ) 단백질
		電解質(でんかいしつ) 전해질	分裂質(ぶんれつしつ) 분열질	無機質(むきしつ) 무기질
□ ～集	～집	作品集(さくひんしゅう) 작품집 N2단어형성	写真集(しゃしんしゅう) 사진집	単語集(たんごしゅう) 단어집
		標本集(ひょうほんしゅう) 표본집	問題集(もんだいしゅう) 문제집	用例集(ようれいしゅう) 용례집
□ ～車	～차	大型車(おおがたしゃ) 대형차	小型車(こがたしゃ) 소형차	機関車(きかんしゃ) 기관차
		救急車(きゅうきゅうしゃ) 구급차	国民車(こくみんしゃ) 국민차	三輪車(さんりんしゃ) 삼륜차
		食堂車(しょくどうしゃ) 식당차	乗用車(じょうようしゃ) 승용차	除雪車(じょせつしゃ) 제설차
		寝台車(しんだいしゃ) 침대차	中古車(ちゅうこしゃ) 중고차	輸送車(ゆそうしゃ) 수송차
□ ～着	～착/～벌	上野着(うえのちゃく) 우에노 도착	五時着(ごじちゃく) 5시 도착	新大阪着(しんおおさかちゃく) 신오사카 도착
		一着(いっちゃく) 1벌	二着(にちゃく) 2벌	三着(さんちゃく) 3벌 四着(よんちゃく) 4벌
		五着(ごちゃく) 5벌	六着(ろくちゃく) 6벌	七着(ななちゃく) 7벌 八着(はっちゃく) 8벌
		九着(きゅうちゃく) 9벌	十着(じゅっちゃく/じっちゃく)(十着) 10벌	何着(なんちゃく) 몇 벌
□ ～通	～통	映画通(えいがつう) 영화통	経済通(けいざいつう) 경제통	事情通(じじょうつう) 소식통
		芝居通(しばいつう) 연극통	消息通(しょうそくつう) 소식통	情報通(じょうほうつう) 정보통
□ ～便	～편	航空便(こうくうびん) 항공편, 항공 우편	国際便(こくさいびん) 국제편	国内便(こくないびん) 국내편
		速達便(そくたつびん) 속달편	宅配便(たくはいびん) 택배편	定期便(ていきびん) 정기편
		搭乗便(とうじょうびん) 탑승편	バイク便(びん) 오토바이편	普通便(ふつうびん) 보통편

한자	뜻	출제 예상 단어		
☐ ～品	～품	医薬品 (いやくひん) 의약품	学用品 (がくようひん) 학용품	芸術品 (げいじゅつひん) 예술품
		高級品 (こうきゅうひん) 고급품	工芸品 (こうげいひん) 공예품	国産品 (こくさんひん) 국산품
		試供品 (しきょうひん) 견본품	消耗品 (しょうもうひん) 소모품	装飾品 (そうしょくひん) 장식품
		日用品 (にちようひん) 일용품	発明品 (はつめいひん) 발명품	必需品 (ひつじゅひん) 필수품
		不良品 (ふりょうひん) 불량품	輸出品 (ゆしゅつひん) 수출품	輸入品 (ゆにゅうひん) 수입품
☐ ～風	～풍	学者風 (がくしゃふう) 학자풍	紳士風 (しんしふう) 신사풍	中国風 (ちゅうごくふう) 중국풍
		中世風 (ちゅうせいふう) 중세풍	当世風 (とうせいふう) 당시의 풍조	日本風 (にほんふう) 일본풍
		ビジネスマン風 (ふう) 비즈니스맨풍 N2단어형성		
		ヨーロッパ風 (ふう) 유럽풍 N2단어형성		
☐ ～下	～하	意識下 (いしきか) 의식하	監督下 (かんとくか) 감독하	管理下 (かんりか) 관리하 N2단어형성
		時局下 (じきょくか) 시국하	支配下 (しはいか) 지배하	政治下 (せいじか) 정치하
		戦時下 (せんじか) 전시하	台風下 (たいふうか) 태풍하	氷点下 (ひょうてんか) 빙점하
☐ ～学	～학	音声学 (おんせいがく) 음성학	教育学 (きょういくがく) 교육학	行政学 (ぎょうせいがく) 행정학
		経営学 (けいえいがく) 경영학	考古学 (こうこがく) 고고학	心理学 (しんりがく) 심리학
		人類学 (じんるいがく) 인류학	政治学 (せいじがく) 정치학	統計学 (とうけいがく) 통계학
		人間学 (にんげんがく) 인간학	文献学 (ぶんけんがく) 문헌학	歴史学 (れきしがく) 역사학
☐ ～漢	～한	正義漢 (せいぎかん) 정의로운 남자	熱血漢 (ねっけつかん) 열혈남	門外漢 (もんがいかん) 문외한
☐ ～海	～해	地中海 (ちちゅうかい) 지중해	南極海 (なんきょくかい) 남극해	北極海 (ほっきょくかい) 북극해
☐ ～行	～행	逃避行 (とうひこう) 도피행		
		東京行 (とうきょうゆき) 도쿄행		
☐ ～県	～현	青森県 (あおもりけん) 아오모리현	長崎県 (ながさきけん) 나가사키현	長野県 (ながのけん) 나가노현
☐ ～画	～화	肖像画 (しょうぞうが) 초상화	人物画 (じんぶつが) 인물화	水彩画 (すいさいが) 수채화
		水墨画 (すいぼくが) 수묵화	西洋画 (せいようが) 서양화	想像画 (そうぞうが) 상상화
		東洋画 (とうようが) 동양화	日本画 (にほんが) 일본화	風俗画 (ふうぞくが) 풍속화

한자	뜻	출제 예상 단어
☐ ～花	～화	かんじょうか 管状花 관상화　　すいちゅうか 水中花 수중화　　すいばいか 水媒花 수매화 せつげっか 雪月花 눈, 달, 꽃(일본의 자연미)　　ちょうばいか 鳥媒花 조매화　　ほうせんか 鳳仙花 봉선화
☐ ～会	～회	うんどうかい 運動会 운동회　　えんそうかい 演奏会 연주회　　おんがくかい 音楽会 음악회 がくげいかい 学芸会 학예회　　かんげいかい 歓迎会 환영회　　こうちょうかい 公聴会 공청회 しんねんかい 新年会 신년회　　せいとかい 生徒会 학생회　　せつめいかい 説明会 설명회 てんらんかい 展覧会 전람회　　どうそうかい 同窓会 동창회　　ぼうねんかい 忘年会 송년회
☐ ～回	～회	いっかい 一回 1회　　にかい 二回 2회　　さんかい 三回 3회　　よんかい 四回 4회 ごかい 五回 5회　　ろっかい 六回 6회　　ななかい 七回 7회　　はっかい 八回 8회 きゅうかい 九回 9회　　じゅっかい(じっかい) 十回(十回) 10회　　なんかい 何回 몇 회
☐ ～後	～후	かいしご 開始後 개시 후　　かんせいご 完成後 완성 후　　きこくご 帰国後 귀국 후 しゅうしょくご 就職後 취직 후　　しゅうりょうご 終了後 종료 후　　せんきょご 選挙後 선거 후 そつぎょうご 卒業後 졸업 후　　たいしょくご 退職後 퇴직 후　　ていねんご 定年後 정년 후

복합동사 15

한자	출제 예상 단어		
～上がる	浮かび上がる 떠오르다	起き上がる 일어나다	思い上がる 우쭐하다, 잘난 체하다
	出来上がる 완성되다	召し上がる 드시다	盛り上がる 고조되다
～上げる	編み上げる 다 짜다	洗い上げる 씻어 내다	歌い上げる 끝까지 노래하다
	打ち上げる 쏘아올리다	書き上げる 다 쓰다	育て上げる 길러 내다
	作り上げる 만들어 내다	勤め上げる 무사히 끝내다	取り上げる 빼앗다
	見上げる 올려다보다	磨き上げる 충분히 닦다	焼き上げる 잘 굽다, 구워 내다
～始める	動き始める 움직이기 시작하다	書き始める 쓰기 시작하다	帰り始める 돌아가기 시작하다
	咲き始める 피기 시작하다	使い始める 사용하기 시작하다	出始める 나오기 시작하다
	照り始める (날이) 개기 시작하다	働き始める 일하기 시작하다	読み始める 읽기 시작하다
引き～	引き揚げる 철수하다	引き受ける 떠맡다	引き続く 잇따르다
	引き留める 만류하다	引き取る 떠맡다	引き抜く 뽑다
	引き寄せる 바싹 끌어당기다	引き分ける 떼어 놓다, 비기다	引き渡す 넘겨주다, 인도하다
～入れる	受け入れる 받아들이다	押し入れる 밀어 넣다	買い入れる 매입하다
	書き入れる 적어 넣다	取り入れる 안에 넣다	迎え入れる 맞아들이다
切り～	切り上げる 일단락짓다	切り換える 전환하다	切り捨てる 잘라 버리다
	切り出す 말을 꺼내다	切り抜く 오려내다	切り抜ける 벗어나다, 타개하다
～切る	言い切る 단언하다	思い切る 단념하다	貸し切る 전세주다
	困り切る 궁지에 몰리다	締め切る 마감하다	信じ切る 완전히 믿다
	使い切る 다 사용하다	疲れ切る 완전히 지치다	逃げ切る 도망치다, 간신히 이기다
	乗り切る 극복하다	焼き切る 모두 태우다	読み切る 독파하다
～終わる	集め終わる 다 모으다	書き終わる 다 쓰다	聞き終わる 다 듣다
	食べ終わる 다 먹다	使い終わる 다 사용하다	飲み終わる 다 마시다
	話し終わる 다 이야기하다	見終わる 다 보다	読み終わる 다 읽다

한자	출제 예상 단어		
☐ ～出す	動き出す 움직이기 시작하다	怒り出す 화내기 시작하다	騒ぎ出す 떠들기 시작하다
	飛び出す 튀어나오다	取り出す 꺼내다	泣き出す 울기 시작하다
	引き出す 인출하다	降り出す 내리기 시작하다	笑い出す 웃기 시작하다
☐ ～出る	進み出る 나오다, 나아가다	届け出る 신고하다, 신청하다	申し出る 자청하다, 요청하다
☐ ～通す	言い通す 끝까지 주장하다, 우기다	押し通す 끝까지 밀고 나가다	貫き通す 끝까지 관철하다
	見通す 다 보다	やり通す 끝까지 해내다	読み通す 끝까지 다 읽다
☐ ～合う	言い合う 서로 말하다	押し合う 서로 밀다	教え合う 서로 가르치다
	知り合う 서로 알게 되다	抱き合う 서로 껴안다	信じ合う 서로 믿다
	助け合う 서로 돕다	付き合う 교제하다	話し合う 대화하다
☐ ～合わせる	問い合わせる 문의하다	待ち合わせる 만나기로 하다	見合わせる 마주 보다, 보류하다
☐ ～回る	歩き回る 걸어다니다	動き回る 계속 움직이다	駆け回る 뛰어다니다
	出回る 나다니다, 나돌다	飛び回る 뛰어다니다	逃げ回る 도망다니다
	走り回る 뛰어다니다	見回る 보고 다니다, 돌아보다	持ち回る 들고 다니다
☐ ～回す	飲み回す 돌려 마시다	乗り回す 차를 몰고 돌아다니다	見回す 둘러보다

연습문제 36

>>> (　　) に入れるのに最もよいものを、1・2・3・4から一つ選びなさい。

1. 彼は自分が世界（　　）で一番えらいと思い込んでいる。
   1 ちゅう　　2 なか　　3 じゅう　　4 じょう

2. 会社が倒産（とうさん）したので、退職（　　）は雀（すずめ）の涙であろう。
   1 化　　2 金　　3 液　　4 者

3. 日本映画（　　）の大物（おおもの）のほとんどが式に出席していた。
   1 産　　2 派　　3 圏　　4 界

4. 専門（　　）に診察（しんさつ）してもらったほうがいい。
   1 員　　2 際　　3 医　　4 職

5. 徹夜（てつや）してようやくレポートを書き（　　）。
   1 返った　　2 上げた　　3 回した　　4 散らした

6. 血液（　　）や星座（せいざ）と性格は科学的根拠（こんきょ）に裏付（うらづ）けられたものではない。
   1 形　　2 録　　3 型　　4 制

7. 兄は難病（なんびょう）を治す特効（とっこう）（　　）の研究にたずさわっている。
   1 庁　　2 省　　3 局　　4 薬

8. 1日3（　　）きちんと食べて健康的（けんこうてき）に痩せるダイエットの方法がある。
   1 式　　2 目　　3 度　　4 軒

9. 今後、現場（げんば）の責任（　　）として管理（かんり）を行（おこな）っていくことになる。
   1 圏　　2 者　　3 感　　4 役

10. この計画は（　　）方面（ほうめん）から期待されている。
    1 仮　　2 当　　3 前　　4 多

단어형성 콕콕 연습문제 37

정답 P.279

》》（　　）に入れるのに最もよいものを、1・2・3・4から一つ選びなさい。

1 外交（　　）は海外に赴き他国の人たちと交渉や異文化交流をするのが仕事です。
1 官　　　2 場　　　3 枚　　　4 紙

2 病気にかかり、予想（　　）のお金がかかってしまった。
1 上　　　2 下　　　3 内　　　4 外

3 損失額は去年の（　　）時期と比べて、10パーセント以上あがっている。
1 帳　　　2 再　　　3 半　　　4 同

4 いま会議中なので、会議（　　）は使えません。
1 室　　　2 係　　　3 路　　　4 席

5 このパズルを解くには集中（　　）が必要です。
1 料　　　2 代　　　3 分　　　4 力

6 彼はわれわれの計画をすべて見（　　）いるようだ。
1 通して　　　2 慣れて　　　3 回して　　　4 合って

7 あの大学は外国人留学（　　）を積極的に受け入れている。
1 院　　　2 人　　　3 生　　　4 児

8 その地方に限定される特有な風俗などをローカルカラーまたは地方（　　）と言う。
1 屋　　　2 色　　　3 鳥　　　4 学

9 家電の（　　）製品情報やレビューを毎日配信する。
1 新　　　2 多　　　3 先　　　4 生

10 詳しくは窓口へ直接お問い（　　）ください。
1 続けて　　　2 始めて　　　3 合わせて　　　4 寄って

단어형성 콕콕 연습문제 38

>>> （　）に入れるのに最もよいものを、1・2・3・4から一つ選びなさい。

1 社会（　　）は趣味を見つけて気分をリフレッシュすることも大切です。
　1 人　　　　2 後　　　　3 日　　　　4 民

2 体力を増進するには（　　）生活を改善しなければいけない。
　1 急　　　　2 短　　　　3 食　　　　4 軽

3 彼らの提案を受け（　　）前に、あらゆる面から考える必要がある。
　1 上げる　　2 入れる　　3 合う　　　4 通す

4 新入社員のため、社長主催で歓迎（　　）がひらかれた。
　1 会　　　　2 心　　　　3 屋　　　　4 下

5 市民の意見を取り（　　）ための装置。
　1 入れる　　2 換える　　3 越える　　4 詰める

6 今日の試合を見ては、岡本は山田の（　　）敵手とは言えないね。
　1 無　　　　2 未　　　　3 好　　　　4 良

7 乾電池は航空（　　）で送れません。
　1 便　　　　2 堂　　　　3 歩　　　　4 屋

8 公害は工業化の必要（　　）です。
　1 用　　　　2 悪　　　　3 医　　　　4 族

9 手作りの子ども（　　）エプロンを製作し、販売している。
　1 品　　　　2 質　　　　3 用　　　　4 面

10 今年もインフルエンザが（　　）流行している。
　1 広　　　　2 大　　　　3 悪　　　　4 好

단어 형성 콕콕 연습문제 39

>>> (　　)に入れるのに最もよいものを、1·2·3·4から一つ選びなさい。

1 パソコン修理は専門（　　）に任せるのが一番いい。
　　1 行　　　　2 地　　　　3 口　　　　4 家

2 日本のすばらしい工芸（　　）を世界に紹介する。
　　1 風　　　　2 国　　　　3 品　　　　4 生

3 このくつを一（　　）ください。
　　1 足　　　　2 着　　　　3 本　　　　4 匹

4 江戸時代の日本は徳川将軍の支配（　　）にあった。
　　1 人　　　　2 上　　　　3 下　　　　4 者

5 彼が加わってから会の雰囲気が盛り（　　）きた。
　　1 回して　　2 慣れて　　3 寄せて　　4 上がって

6 本当の友情とは、どんな場合でも信じ（　　）ことだ。
　　1 替える　　2 受ける　　3 渡る　　　4 合う

7 （　　）期間で売りあげの目標額を達成した。
　　1 小　　　　2 前　　　　3 中　　　　4 短

8 多くの企業が最近の（　　）景気で倒産している。
　　1 不　　　　2 非　　　　3 未　　　　4 無

9 田中さんは学校（　　）として名古屋の高校に行くことになった。
　　1 長　　　　2 内　　　　3 席　　　　4 部

10 依然として（　　）時間労働が問題となっている。
　　1 末　　　　2 試　　　　3 主　　　　4 長

Part 04

헷갈리기 쉬운 단어

01 청음 VS 탁음
02 장음 VS 단음
03 음이 2개 있는 한자

01 청음 vs 탁음

색으로 표시된 단어는 음이 2개 있어 다른 음으로 읽거나 연탁음 때문에 원래 음과 다르게 읽는 경우를 나타낸다.

1 「か」와「が」의 비교

「か」로 읽는 한자는 16자, 「が」로 읽는 한자는 「画」 이외에는 없다.
「か」로 읽는 한자 중에서 「運河(うんが)」는 연탁음에 의해 탁음이 생긴다.

か

可	可決(かけつ) 可能(かのう) 許可(きょか) 不可(ふか)	果	果実(かじつ) 結果(けっか) 効果(こうか)
歌	歌手(かしゅ) ～歌(か)	加	加減(かげん) 加速(かそく) 参加(さんか) 増加(ぞうか) 追加(ついか)
仮	仮定(かてい) 仮名(かな)	河	河川(かせん) 運河(うんが)
家	家屋(かおく) 家具(かぐ) 家事(かじ) 家族(かぞく) 家庭(かてい) 家内(かない) 画家(がか) 作家(さっか) 農家(のうか) ～家(か)	化	化学(かがく) 強化(きょうか) 消化(しょうか) 文化(ぶんか) 変化(へんか) ～化(か)
価	価格(かかく) 価値(かち) 高価(こうか) 定価(ていか) 物価(ぶっか) 評価(ひょうか)	下	以下(いか) 下降(かこう) 下線(かせん) 地下鉄(ちかてつ) ～下(か) 下車(げしゃ) 下宿(げしゅく) 下水(げすい) 下品(げひん) 上下(じょうげ)
科	科学(かがく) 科目(かもく) 学科(がっか) 外科(げか) 内科(ないか) 理科(りか) 教科書(きょうかしょ) ～科(か)	過	過去(かこ) 過失(かしつ) 過程(かてい) 過熱(かねつ) 超過(ちょうか) 通過(つうか) 過半数(かはんすう)
課	課税(かぜい) 課程(かてい) 日課(にっか)	貨	貨物(かもつ) 硬貨(こうか) 通貨(つうか)
菓	菓子(かし)	火	火口(かこう) 火山(かざん) 火事(かじ)

が

画	画家(がか) 映画(えいが) 絵画(かいが)

2 「かい」와「がい」의 비교

「かい」로 읽는 한자는 12자,「がい」로 읽는 한자는 2자로「外・害」이외에는 없다.

かい

改	かいさつ 改札	かいせい 改正	かいぜん 改善	かいぞう 改造	かいりょう 改良	解	かいけつ 解決	かいさん 解散	かいせつ 解説	かいとう 解答	かいほう 解放
							けんかい 見解	ごかい 誤解	ぶんかい 分解	りかい 理解	
開	かいかい 開会	かいし 開始	かいつう 開通	かいふう 開封	かいほう 開放	海	かいがい 海外	かいがん 海岸	かいぐん 海軍	かいすい 海水	かいすいよく 海水浴
	てんかい 展開						かいよう 海洋	〜かい 〜海			
介	しょうかい 紹介					会	かいいん 会員	かいかい 開会	かいかん 会館	かいぎ 会議	かいけい 会計
階	かいだん 階段	だんかい 段階	〜かい 〜階				かいごう 会合	かいじょう 会場	かいだん 会談	かいわ 会話	がっかい 学会
械	きかい 機械	きかい 器械					きかい 機会	ぎかい 議会	きょうかい 教会	こっかい 国会	しかい 司会
絵	かいが 絵画	え 絵	えのぐ 絵の具				しゃかい 社会	しゅうかい 集会	たいかい 大会	とかい 都会	へいかい 閉会
							〜かい 〜会				
界	きょうかい 境界	げんかい 限界	せかい 世界	〜かい 〜界		快	かいせい 快晴	かいてき 快適			
回	かいすう 回数	かいてん 回転	かいとう 回答	かいふく 回復	こんかい 今回	-					

がい

外	おくがい 屋外	あんがい 案外	かいがい 海外	がいこう 外向	がいこく 外国	害	こうがい 公害	そんがい 損害	ひがい 被害	りがい 利害	〜がい 〜害
	がいしゅつ 外出	がいぶ 外部	こうがい 郊外	れいがい 例外	げか 外科						

3 「かく」와「がく」의 비교

「かく」로 읽는 한자는 7자,「がく」로 읽는 한자는 3자이다.

「かく」로 읽는 한자 중에서「方角(ほうがく)」는 연탁음에 의해 탁음이 생긴다.

또한「ーく＋か행」은「ーっ＋か행」으로 되는 것에 주의한다.

かく

角	かくど 角度	さんかく 三角	しかく 四角	ちょっかく 直角	ほうがく 方角	較	ひかく 比較			
各	かくじ 各自	かくち 各地	かっこく 各国			拡	かくだい 拡大	かくちょう 拡張		
覚	かんかく 感覚					確	かくじつ 確実	かくにん 確認	かくりつ 確立	せいかく 正確	めいかく 明確

| 格 | かかく
価格 | ごうかく
合格 | せいかく
性格 | どうかく
同格 | かっこう
格好 | - | |

がく

楽	おんがく 音楽	がっき 楽器	きらく 気楽	らく 楽
額	きんがく 金額	ぜんがく 全額	がく 額	

学	がくしゃ 学者	がくしゅう 学習	がくじゅつ 学術	がくせい 学生	がくねん 学年
	がくぶ 学部	がくもん 学問	がくりょく 学力	かがく 科学	かがく 化学
	けんがく 見学	ごがく 語学	ざいがく 在学	しんがく 進学	すうがく 数学
	だいがく 大学	ちゅうがく 中学	つうがく 通学	にゅうがく 入学	ぶんがく 文学
	りゅうがく 留学	がっか 学科	がっかい 学会	がっき 学期	がっこう 学校

4 「かん」과 「がん」의 비교

「かん」으로 읽는 한자는 18자, 「がん」으로 읽는 한자는 「岸」 이외에는 없다.

かん

刊	ちょうかん 朝刊	はっかん 発刊	ゆうかん 夕刊	かん 〜刊		館	かいかん 会館	りょかん 旅館	かん 〜館		
看	かんばん 看板	かんびょう 看病				慣	しゅうかん 習慣				
簡	かんたん 簡単					巻	かん 〜巻				
乾	かんそう 乾燥	かんぱい 乾杯	かんでんち 乾電池			完	かんせい 完成	かんぜん 完全	かんりょう 完了		
感	かんかく 感覚	かんじょう 感情	かんしん 感心	かんそう 感想	かんどう 感動	間	かんせつ 間接	きかん 期間	ちゅうかん 中間	ねんかん 年間	みんかん 民間
	じっかん 実感	かん 〜感					やかん 夜間	かん 〜間	せけん 世間	にんげん 人間	
関	かんけい 関係	かんさい 関西	かんしん 関心	かんとう 関東	かんれん 関連	漢	かんじ 漢字	かんわ 漢和			
	きかん 機関	ぜいかん 税関									
観	かんきゃく 観客	かんこう 観光	かんさつ 観察	かんそく 観測	かんねん 観念	環	かんきょう 環境				
管	かんり 管理					寒	かんたい 寒帯				
官	かんちょう 官庁	けいかん 警官				換	かんき 換気	こうかん 交換			

がん

岸	かいがん 海岸

5 「き」와「ぎ」의 비교

「き」로 읽는 한자는 13자, 「ぎ」로 읽는 한자는 3자밖에 없다.
「き」로 읽는 한자 중에서 「定規(じょうぎ)」는 연탁음에 의해 탁음이 생긴다.
탁음의 「ぎ」부터 학습해 두면 된다.

き

季	季節(きせつ)	四季(しき)				基	基準(きじゅん)	基地(きち)	基本(きほん)		
帰	帰宅(きたく)					希	希望(きぼう)				
規	規準(きじゅん)	規制(きせい)	規則(きそく)	規律(きりつ)	定規(じょうぎ)	機	機会(きかい)	機械(きかい)	機関(きかん)	機能(きのう)	飛行機(ひこうき)
寄	寄付(きふ)					起	起床(きしょう)				
期	期間(きかん) 時期(じき) ～期(き)	期限(きげん) 短期(たんき)	期待(きたい) 長期(ちょうき)	延期(えんき) 定期(ていき)	学期(がっき) 予期(よき)	器	楽器(がっき) 武器(ぶき)	器械(きかい) 容器(ようき)	器具(きぐ) ～器(き)	器用(きよう)	食器(しょっき)
記	記号(きごう) 記録(きろく)	記事(きじ) 暗記(あんき)	記者(きしゃ) 伝記(でんき)	記入(きにゅう) 日記(にっき)	記念(きねん) 筆記(ひっき)	危	危険(きけん)				
気	活気(かっき) 気体(きたい) 気持(きもち) 蒸気(じょうき) 病気(びょうき) 湿気(しっけ)	換気(かんき) 気の毒(きのどく) 気楽(きらく) 大気(たいき) 平気(へいき)	気圧(きあつ) 気分(きぶん) 空気(くうき) 天気(てんき) 陽気(ようき)	気温(きおん) 気味(きみ) 景気(けいき) 電気(でんき) 勇気(ゆうき)	気候(きこう) 元気(げんき) 人気(にんき) 気配(けはい)	—					

ぎ

技	演技(えんぎ)	技師(ぎし)	技術(ぎじゅつ)	競技(きょうぎ)	議	会議(かいぎ)	議員(ぎいん)	議会(ぎかい)	議長(ぎちょう)	議論(ぎろん)
疑	疑問(ぎもん)				—					

6 「きゃく」와「ぎゃく」의 비교

「きゃく」로 읽는 한자는「客」,「ぎゃく」로 읽는 한자는「逆」각각 1자밖에 없다.
단어가 그리 많지 않으므로 통째로 외워 두자.

きゃく

| 客 | かんきゃく
観客 | きゃくせき
客席 | きゃくま
客間 | じょうきゃく
乗客 | きゃく
〜客 |

ぎゃく

| 逆 | ぎゃく
逆 |

7 「きゅう」와「ぎゅう」의 비교

「きゅう」로 읽는 한자는 11자,「ぎゅう」로 읽는 한자는「牛」이외에는 없다.

きゅう

久	えいきゅう 永久					級	がっきゅう 学級	こうきゅう 高級	じょうきゅう 上級	しょきゅう 初級	きゅう 〜級
旧	きゅうゆう 旧友	きゅう 旧				急	きゅうこう 急行	きゅうそく 急速	しきゅう 至急	とっきゅう 特急	きゅう 〜急
求	きゅうこん 求婚	ようきゅう 要求				給	きゅうよう 給養	きゅうりょう 給料	きょうきゅう 供給	げっきゅう 月給	しきゅう 支給
救	きゅうじょ 救助					休	きゅうぎょう 休業	きゅうこう 休講	きゅうじつ 休日	きゅうそく 休息	ていきゅうび 定休日
球	ちきゅう 地球	でんきゅう 電球	やきゅう 野球	きゅう 球		吸	きゅうしゅう 吸収	こきゅう 呼吸			

ぎゅう

| 牛 | ぎゅうにく
牛肉 | ぎゅうにゅう
牛乳 |

8 「きょ」와 「ぎょ」의 비교

「きょ」로 읽는 한자는 4자, 「ぎょ」로 읽는 한자는 2자밖에 없으므로 통째로 외워 두자.

きょ

去	きょねん 去年 かこ 過去	居	じゅうきょ 住居
巨	きょだい 巨大	許	きょか 許可

ぎょ

魚	きんぎょ 金魚	漁	ぎょぎょう 漁業 りょうし 漁師

9 「きょう」와 「ぎょう」의 비교

「きょう」로 읽는 한자는 11자, 「ぎょう」로 읽는 한자는 「業」 이외에는 없다.

きょう

強	きょうか 強化　きょうちょう 強調　きょうりょく 強力　べんきょう 勉強　ごういん 強引　ごうとう 強盗	教	きょういく 教育　きょういん 教員　きょうかい 教会　きょうし 教師　きょうしつ 教室　きょうじゅ 教授　きょうかしょ 教科書　じょきょうじゅ 助教授
京	きょうと 京都　じょうきょう 上京　とうきょう 東京	恐	きょうふ 恐怖
境	かんきょう 環境　きょうかい 境界　こっきょう 国境	橋	てっきょう 鉄橋
競	きょうぎ 競技　きょうそう 競争　けいば 競馬	協	きょうりょく 協力
共	きょうかん 共感　きょうつう 共通　きょうどう 共同　こうきょう 公共	況	じょうきょう 状況　ふきょう 不況
供	きょうきゅう 供給	－	

ぎょう

業	えいぎょう 営業　きゅうぎょう 休業　ぎょぎょう 漁業　こうぎょう 工業　さぎょう 作業　さんぎょう 産業　しつぎょう 失業　じゅぎょう 授業　しょうぎょう 商業　しょくぎょう 職業　そつぎょう 卒業　のうぎょう 農業　ぎょう ～業

10 「きん」과「ぎん」의 비교

「きん」으로 읽는 한자는 5자, 「ぎん」으로 읽는 한자는 「銀」이외에는 없다.

きん

均	へいきん 平均				金	きん 金	きんがく 金額	きんぎょ 金魚	きんこ 金庫	げんきん 現金
						しゃっきん 借金	しゅうきん 集金	しょうきん 賞金	ぜいきん 税金	だいきん 代金
						ちょきん 貯金	りょうきん 料金			
近	きんだい 近代	さいきん 最近	せっきん 接近	ふきん 付近	勤	しゅっきん 出勤	つうきん 通勤			
禁	きんえん 禁煙	きんし 禁止			－					

ぎん

銀	ぎん 銀	ぎんこう 銀行

11 「く」와「ぐ」의 비교

「く」로 읽는 한자는 2자, 「ぐ」로 읽는 한자는 1자밖에 없으므로 통째로 외워 두자.

く

苦	くじょう 苦情	くしん 苦心	くつう 苦痛	くろう 苦労	区	くいき 区域	くぶん 区分	くべつ 区別	ちく 地区	くぎる 区切る

ぐ

具	えのぐ 絵の具	かぐ 家具	きぐ 器具	ぐあい 具合	ぐたい 具体	どうぐ 道具

12 「くう」와「ぐう」의 비교

「くう」로 읽는 한자는 1자, 「ぐう」로 읽는 한자는 1자밖에 없으므로 통째로 외워 두자.

くう

空	かくう 架空	くうき 空気	くうこう 空港	くうそう 空想	くうちゅう 空中	こうくう 航空	しんくう 真空

ぐう

| 偶 | ぐうすう 偶数　ぐうぜん 偶然 |

13 「くん」과「ぐん」의 비교

「くん」으로 읽는 한자는 2자, 「ぐん」으로 읽는 한자는 1자밖에 없으므로 통째로 외워 두자.

くん

| 君 | くん ～君 | 訓 | きょうくん 教訓　くんれん 訓練 |

ぐん

| 軍 | かいぐん 海軍　ぐんじん 軍人　ぐんたい 軍隊　ぐん ～軍 |

14 「けい」와「げい」의 비교

「けい」로 읽는 한자는 11자, 「げい」로 읽는 한자는 「芸」 이외에는 없다.
참고로 「けい」로 읽는 한자 「兄」은 주로 N1부터 출제된다.

けい

敬	けいい 敬意　けいご 敬語　そんけい 尊敬	兄	ふけい 父兄　きょうだい 兄弟
景	けいき 景気　こうけい 光景　ふうけい 風景　ふけいき 不景気　けしき 景色	型	けい ～型
経	けいえい 経営　けいけん 経験　けいざい 経済　けいど 経度　けいゆ 経由　しんけい 神経	計	けいかく 計画　けいさん 計算　かいけい 会計　ごうけい 合計　せっけい 設計　とけい 時計　よけい 余計　けい ～計
傾	けいこう 傾向	恵	おんけい 恩恵　ちえ 知恵
警	けいかん 警官　けいこく 警告　けいさつ 警察　けいび 警備	形	けいしき 形式　けいようし 形容詞　ずけい 図形　せいほうけい 正方形　ちょうほうけい 長方形　けい ～形　にんぎょう 人形
係	かんけい 関係	－	

げい

芸	<ruby>園芸<rt>えんげい</rt></ruby> <ruby>芸術<rt>げいじゅつ</rt></ruby> <ruby>芸能<rt>げいのう</rt></ruby> <ruby>工芸<rt>こうげい</rt></ruby> <ruby>文芸<rt>ぶんげい</rt></ruby>

15 「けつ」와 「げつ」의 비교

「けつ」로 읽는 한자는 4자, 「げつ」로 읽는 한자는 1자밖에 없다.
「-つ＋か・さ・た행」은 「-っ＋か・さ・た행」가 되는 것에 주의한다.

けつ

欠	<ruby>欠席<rt>けっせき</rt></ruby> <ruby>欠点<rt>けってん</rt></ruby>	決	<ruby>解決<rt>かいけつ</rt></ruby> <ruby>可決<rt>かけつ</rt></ruby> <ruby>決心<rt>けっしん</rt></ruby> <ruby>決定<rt>けってい</rt></ruby>
結	<ruby>結論<rt>けつろん</rt></ruby> <ruby>結果<rt>けっか</rt></ruby> <ruby>結局<rt>けっきょく</rt></ruby> <ruby>結構<rt>けっこう</rt></ruby> <ruby>結婚<rt>けっこん</rt></ruby>	血	<ruby>血圧<rt>けつあつ</rt></ruby> <ruby>血液<rt>けつえき</rt></ruby> <ruby>輸血<rt>ゆけつ</rt></ruby>

げつ

月	<ruby>月末<rt>げつまつ</rt></ruby> <ruby>今月<rt>こんげつ</rt></ruby> <ruby>再来月<rt>さらいげつ</rt></ruby> <ruby>先月<rt>せんげつ</rt></ruby> <ruby>年月<rt>ねんげつ</rt></ruby> <ruby>来月<rt>らいげつ</rt></ruby> <ruby>月給<rt>げっきゅう</rt></ruby> <ruby>正月<rt>しょうがつ</rt></ruby>

16 「けん」와 「げん」의 비교

「けん」으로 읽는 한자는 12자, 「げん」으로 읽는 한자는 6자이다. 탁음이 있는 「げん」부터 익혀 두자.

けん

件	<ruby>事件<rt>じけん</rt></ruby> <ruby>条件<rt>じょうけん</rt></ruby>	研	<ruby>研究<rt>けんきゅう</rt></ruby> <ruby>研修<rt>けんしゅう</rt></ruby>
建	<ruby>建設<rt>けんせつ</rt></ruby> <ruby>建築<rt>けんちく</rt></ruby>	軒	<ruby>～軒<rt>けん</rt></ruby>
健	<ruby>健康<rt>けんこう</rt></ruby> <ruby>保険<rt>ほけん</rt></ruby>	験	<ruby>経験<rt>けいけん</rt></ruby> <ruby>試験<rt>しけん</rt></ruby> <ruby>実験<rt>じっけん</rt></ruby> <ruby>受験<rt>じゅけん</rt></ruby>
検	<ruby>検査<rt>けんさ</rt></ruby>	険	<ruby>危険<rt>きけん</rt></ruby>
券	<ruby>回数券<rt>かいすうけん</rt></ruby> <ruby>乗車券<rt>じょうしゃけん</rt></ruby> <ruby>～券<rt>けん</rt></ruby>	見	<ruby>意見<rt>いけん</rt></ruby> <ruby>見解<rt>けんかい</rt></ruby> <ruby>見学<rt>けんがく</rt></ruby> <ruby>見当<rt>けんとう</rt></ruby> <ruby>見物<rt>けんぶつ</rt></ruby> <ruby>拝見<rt>はいけん</rt></ruby> <ruby>発見<rt>はっけん</rt></ruby>
権	<ruby>権利<rt>けんり</rt></ruby> <ruby>～権<rt>けん</rt></ruby>	県	<ruby>県<rt>けん</rt></ruby> <ruby>県庁<rt>けんちょう</rt></ruby>

げん

減	かげん 加減	げんしょう 減少	ぞうげん 増減			原	げんいん 原因	げんさん 原産	げんし 原始	げんり 原理	げんりょう 原料
現	げんきん 現金	げんざい 現在	げんじつ 現実	げんしょう 現象	げんじょう 現状	限	きげん 期限	げんかい 限界	げんてい 限定	げんど 限度	せいげん 制限
	げんだい 現代	げんば 現場	げん 現に	じつげん 実現	ひょうげん 表現		むげん 無限				
	げん 現〜										
元	げんき 元気	がんじつ 元日				言	げんご 言語	ほうげん 方言	ゆいごん 遺言	でんごん 伝言	

17 「こ」와「ご」의 비교

「こ」로 읽는 한자는 7자, 「ご」로 읽는 한자는 6자로 거의 비슷한 수이다.

한국어 음「ㄱ」으로 읽는 것은「こ」, 「ㅇ」으로 읽는 것은「ご」에 해당되고「ㅎ」으로 읽는 것은「こ」와 「ご」양쪽을 다 지니고 있다.

こ

個	こじん 個人	こ 〜個		庫	きんこ 金庫	しゃこ 車庫	れいぞうこ 冷蔵庫
古	ちゅうこ 中古			呼	こきゅう 呼吸		
固	こたい 固体			湖	こ 〜湖		
故	じこ 事故			−			

ご

御	ごはん 御飯	ご 御〜				互	そうご 相互				
午	ごご 午後	ごぜん 午前	しょうご 正午			誤	ごかい 誤解				
後	いご 以後	ごご 午後	こんご 今後	さいご 最後	ぜんご 前後	語	けいご 敬語	げんご 言語	ごがく 語学	こくご 国語	しゅご 主語
	ちょくご 直後	あさって 明後日	こうしゃ 後者				じゅつご 述語	たんご 単語	ようご 用語	ご 〜語	

18 「こう」와「ごう」의 비교

「こう」로 읽는 한자는 29자, 「ごう」로 읽는 한자는 「合・号」 2자밖에 없다.

こう

降	以降 いこう	下降 かこう				口	火口 かこう	口実 こうじつ	人口 じんこう	利口 りこう
康	健康 けんこう					構	結構 けっこう	構成 こうせい	構造 こうぞう	
講	休講 きゅうこう	講演 こうえん	講師 こうし	講堂 こうどう		肯	肯定 こうてい			
更	変更 へんこう					航	航空 こうくう			
耕	耕地 こうち					港	空港 くうこう	～港 こう		
硬	硬貨 こうか					考	参考 さんこう			
高	高価 こうか	高級 こうきゅう	高校 こうこう	高層 こうそう	高速 こうそく	工	工員 こういん	工業 こうぎょう	工芸 こうげい	工事 こうじ	工場 こうじょう
	高度 こうど	高等 こうとう	最高 さいこう	高～ こう			人工 じんこう	工夫 くふう	大工 だいく		
幸	幸運 こううん	幸福 こうふく	不幸 ふこう			向	傾向 けいこう	方向 ほうこう			
広	広告 こうこく					香	香水 こうすい				
光	観光 かんこう	光景 こうけい	光線 こうせん	日光 にっこう		好	格好 かっこう	友好 ゆうこう			
公	公園 こうえん	公演 こうえん	公害 こうがい	公共 こうきょう	公式 こうしき	行	行動 こうどう	急行 きゅうこう	銀行 ぎんこう	通行 つうこう	実行 じっこう
	公正 こうせい	公表 こうひょう	公平 こうへい	公務 こうむ			発行 はっこう	飛行 ひこう	平行 へいこう	夜行 やこう	流行 りゅうこう
							行事 ぎょうじ	行列 ぎょうれつ			
交	外交 がいこう	交換 こうかん	交際 こうさい	交差点 こうさてん		紅	紅茶 こうちゃ	紅葉 こうよう			
	交替 こうたい	交通 こうつう	交番 こうばん	交流 こうりゅう							
鉱	鉱山 こうざん	鉱物 こうぶつ	炭鉱 たんこう			効	効果 こうか	効力 こうりょく	有効 ゆうこう		
郊	郊外 こうがい					候	候補 こうほ	気候 きこう	天候 てんこう		
校	学校 がっこう	校庭 こうてい	～校 こう			―					

ごう

合	かいごう 会合	ごうかく 合格	ごうけい 合計	ごうどう 合同	ごうり 合理	号	きごう 記号	しんごう 信号	ばんごう 番号	ふごう 符号	ごう ～号
	ごうりゅう 合流	こんごう 混合	しゅうごう 集合	つごう 都合	れんごう 連合						

19 「さ」와「ざ」의 비교

「さ」로 읽는 한자는 3자, 「ざ」로 읽는 한자는 「座」이외에는 없다.

さ

査	けんさ 検査	ちょうさ 調査	差	こうさてん 交差点	さべつ 差別	さ ～差
左	さゆう 左右		-			

ざ

座	ざせき 座席	ざぶとん 座布団

20 「さい」와「ざい」의 비교

「さい」로 읽는 한자는 10자, 「ざい」로 읽는 한자는 4자이다.

「さい」로 읽는 한자 중에서 「万歳(ばんざい)」와 「経済(けいざい)」는 연탁음에 의해 탁음이 생긴다.

「ざい」로 읽는 한자 중 특이하게 읽는 「財布(さいふ)」는 통째로 외워 두자.

탁음이 있는「ざい」부터 학습해 두면 된다.

さい

歳	さい ～歳	ばんざい 万歳			祭	さいじつ 祭日	さい ～祭		
才	さいのう 才能				菜	やさい 野菜			
再	さいさん 再三	さい 再～	さらいげつ 再来月	さらいしゅう 再来週	採	さいてん 採点	さいよう 採用		
	さらいねん 再来年								
済	きゅうさい 救済	けいざい 経済			妻	ふさい 夫妻			
際	こうさい 交際	こくさい 国際	じっさい 実際	さい ～際	最	さいきん 最近	さいご 最後	さいこう 最高	さいしゅう 最終	さいしょ 最初
						さいだい 最大	さいちゅう 最中	さいてい 最低	さい 最～	

ざい

材	ざいもく 材木　ざいりょう 材料　もくざい 木材	在	げんざい 現在　ざいがく 在学　そんざい 存在
財	ざいさん 財産　さいふ 財布	罪	はんざい 犯罪

21 「さつ」와 「ざつ」의 비교

「さつ」로 읽는 한자는 4자, 「ざつ」로 읽는 한자는 「雑」 이외에는 없다.

「ーつ＋か・さ・た행」은 「ーっ＋か・さ・た행」이 되므로 「**雑誌**」는 「ざっし」라고 읽는다.

さつ

刷	いんさつ 印刷	察	かんさつ 観察　けいさつ 警察
札	かいさつ 改札　さつ 札	冊	さつ ～冊

ざつ

雑	ざつおん 雑音　こんざつ 混雑　ふくざつ 複雑　ざっし 雑誌

22 「さん」와 「ざん」의 비교

「さん」으로 읽는 한자는 6자, 「ざん」으로 읽는 한자는 「残」 이외에는 없다.

「さん」으로 읽는 한자 중에서 「火山(かざん)・登山(とざん)」은 연탁음에 의해 탁음이 생긴다.

さん

山	さんりん 山林　さん ～山　かざん 火山　とざん 登山	参	さんか 参加　さんこう 参考　じさん 持参
散	かいさん 解散　さんぽ 散歩	産	さんぎょう 産業　さんち 産地　げんさん 原産　ざいさん 財産　すいさん 水産　せいさん 生産　はさん 破産　のうさんぶつ 農産物　さん ～産
算	けいさん 計算　さんすう 算数　よさん 予算	賛	さんせい 賛成

ざん

残	ざんねん 残念

23 「し」와 「じ」의 비교

「し」로 읽는 한자는 23자, 「じ」로 읽는 한자는 11자이다. 탁음이 있는 「じ」부터 학습하면 된다. 그리고 「し」로 읽는 한자 중에서 「王子(おうじ)」는 연탁음에 의해 탁음이 생기고, 「じ」로 읽는 한자 중에서 「自然(しぜん)」과 「次第(しだい)」의 2개 단어는 탁음이 없다는 것도 잘 외워 두자.

し

史	れきし 歴史　〜し 〜史				試	しあい 試合　しけん 試験			
詞	どうし 動詞　ふくし 副詞　めいし 名詞　けいようし 形容詞 けいようどうし 形容動詞				子	かし 菓子　しそん 子孫　じょし 女子　だんし 男子　ちょうし 調子 でし 弟子　でんし 電子　ぼうし 帽子　おうじ 王子　ようす 様子			
四	しかく 四角　しき 四季　ししゃごにゅう 四捨五入				姉	しまい 姉妹			
死	したい 死体　しぼう 死亡　ひっし 必死				資	しかく 資格　しほん 資本　しりょう 資料			
仕	しかた 仕方　しごと 仕事　しあ 仕上がる				止	きんし 禁止　ちゅうし 中止　ていし 停止　ぼうし 防止			
思	いし 意思　しそう 思想　ふしぎ 不思議				志	いし 意志			
使	しよう 使用　たいし 大使				刺	めいし 名刺			
私	してつ 私鉄　しりつ 私立				支	しきゅう 支給　ししゅつ 支出　したく 支度　してん 支店　しはい 支配 しはら 支払う			
司	しかい 司会				紙	ひょうし 表紙　ようし 用紙　〜し 〜紙			
師	いし 医師　ぎし 技師　きょうし 教師　こうし 講師　りょうし 漁師				誌	ざっし 雑誌			
始	かいし 開始　げんし 原始　しじゅう 始終				指	しじ 指示　してい 指定　しどう 指導			
市	しみん 市民　とし 都市　〜し 〜市				-				

じ

自	かくじ 各自　じさつ 自殺　じしゅう 自習　じしん 自信　じしん 自身 じたく 自宅　じち 自治　じどう 自動　じぶん 自分　じゆう 自由 じてんしゃ 自転車　ふじゆう 不自由　しぜん 自然					時	いちじ 一時　じかん 時間　じかんわり 時間割　じき 時期　じこく 時刻 じそく 時速　じだい 時代　とうじ 当時　どうじ 同時　にちじ 日時 〜じ 〜時　〜じかんめ 〜時間目				
児	いくじ 育児　じどう 児童　ようじ 幼児					寺	じいん 寺院　〜じ 〜寺				
辞	じしょ 辞書					持	じさん 持参				

事	家事(かじ)	火事(かじ)	記事(きじ)	行事(ぎょうじ)	工事(こうじ)	字	活字(かつじ)	漢字(かんじ)	字(じ)	字引(じびき)	習字(しゅうじ)
	事件(じけん)	事故(じこ)	事実(じじつ)	事情(じじょう)	事務(じむ)		数字(すうじ)	名字(みょうじ)	文字(もじ)		
	食事(しょくじ)	人事(じんじ)	大事(だいじ)	知事(ちじ)	判事(はんじ)						
	無事(ぶじ)	返事(へんじ)	用事(ようじ)	領事(りょうじ)							
示	指示(しじ)					次	目次(もくじ)	次第(しだい)			
治	政治(せいじ)	自治(じち)				-					

24 「しつ」와 「じつ」의 비교

「しつ」로 읽는 한자는 4자, 「じつ」로 읽는 한자는 「実」이외에는 없다.

「−つ＋か・さ・た행」은 「−っ＋か・さ・た행」이 되는 것에 주의한다.

그리고 「−つ＋は행」은 「−っぱ행」이 되므로 「失敗」는 「しっぱい」라고 읽는다.

しつ

失	過失(かしつ)	失業(しつぎょう)	失望(しつぼう)	失礼(しつれい)	失恋(しつれん)	湿	湿度(しつど)	湿気(しっけ)			
	失敗(しっぱい)										
質	質(しつ)	質問(しつもん)	性質(せいしつ)	地質(ちしつ)	物質(ぶっしつ)	室	温室(おんしつ)	教室(きょうしつ)	寝室(しんしつ)	病室(びょうしつ)	〜室(しつ)

じつ

実	確実(かくじつ)	果実(かじつ)	現実(げんじつ)	口実(こうじつ)	事実(じじつ)	実現(じつげん)	実物(じつぶつ)	実力(じつりょく)	実例(じつれい)	実感(じっかん)	実験(じっけん)
	実行(じっこう)	実際(じっさい)	実施(じっし)	実習(じっしゅう)	実績(じっせき)						

25 「しゅ」와 「じゅ」의 비교

「しゅ」로 읽는 한자는 5자, 「じゅ」로 읽는 한자는 2자이다. 탁음이 있는 「じゅ」부터 학습해 두면 된다.

しゅ

手	歌手(かしゅ)	手術(しゅじゅつ)	手段(しゅだん)	助手(じょしゅ)	選手(せんしゅ)	主	主語(しゅご)	主人(しゅじん)	主張(しゅちょう)	主婦(しゅふ)	主役(しゅやく)
	〜手(しゅ)						主要(しゅよう)	民主(みんしゅ)			
首	首相(しゅしょう)	首都(しゅと)	首脳(しゅのう)	部首(ぶしゅ)		酒	飲酒(いんしゅ)	〜酒(しゅ)			
種	一種(いっしゅ)	種類(しゅるい)	人種(じんしゅ)			-					

じゅ

| 受 | 受験(じゅけん)　受話器(じゅわき) | 授 | 教授(きょうじゅ)　授業(じゅぎょう)　助教授(じょきょうじゅ) |

26 「しゅう」와「じゅう」의 비교

「しゅう」로 읽는 한자는 7자,「じゅう」로 읽는 한자는 2자이다.
「しゅう」로 읽는 한자 중에서「始終(しじゅう)」는 연탁음에 의해 탁음이 생긴다.

しゅう

収	吸収(きゅうしゅう)　収入(しゅうにゅう)　領収(りょうしゅう)				周	円周(えんしゅう)　周囲(しゅうい)　周辺(しゅうへん)			
習	演習(えんしゅう)　学習(がくしゅう)　自習(じしゅう)　実習(じっしゅう)　習慣(しゅうかん)　習字(しゅうじ)　復習(ふくしゅう)　予習(よしゅう)　練習(れんしゅう)				集	集会(しゅうかい)　集金(しゅうきん)　集合(しゅうごう)　集団(しゅうだん)　集中(しゅうちゅう)　全集(ぜんしゅう)　編集(へんしゅう)　募集(ぼしゅう)			
終	最終(さいしゅう)　終点(しゅうてん)　終了(しゅうりょう)　始終(しじゅう)				週	今週(こんしゅう)　再来週(さらいしゅう)　週間(しゅうかん)　先週(せんしゅう)			
州	九州(きゅうしゅう)　〜州(しゅう)				-				

じゅう

| 住 | 衣食住(いしょくじゅう)　住居(じゅうきょ)　住所(じゅうしょ)　住宅(じゅうたく)　住民(じゅうみん) | 重 | 重体(じゅうたい)　重大(じゅうだい)　重点(じゅうてん)　重役(じゅうやく)　重要(じゅうよう)　重量(じゅうりょう)　重力(じゅうりょく)　体重(たいじゅう)　尊重(そんちょう) |

27 「しゅつ」와「じゅつ」의 비교

「しゅつ」로 읽는 한자는 1자,「じゅつ」로 읽는 한자는 2자이다.
「ーつ＋か・さ・た행」은「ーっ＋か・さ・た행」이 되는 것에 주의한다.
그리고「ーつ＋は행」은「ーっぱ행」이 되므로「出発・出版」은「しゅっぱつ・しゅっぱん」이라고 읽는다.

しゅつ

| 出 | 外出(がいしゅつ)　支出(ししゅつ)　出場(しゅつじょう)　輸出(ゆしゅつ)　出勤(しゅっきん)　出身(しゅっしん)　出席(しゅっせき)　出張(しゅっちょう)　出発(しゅっぱつ)　出版(しゅっぱん) |

じゅつ

| 述 | 述語(じゅつご) | 術 | 学術(がくじゅつ)　技術(ぎじゅつ)　芸術(げいじゅつ)　手術(しゅじゅつ) |

28 「しょ」와 「じょ」의 비교

「しょ」로 읽는 한자는 7자, 「じょ」로 읽는 한자는 2자이다.

「しょ」로 읽는 한자 중에서 「便所(べんじょ)・近所(きんじょ)・停留所(ていりゅうじょ)」는 연탁음에 의해 탁음이 생긴다. 먼저 탁음이 있는 「じょ」부터 학습하면 된다.

しょ

署	しょうぼうしょ 消防署　しょめい 署名	諸	しょこく 諸国
緒	いっしょ 一緒	処	しょり 処理
書	きょうかしょ 教科書　さんこうしょ 参考書　じしょ 辞書　しょてん 書店 しょどう 書道　しょもつ 書物　しょるい 書類　せいしょ 聖書　とうしょ 投書 どくしょ 読書　としょ 図書　もうしこみしょ 申し込み書	所	じゅうしょ 住所　たんしょ 短所　ちょうしょ 長所　ばしょ 場所　めいしょ 名所 やくしょ 役所　きんじょ 近所　べんじょ 便所　ていりゅうじょ 停留所
初	さいしょ 最初　しょきゅう 初級　しょほ 初歩　しょ 初〜	-	

じょ

| 女 | おうじょ 王女　かのじょ 彼女　じょおう 女王　じょし 女子　じょせい 女性
しょうじょ 少女　じょゆう 女優　ちょうじょ 長女　じょ 女〜　じょ 〜女 | 助 | きゅうじょ 救助　じょきょうじゅ 助教授　じょしゅ 助手 |

29 「しょう」와 「じょう」의 비교

「しょう」로 읽는 한자는 14자, 「じょう」로 읽는 한자는 9자이다.

학습에 있어서 어렵게 느끼는 한자 읽기 중 하나이다. 탁음의 유무를 신경쓰면서 학습하면 된다.

しょう

床	きしょう 起床	消	しょうおん 消音　しょうか 消化　しょうきょくてき 消極的　しょうどく 消毒 しょうひ 消費　しょうぼう 消防　しょうぼうしょ 消防署
象	いんしょう 印象　げんしょう 現象　たいしょう 対象　ぞう 象	承	しょうち 承知　しょうにん 承認
賞	しょうきん 賞金　しょうひん 賞品　しょう 〜賞	勝	しょうはい 勝敗　しょうぶ 勝負　ゆうしょう 優勝　しょう 〜勝
少	しょうじょ 少女　しょうしょう 少々　しょうねん 少年　せいしょうねん 青少年　たしょう 多少	将	しょうらい 将来
照	たいしょう 対照	章	ぶんしょう 文章　しょう 〜章

小	しょうがくせい 小学生　しょうがっこう 小学校　しょうすう 小数　しょうせつ 小説 しょうべん 小便　だいしょう 大小	商	しょうぎょう 商業　しょうしゃ 商社　しょうてん 商店　しょうにん 商人　しょうばい 商売 しょうひん 商品　しょう ～商
紹	しょうかい 紹介	招	しょうたい 招待

じょう

状	げんじょう 現状　じょうきょう 状況　じょうたい 状態　じょう ～状	蒸	じょうき 蒸気　じょうはつ 蒸発　すいじょうき 水蒸気
常	いじょう 異常　じょうしき 常識　にちじょう 日常　ひじょう 非常	畳	じょう ～畳
場	かいじょう 会場　げきじょう 劇場　こうじょう 工場　しゅつじょう 出場　とうじょう 登場 にゅうじょう 入場　ひこうじょう 飛行場　じょう ～場	上	じょうきゅう 上級　じょうきょう 上京　じょうげ 上下　じょうず 上手　じょうたつ 上達 じょうとう 上等　じょうひん 上品　ちょうじょう 頂上
情	あいじょう 愛情　かんじょう 感情　くじょう 苦情　じじょう 事情　じゅんじょう 純情 じょうほう 情報　ひょうじょう 表情　ゆうじょう 友情	乗	じょうきゃく 乗客　じょうしゃ 乗車
条	じょうけん 条件	-	

30 「しん」과 「じん」의 비교

「しん」으로 읽는 한자는 13자, 「じん」으로 읽는 한자는 「人・臣」 이외에는 없다.

「しん」으로 읽는 한자 중에서 「用心(ようじん)」은 연탁음에 의해 탁음이 생기며, 「神社(じんじゃ)」는 통째로 익혀 두자.

또한, 「臣」의 음독은 「しん」과 「じん」 2가지인데, N2에 해당되는 단어는 「大臣(だいじん)」뿐이다.

しん

森	しんりん 森林	進	しんがく 進学　しんぽ 進歩　ぜんしん 前進
神	しんけい 神経　しんわ 神話　せいしん 精神　じんじゃ 神社	親	しんせつ 親切　しんゆう 親友　しんるい 親類　りょうしん 両親
信	じしん 自信　しんごう 信号　しんよう 信用　しんらい 信頼　つうしん 通信 めいしん 迷信	身	じしん 自身　しゅっしん 出身　しんしん 心身　しんたい 身体　しんちょう 身長 ぜんしん 全身　どくしん 独身
新	しんぶん 新聞　しん 新～	寝	しんしつ 寝室　しんだい 寝台
震	じしん 地震	針	しんろ 針路　ほうしん 方針

深	しんこく 深刻	しんや 深夜				心	あんしん 安心	かんしん 感心	かんしん 関心	くしん 苦心	けっしん 決心
							しんしん 心身	しんぞう 心臓	しんぱい 心配	しんり 心理	
							ちゅうしん 中心	としん 都心	ねっしん 熱心	ようじん 用心	
真	しゃしん 写真	しんくう 真空				-					

じん

人	こじん 個人	しゅじん 主人	じんこう 人口	じんこう 人工	じんじ 人事	臣	だいじん 大臣
	じんしゅ 人種	じんせい 人生	じんぞう 人造	じんぶつ 人物	じんめい 人命		
	じんるい 人類	せいじん 成人	ちじん 知人	びじん 美人	ふじん 夫人		
	ふじん 婦人	めいじん 名人	ゆうじん 友人	ろうじん 老人	じんぶんがく 人文学		
	じん 〜人	しょうにん 商人	しょくにん 職人	にんき 人気	にんぎょう 人形		
	にんげん 人間	はんにん 犯人	ほんにん 本人	やくにん 役人	にん 〜人		

31 「せい」와「ぜい」의 비교

「せい」로 읽는 한자는 18자, 「ぜい」로 읽는 한자는 「税」이외에는 없다.

「せい」로 읽는 한자 중에서 「大勢(おおぜい)」는 연탁음에 의해 탁음이 생긴다.

せい

省	はんせい 反省	しょうりゃく 省略	しょう 〜省			精	せいしん 精神				
西	せいよう 西洋	かんさい 関西	とうざい 東西			政	せいじ 政治	せいとう 政党	せいふ 政府		
姓	せい 姓					製	さくせい 作製	せいさく 製作	せいぞう 製造	せいひん 製品	せい 〜製
勢	せいりょく 勢力	おおぜい 大勢				制	せいげん 制限	せいさく 制作	せいど 制度	せんせい 専制	たいせい 体制
成	かんせい 完成	こうせい 構成	さくせい 作成	さんせい 賛成	せいこう 成功	性	じょせい 女性	せい 性	せいかく 性格	せいしつ 性質	せいのう 性能
	せいじん 成人	せいせき 成績	せいちょう 成長	せいぶん 成分	せいりつ 成立		せいべつ 性別	だんせい 男性	ちゅうせい 中性		
青	せいしょうねん 青少年	せいねん 青年				清	せいしょ 清書	せいそう 清掃			
静	れいせい 冷静					晴	かいせい 快晴	せいてん 晴天			

生	しゃせい 写生	じんせい 人生	せいかつ 生活	せいさん 生産	せいぞん 生存	正	かいせい 改正	こうせい 公正	しゅうせい 修正	せいかく 正確	せいほうけい 正方形
	せいちょう 生長	せいと 生徒	せいねんがっぴ 生年月日		せいぶつ 生物		せいもん 正門	ふせい 不正	せい 正〜	しょうがつ 正月	しょうご 正午
	せいめい 生命	いっしょう 一生					しょうじき 正直	しょうみ 正味	しょうめん 正面		
整	せいすう 整数	せいび 整備	せいり 整理	ちょうせい 調整		世	ちゅうせい 中世	せかい 世界	せけん 世間	せわ 世話	

ぜい

税	かぜい 課税	ぜいかん 税関	ぜいきん 税金	ぜい 税

32 「せつ」와「ぜつ」의 비교

「せつ」로 읽는 한자는 5자, 「ぜつ」로 읽는 한자는「絶」이외에는 없다.

「せつ」로 읽는 한자 중에서「演説(えんぜつ)」는 연탁음에 의해 탁음이 생긴다.

「-つ+か・さ・た행」은「-っ+か・さ・た행」이 되므로「設計・絶対」은「せっけい・ぜったい」라고 읽는다.

せつ

設	けんせつ 建設	せつび 設備	せっけい 設計		切	しんせつ 親切	たいせつ 大切	てきせつ 適切
説	かいせつ 解説	しゃせつ 社説	しょうせつ 小説	せつめい 説明	せつ 〜説	節	きせつ 季節	せつやく 節約	ちょうせつ 調節
	えんぜつ 演説								
折	こっせつ 骨折				-			

ぜつ

絶	ぜったい 絶対

33 「せん」과「ぜん」의 비교

「せん」으로 읽는 한자는 8자, 「ぜん」으로 읽는 한자는 4자이다. 탁음이 있는「ぜん」부터 학습해 두면 된다.

せん

選	せんしゅ 選手	せんたく 選択		戦	せんそう 戦争	たいせん 対戦	せん 〜戦

船	ぞうせん 造船	ふうせん 風船	せん 〜船		泉	おんせん 温泉			
専	せんせい 専制	せんもん 専門			洗	せんたく 洗濯	せんめん 洗面		
先	せんじつ 先日	せんしゅう 先週	せんせい 先生	せんぞ 先祖	せんとう 先頭	線	かせん 下線	きょくせん 曲線	こうせん 光線	すいへいせん 水平線
	そせん 祖先						せんろ 線路	ちへいせん 地平線	ちょくせん 直線	でんせん 電線
							ないせん 内線	せん 〜線		

ぜん

善	かいぜん 改善					全	あんぜん 安全	かんぜん 完全	ぜんいん 全員	ぜんがく 全額	ぜんこく 全国
							ぜんしゅう 全集	ぜんしん 全身	ぜんぜん 全然	ぜんたい 全体	ぜんぱん 全般
							ぜんぶ 全部	ぜんりょく 全力			
然	ぐうぜん 偶然	しぜん 自然	ぜんぜん 全然	とつぜん 突然	てんねん 天然	前	いぜん 以前	ぜんご 前後	ぜんしゃ 前者	ぜんしん 前進	ちょくぜん 直前

34 「そう」와 「ぞう」의 비교

「そう」로 읽는 한자는 10자, 「ぞう」로 읽는 한자는 5자이다. 탁음이 있는 「ぞう」부터 학습해 두면 된다.

そう

掃	せいそう 清掃	そうじ 掃除				燥	かんそう 乾燥				
相	そうい 相違	そうご 相互	そうぞく 相続	そうだん 相談	そうとう 相当	想	かんそう 感想	くうそう 空想	しそう 思想	そうぞう 想像	はっそう 発想
	しゅしょう 首相						りそう 理想	れんそう 連想			
送	そうべつ 送別	そうりょう 送料	ほうそう 放送	ゆうそう 郵送	ゆそう 輸送	総	そうじんこう 総人口	そうりだいじん 総理大臣			
装	そうち 装置	ふくそう 服装	ほうそう 包装			操	そうさ 操作	たいそう 体操			
争	きょうそう 競争	せんそう 戦争	ろんそう 論争			層	いっそう 一層	こうそう 高層	たいそう 大層		

ぞう

像	ぞう 像	そうぞう 想像	どうぞう 銅像		造	かいぞう 改造	こうぞう 構造	じんぞう 人造	せいぞう 製造	ぞうせん 造船
臓	しんぞう 心臓				増	ぞうか 増加	ぞうげん 増減	ぞうだい 増大		
蔵	ちょぞう 貯蔵	れいぞうこ 冷蔵庫			-					

35 「そく」와「ぞく」의 비교

「そく」로 읽는 한자는 6자,「ぞく」로 읽는 한자는 2자이다.
「そく」로 읽는 한자 중에서「満足(まんぞく)」는 연탁음에 의해 탁음이 생긴다.
탁음이 있는「ぞく」부터 학습해 두면 된다.

そく

束	やくそく 約束			測	かんそく 観測	そくてい 測定	そくりょう 測量	よそく 予測
息	きゅうそく 休息			速	かそく 加速	きゅうそく 急速	こうそく 高速	さっそく 早速	じそく 時速
					そくたつ 速達	そくど 速度	そくりょく 速力		
足	えんそく 遠足	ふそく 不足	まんぞく 満足	則	きそく 規則	ふきそく 不規則	ほうそく 法則	

ぞく

続	せつぞく 接続	そうぞく 相続	れんぞく 連続	族	かぞく 家族	みんぞく 民族

36 「たい」와「だい」의 비교

「たい」로 읽는 한자는 7자,「だい」로 읽는 한자는 5자로 탁음의 유무를 구별하기 어렵다.
「だい」로 읽는 한자 중에서「大切(たいせつ)・大使(たいし)・大陸(たいりく)・大会(たいかい)・大気(たいき)・大戦(たいせん)・大層(たいそう)・大半(たいはん)・大木(たいぼく)」와「台風(たいふう)・舞台(ぶたい)」는 통째로 외워 두자.

たい

帯	おんたい 温帯	かんたい 寒帯	ちたい 地帯	ねったい 熱帯	ほうたい 包帯	待	きたい 期待	しょうたい 招待		
替	こうたい 交替					退	いんたい 引退	たいいん 退院		
対	おうたい 応対	ぜったい 絶対	たいしょう 対象	たいしょう 対照	たいりつ 対立	体	いったい 一体	えきたい 液体	きたい 気体	ぐたい 具体	こたい 固体
	はんたい 反対	たい 〜対					したい 死体	じゅうたい 重体	しんたい 身体	たいいく 体育	たいおん 体温
							たいじゅう 体重	たいせい 体制	たいせき 体積	たいそう 体操	ぜんたい 全体
							だいたい 大体	だんたい 団体	ぶんたい 文体		
太	たいよう 太陽					-					

だい

第	だいいち 第一	しだい 次第	らくだい 落第	だい 第〜		題	だい 題	しゅくだい 宿題	だいめい 題名	もんだい 問題	わだい 話題
台	だいどころ 台所	しんだい 寝台	とうだい 灯台	だい 〜台	たいふう 台風	代	きんだい 近代	げんだい 現代	じだい 時代	だいきん 代金	だいひょう 代表
	ぶたい 舞台						だいり 代理	だいめいし 代名詞	ねんだい 年代	だい 〜代	
大	いだい 偉大	かくだい 拡大	きょだい 巨大	さいだい 最大	じゅうだい 重大	-					
	ぞうだい 増大	だいがく 大学	だいく 大工	だいじ 大事	だいしょう 大小						
	だいじん 大臣	だいたい 大体	だいぶぶん 大部分	だいぶ 大分	だい 大〜						
	たいかい 大会	たいき 大気	たいし 大使	たいせつ 大切	たいせん 大戦						
	たいそう 大層	たいはん 大半	たいぼく 大木	たいりく 大陸							

37 「たん」과 「だん」의 비교

「たん」으로 읽는 한자는 4자, 「だん」으로 읽는 한자는 6자이다.

보통 탁음이 있는 한자 수가 적은데, 여기서는 「だん」으로 읽는 한자가 2자 더 많다.

그러므로 탁음이 없는 「たん」부터 학습하면 된다.

たん

短	たんき 短期	たんしょ 短所	たんぺん 短編	ちょうたん 長短		担	たんとう 担当	ふたん 負担
単	かんたん 簡単	たんい 単位	たんご 単語	たんじゅん 単純	たんすう 単数	炭	せきたん 石炭	たんこう 炭鉱

だん

暖	おんだん 温暖				団	しゅうだん 集団	だんたい 団体	だんち 団地	だん 〜団	ふとん 布団
男	だんし 男子	だんせい 男性	ちょうなん 長男		段	いちだん 一段	かいだん 階段	しゅだん 手段	だん 段	だんかい 段階
						ねだん 値段	ふだん 普段			
断	おうだん 横断	だんすい 断水	だんてい 断定	はんだん 判断	ゆだん 油断	談	かいだん 会談	そうだん 相談			

38 「てん」과 「でん」의 비교

「てん」으로 읽는 한자는 5자, 「でん」으로 읽는 한자는 2자이다. 탁음이 있는 「でん」부터 학습하면 된다.

てん

店	してん 支店	しょうてん 商店	しょてん 書店	てんいん 店員	てんない 店内	点	けってん 欠点	さいてん 採点	じゃくてん 弱点	しゅうてん 終点	じゅうてん 重点
	ばいてん 売店	ほんてん 本店	ようひんてん 洋品店				ちてん 地点	ちょうてん 頂点	てんすう 点数	まんてん 満点	ようてん 要点
							れいてん 零点	てん 〜点			
展	てんかい 展開	はってん 発展				天	てんき 天気	てんこう 天候	てんねん 天然	せいてん 晴天	
転	いてん 移転	うんてん 運転	かいてん 回転	じてん 自転		-					

でん

伝	でんき 伝記	でんごん 伝言				電	かんでんち 乾電池	ていでん 停電	でんき 電気	でんきゅう 電球
							でんし 電子	でんしゃ 電車	でんせん 電線	でんち 電池	でんちゅう 電柱
							でんとう 電灯	でんぱ 電波	でんぽう 電報	でんりゅう 電流	でんりょく 電力
							でんわ 電話	はつでん 発電			

39 「と」와 「ど」의 비교

「と」로 읽는 한자는 3자, 「ど」로 읽는 한자도 3자이다.

그리고 「ど」로 읽는 한자 중에서 「土地(とち)」라는 단어에 탁음이 없다는 것도 잘 익혀 두자.

と

途	ちゅうと 中途	とちゅう 途中	ようと 用途	都	しゅと 首都	と 都	とかい 都会	とし 都市	としん 都心
					つごう 都合				
徒	せいと 生徒			-					

ど

努	どりょく 努力	土	ど 土	どよう 土曜	とち 土地

| 度 | 一度 (いちど) 温度 (おんど) 角度 (かくど) 経度 (けいど) 限度 (げんど)
高度 (こうど) 湿度 (しつど) 制度 (せいど) 速度 (そくど) 態度 (たいど)
程度 (ていど) 適度 (てきど) 年度 (ねんど) 濃度 (のうど) 毎度 (まいど)
零度 (れいど) 〜度 (ど) 支度 (したく) | - |

40 「とう」와 「どう」의 비교

「とう」로 읽는 한자는 14자, 「どう」로 읽는 한자는 8자이다.

「とう」로 읽는 한자 중에서 「問答(もんどう)・平等(びょうどう)」는 연탁음에 의해 탁음이 생긴다. 탁음이 있는 「どう」부터 학습하면 된다.

とう

答	解答 (かいとう) 答案 (とうあん) 問答 (もんどう)	到	到着 (とうちゃく)
党	政党 (せいとう) 党 (とう)	島	半島 (はんとう) 列島 (れっとう) 〜島 (とう)
盗	強盗 (ごうとう) 盗難 (とうなん)	灯	電灯 (でんとう) 灯台 (とうだい) 灯油 (とうゆ)
東	関東 (かんとう) 東西 (とうざい) 東洋 (とうよう)	登	登場 (とうじょう) 登山 (とざん)
凍	冷凍 (れいとう)	等	高等 (こうとう) 上等 (じょうとう) 等分 (とうぶん) 〜等 (とう) 平等 (びょうどう)
頭	先頭 (せんとう) 〜頭 (とう) 頭痛 (ずつう) 頭脳 (ずのう)	筒	水筒 (すいとう) 封筒 (ふうとう)
当	見当 (けんとう) 相当 (そうとう) 担当 (たんとう) 適当 (てきとう) 当時 (とうじ) 当日 (とうじつ) 当番 (とうばん) 本当 (ほんとう)	投	投書 (とうしょ)

どう

堂	講堂 (こうどう) 食堂 (しょくどう)	銅	銅 (どう) 銅像 (どうぞう)
道	国道 (こくどう) 柔道 (じゅうどう) 書道 (しょどう) 水道 (すいどう) 赤道 (せきどう) 鉄道 (てつどう) 道具 (どうぐ) 道路 (どうろ) 歩道 (ほどう) 〜道 (どう)	動	移動 (いどう) 運動 (うんどう) 活動 (かつどう) 感動 (かんどう) 行動 (こうどう) 自動 (じどう) 動作 (どうさ) 動詞 (どうし) 動物 (どうぶつ)
導	指導 (しどう)	働	労働 (ろうどう)
同	共同 (きょうどう) 合同 (ごうどう) 同一 (どういつ) 同音 (どうおん) 同格 (どうかく) 同時 (どうじ) 同様 (どうよう) 同〜 (どう)	童	児童 (じどう) 童話 (どうわ)

41 「とく」와 「どく」의 비교

「とく」로 읽는 한자는 2자, 「どく」로 읽는 한자는 2자이다.
「ーく＋か행」은 「ーっ＋か행」이 되므로 「特急」는 「とっきゅう」라고 읽는다.

とく

得	そんとく 損得	とくい 得意		特	とくしょく 特色	とくてい 特定	どくとく 独特	とくばい 特売	とくべつ 特別
					とく 特に	とっきゅう 特急			

どく

独	どくしん 独身	どくとく 独特	どくりつ 独立	毒	しょうどく 消毒	どく 毒

42 「は」와 「ば」의 비교

「は」로 읽는 한자는 2자, 「ば」로 읽는 한자는 1자이다.
「ーん＋は행」은 「ーぱ행」이 되므로 「電波」는 「でんぱ」라고 읽는다.

は

波	でんぱ 電波	破	はさん 破産	はへん 破片

ば

馬	けいば 競馬

43 「はい」와 「ばい」의 비교

「はい」로 읽는 한자는 4자, 「ばい」로 읽는 한자는 3자이다.
「ーん＋は행」은 「ーぱ행」이 되므로 「乾杯・心配」는 「かんぱい・しんぱい」라고 읽는다.
그리고 「ーつ＋は행」은 「ーっ＋ぱ행」이 되므로 「失敗」는 「しっぱい」라고 읽는다.

はい

杯	はい 〜杯	かんぱい 乾杯	配	けはい 気配	しはい 支配	はいたつ 配達	はいふ 配布	しんぱい 心配

拝	はいけん 拝見		敗	しょうはい 勝敗	しっぱい 失敗

ばい

買	ばいばい 売買			倍	～倍 ばい
売	しょうばい 商売	とくばい 特売	ばいてん 売店	ばいばい 売買	はつばい 発売
	はんばい 販売			-	

44 「はく」와 「ばく」의 비교

「はく」로 읽는 한자는 1자, 「ばく」로 읽는 한자도 1자이다. 단어가 많지 않으므로 통째로 외워 두자.

はく

泊	しゅくはく 宿泊	はく ～泊

ばく

爆	ばくはつ 爆発

45 「はん」과 「ばん」의 비교

「はん」으로 읽는 한자는 9자, 「ばん」으로 읽는 한자는 2자이다.

「−ん+は행」은 「−ぱ행」이 되고, 「−つ+は행」은 「−っ+ぱ행」이 되는 것에 주의한다.

「看板(かんばん)・黒板(こくばん)・評判(ひょうばん)」은 통째로 외워 두자.

탁음이 있는 「ばん」부터 학습하면 된다.

はん

般	いっぱん 一般	ぜんぱん 全般				板	かんばん 看板	こくばん 黒板		
半	かはんすう 過半数	たいはん 大半	はん 半	はんとう 半島	はんぶん 半分	版	しゅっぱん 出版			
反	いはん 違反	はんえい 反映	はんせい 反省	はんたい 反対	はん 反～	判	はんこ 判子	はんじ 判事	はんだん 判断	ひはん 批判	ひょうばん 評判
飯	ごはん 御飯					販	はんばい 販売			

犯	<ruby>犯罪<rt>はんざい</rt></ruby> <ruby>犯人<rt>はんにん</rt></ruby> <ruby>防犯<rt>ぼうはん</rt></ruby>	-	

ばん

晩	<ruby>朝晩<rt>あさばん</rt></ruby> <ruby>昨晩<rt>さくばん</rt></ruby> <ruby>晩<rt>ばん</rt></ruby>	番	<ruby>交番<rt>こうばん</rt></ruby> <ruby>順番<rt>じゅんばん</rt></ruby> <ruby>番組<rt>ばんぐみ</rt></ruby> <ruby>番号<rt>ばんごう</rt></ruby> <ruby>番地<rt>ばんち</rt></ruby> <ruby>当番<rt>とうばん</rt></ruby> <ruby>～番<rt>ばん</rt></ruby>

46 「ひ」와 「び」의 비교

「ひ」로 읽는 한자는 9자, 「び」로 읽는 한자는 2자이다.

「び」로 읽는 한자는 2자밖에 없으므로 먼저 탁음의 「び」부터 익혀 두자.

ひ

否	<ruby>否定<rt>ひてい</rt></ruby>	費	<ruby>消費<rt>しょうひ</rt></ruby> <ruby>費用<rt>ひよう</rt></ruby> <ruby>～費<rt>ひ</rt></ruby>
悲	<ruby>悲劇<rt>ひげき</rt></ruby>	飛	<ruby>飛行<rt>ひこう</rt></ruby> <ruby>飛行場<rt>ひこうじょう</rt></ruby>
非	<ruby>非常<rt>ひじょう</rt></ruby> <ruby>非～<rt>ひ</rt></ruby>	皮	<ruby>皮肉<rt>ひにく</rt></ruby> <ruby>皮膚<rt>ひふ</rt></ruby>
批	<ruby>批判<rt>ひはん</rt></ruby> <ruby>批評<rt>ひひょう</rt></ruby>	被	<ruby>被害<rt>ひがい</rt></ruby>
比	<ruby>比較<rt>ひかく</rt></ruby>	-	

び

美	<ruby>美人<rt>びじん</rt></ruby> <ruby>美容<rt>びよう</rt></ruby>	備	<ruby>完備<rt>かんび</rt></ruby> <ruby>警備<rt>けいび</rt></ruby> <ruby>準備<rt>じゅんび</rt></ruby> <ruby>整備<rt>せいび</rt></ruby> <ruby>設備<rt>せつび</rt></ruby> <ruby>予備<rt>よび</rt></ruby>

47 「ひょう」와「びょう」의 비교

「ひょう」로 읽는 한자는 3자,「びょう」로 읽는 한자는 2자이다.
「－つ＋は행」은「－っ＋ぱ행」이 되므로「発表」는「はっぴょう」라고 읽는다.
탁음이 있는「びょう」부터 학습해 두면 된다.

ひょう

評	ひひょう 批評	ひょうか 評価	ひょうばん 評判	ひょうろん 評論	標	ひょうしき 標識	ひょうじゅん 標準	ひょうほん 標本	もくひょう 目標
表	こうひょう 公表 ひょうし 表紙	ずひょう 図表 ひょうじょう 表情	だいひょう 代表 ひょうめん 表面	ひょう 表 はっぴょう 発表	ひょうげん 表現	-			

びょう

病	かんびょう 看病	びょういん 病院	びょうき 病気	びょうしつ 病室	びょう 〜病	秒	びょう 秒

48 「ふ」와「ぶ」의 비교

「ふ」로 읽는 한자는 12자,「ぶ」로 읽는 한자는 3자이다.
「ふ」로 읽는 한자 중에서「勝負(しょうぶ)・座布団(ざぶとん)」은 연탁음으로 인해 탁음이 생긴다.
「－ん＋は행」은「－ぱ행」이 되므로「分布」는「ぶんぷ」라고 읽는다.
「ぶ」로 읽는 한자는 3자밖에 없으므로 먼저 탁음의「ぶ」부터 외워 두자.

ふ

普	ふだん 普段	ふつう 普通			符	ふごう 符号	きっぷ 切符	
夫	ふさい 夫妻	ふじん 夫人	くふう 工夫	ふうふ 夫婦	婦	しゅふ 主婦	ふうふ 夫婦	ふじん 婦人
父	そふ 祖父	ふぼ 父母			富	ほうふ 豊富		
付	きふ 寄付	ふきん 付近			負	ふたん 負担	しょうぶ 勝負	
府	せいふ 政府				怖	きょうふ 恐怖		
不	ふあん 不安 ふしぎ 不思議 ふつう 不通 ふ 不〜	ふうん 不運 ふじゆう 不自由 ふへい 不平	ふか 不可 ふせい 不正 ふべん 不便	ふきょう 不況 ふそく 不足 ふまん 不満	ふこう 不幸 ふり 不利	布	さいふ 財布 ぶんぷ 分布	はいふ 配布	ふとん 布団	もうふ 毛布	ざぶとん 座布団

ぶ

武	ぶき 武器　ぶし 武士	舞	ぶたい 舞台
部	いちぶ　がいぶ　がくぶ　ぜんぶ　だいぶぶん 一部　外部　学部　全部　大部分 ぶしゅ　ぶひん　ぶぶん　ほんぶ 部首　部品　部分　本部	-	

49 「へん」와 「べん」의 비교

「へん」으로 읽는 한자는 5자, 「べん」으로 읽는 한자는 2자이다.

「−ん＋は행」은 「−ぱ행」이 되므로 「短編」은 「たんぺん」이라고 읽는다.

탁음이 있는 「べん」부터 학습하면 된다.

へん

返	へんじ 返事	片	はへん 破片
変	たいへん　へん　へんか　へんこう 大変　変　変化　変更	編	へんしゅう　へん　たんぺん 編集　〜編　短編
辺	しゅうへん　へん 周辺　辺	-	

べん

勉	べんきょう 勉強	便	しょうべん　べんじょ　べんり　びん　ふなびん 小便　便所　便利　便　船便 ゆうびん 郵便

50 「ほ」와 「ぼ」의 비교

「ほ」로 읽는 한자는 3자, 「ぼ」로 읽는 한자는 2자이다.

단어가 그리 많지 않으므로 통째로 학습해 두면 된다.

「−ん＋は행」은 「−ぱ행」이 되므로 「進歩・散歩」는 「しんぽ・さんぽ」라고 읽는다.

ほ

歩	しょほ　ほどう　〜ほ　さんぽ　しんぽ 初歩　歩道　〜歩　散歩　進歩	補	こうほ 候補
保	ほけん　ほぞん 保健　保存	-	

ぼ			
母	そぼ ふぼ 祖母　父母	募	ぼしゅう 募集

51 「ほう」와 「ぼう」의 비교

「ほう」로 읽는 한자는 8자, 「ぼう」로 읽는 한자는 7자로 탁음의 유무를 구별하기 어렵다.

「−ん＋は행」은 「−ぱ행」이 되는 것에 주의한다.

「−つ＋は행」은 「−っ＋ぱ행」이 되므로 「一方」는 「いっぽう」라고 읽는다.

ほう

方	せいほうけい　ち ほう　ちょうほうけい　ほうがく 正方形　地方　長方形　方角 ほうげん　ほうこう　ほうしん　ほうほう　ほうめん 方言　方向　方針　方法　方面 ほうていしき　いっぽう 方程式　一方	宝	ほうせき 宝石
放	ほうそう　かいほう　かいほう 放送　開放　解放	報	じょうほう　ほうこく　よほう　でんぽう 情報　報告　予報　電報
訪	ほうもん 訪問	包	ほうそう　ほうたい 包装　包帯
法	さ ほう　ほうそく　ほうりつ　ほうほう　ほう 作法　法則　法律　方法　〜法 ぶんぽう 文法	豊	ほう ふ 豊富

ぼう

亡	し ぼう 死亡	坊	ね ぼう 寝坊
望	き ぼう　しつぼう 希望　失望	防	しょうぼう　しょうぼうしょ　ぼう し　ぼうはん 消防　消防署　防止　防犯 よぼう　ぼう 予防　防〜
帽	ぼう し 帽子	棒	どろぼう　ぼう 泥棒　棒
貿	ぼうえき 貿易	-	

52 「ほく」와「ぼく」의 비교

「ほく」로 읽는 한자는 1자,「ぼく」로 읽는 한자는 1자이다.

「ほく」로 읽는 한자 중에「南北(なんぼく)」는 연탁음에 의해 탁음이 생겼다.

그리고「ーく＋か행」은「ーっ」가 되므로「北極」은「ほっきょく」라고 읽는다.

단어가 그리 많지 않으므로 통째로 외워 두자.

ほく

| 北 | 南北 (なんぼく) | 北極 (ほっきょく) |

ぼく

| 木 | 大木 (たいぼく) | 材木 (ざいもく) | 木材 (もくざい) |

02 장음 vs 단음

색으로 표시된 단어는 음이 2개 있어 다른 음으로 읽거나 연탁음 때문에 원래 음과 다르게 읽는 경우를 나타낸다.

1 「お」와 「おう」의 비교

お

汚	おせん 汚染

おう

欧	おうべい 欧米	王	おうさま　おうじ　おうじょ　こくおう　じょおう 王様　王子　王女　国王　女王
央	ちゅうおう 中央	横	おうだん 横断

2 「きょ」와 「きょう」의 비교

きょ

去	きょねん　かこ 去年　過去	巨	きょだい 巨大
居	じゅうきょ 住居	許	きょか 許可

きょう

教	きょういく　きょういん　きょうかい　きょうかしょ　きょうし 教育　教員　教会　教科書　教師 きょうしつ　きょうじゅ　じょきょうじゅ 教室　教授　助教授	強	きょうか　きょうちょう　きょうりょく　べんきょう　ごういん 強化　強調　強力　勉強　強引 ごうとう 強盗
放	きょうと　じょうきょう　とうきょう 京都　上京　東京	恐	きょうふ 恐怖
境	かんきょう　きょうかい　こっきょう 環境　境界　国境	協	きょうりょく 協力

競	競技 競争 競馬		共	共感 共通 共同 公共
供	供給		況	状況 不況

3 「ぎょ」와 「ぎょう」의 비교

ぎょ

魚	金魚	漁	漁業 漁師

ぎょう

業	営業 休業 漁業 工業 作業 産業 失業 授業 商業 職業 卒業 農業 〜業

4 「く」와 「くう」의 비교

く

苦	苦情 苦心 苦痛 苦労	区	区域 区分 区別 地区 区切る

くう

空	空気 空港 空想 空中 航空 真空

5 「こ」와 「こう」의 비교

こ

個	個人 〜個	庫	金庫 車庫 冷蔵庫
古	中古	呼	呼吸
固	固体	湖	〜湖
故	事故	-	

こう

降	以降(いこう)	下降(かこう)				口	火口(かこう)	口実(こうじつ)	人口(じんこう)	利口(りこう)
康	健康(けんこう)					構	結構(けっこう)	構成(こうせい)	構造(こうぞう)	
講	休講(きゅうこう)	講演(こうえん)	講師(こうし)	講堂(こうどう)		肯	肯定(こうてい)			
更	変更(へんこう)					航	航空(こうくう)			
耕	耕地(こうち)					港	空港(くうこう)	～港(こう)		
硬	硬貨(こうか)					考	参考(さんこう)			
高	高価(こうか) 高度(こうど)	高級(こうきゅう) 高等(こうとう)	高校(こうこう) 最高(さいこう)	高層(こうそう) 高～(こう)	高速(こうそく)	工	工員(こういん) 人工(じんこう)	工業(こうぎょう) 工夫(くふう)	工芸(こうげい) 大工(だいく)	工事(こうじ) 工場(こうじょう)
幸	幸運(こううん)	幸福(こうふく)	不幸(ふこう)			向	傾向(けいこう)	方向(ほうこう)		
広	広告(こうこく)					香	香水(こうすい)			
光	観光(かんこう)	光景(こうけい)	光線(こうせん)	日光(にっこう)		好	格好(かっこう)	友好(ゆうこう)		
公	公園(こうえん) 公表(こうひょう)	公害(こうがい) 公平(こうへい)	公共(こうきょう) 公務(こうむ)	公式(こうしき)	公正(こうせい)	行	急行(きゅうこう) 発行(はっこう) 行事(ぎょうじ)	銀行(ぎんこう) 飛行(ひこう) 行列(ぎょうれつ)	行動(こうどう) 平行(へいこう)	実行(じっこう) 夜行(やこう)	通行(つうこう) 流行(りゅうこう)
交	外交(がいこう) 交通(こうつう)	交換(こうかん) 交番(こうばん)	交際(こうさい) 交流(こうりゅう)	交差点(こうさてん)	交替(こうたい)	紅	紅茶(こうちゃ)	紅葉(こうよう)		
鉱	鉱物(こうぶつ)	炭鉱(たんこう)				効	効果(こうか)	効力(こうりょく)	有効(ゆうこう)	
郊	郊外(こうがい)					候	気候(きこう)	候補(こうほ)	天候(てんこう)	
校	学校(がっこう)	校庭(こうてい)	～校(こう)			-				

6 「ご」와 「ごう」의 비교

ご

御	御飯(ごはん) 御~(ご)				互	相互(そうご)				
午	午後(ごご)	午前(ごぜん)	正午(しょうご)		後	以後(いご)	午後(ごご)	今後(こんご)	最後(さいご)	前後(ぜんご)
						直後(ちょくご)	明後日(あさって)	後者(こうしゃ)		
誤	誤解(ごかい)				語	敬語(けいご)	言語(げんご)	語学(ごがく)	国語(こくご)	主語(しゅご)
						述語(じゅつご)	単語(たんご)	用語(ようご)	~語(ご)	

ごう

号	記号(きごう)	信号(しんごう)	番号(ばんごう)	符号(ふごう)	~号(ごう)	合	会合(かいごう)	合格(ごうかく)	合計(ごうけい)	合同(ごうどう)	合理(ごうり)
							合流(ごうりゅう)	混合(こんごう)	集合(しゅうごう)	都合(つごう)	連合(れんごう)

7 「しゅ」와 「しゅう」의 비교

しゅ

手	歌手(かしゅ)	手術(しゅじゅつ)	手段(しゅだん)	助手(じょしゅ)	選手(せんしゅ)	主	主語(しゅご)	主人(しゅじん)	主張(しゅちょう)	主婦(しゅふ)	主役(しゅやく)
	~手(しゅ)						主要(しゅよう)	民主(みんしゅ)			
首	首相(しゅしょう)	首都(しゅと)	首脳(しゅのう)	部首(ぶしゅ)		酒	飲酒(いんしゅ)	~酒(しゅ)			
種	一種(いっしゅ)	種類(しゅるい)	人種(じんしゅ)			-					

しゅう

収	吸収(きゅうしゅう)	収入(しゅうにゅう)	領収(りょうしゅう)			周	円周(えんしゅう)	周囲(しゅうい)	周辺(しゅうへん)		
習	演習(えんしゅう)	学習(がくしゅう)	習慣(しゅうかん)	習字(しゅうじ)	自習(じしゅう)	集	集会(しゅうかい)	集金(しゅうきん)	集合(しゅうごう)	集団(しゅうだん)	集中(しゅうちゅう)
	実習(じっしゅう)	復習(ふくしゅう)	予習(よしゅう)	練習(れんしゅう)			全集(ぜんしゅう)	編集(へんしゅう)	募集(ぼしゅう)		
終	最終(さいしゅう)	終点(しゅうてん)	終了(しゅうりょう)	始終(しじゅう)		週	今週(こんしゅう)	再来週(さらいしゅう)	週間(しゅうかん)	先週(せんしゅう)	
州	九州(きゅうしゅう)	~州(しゅう)				-					

8 「じゅ」와 「じゅう」의 비교

じゅ

受	じゅけん 受験　じゅわき 受話器	授	きょうじゅ 教授　じゅぎょう 授業　じょきょうじゅ 助教授

じゅう

住	いしょくじゅう 衣食住　じゅうきょ 住居　じゅうしょ 住所　じゅうたく 住宅 じゅうみん 住民	体	じゅうたい 重体　じゅうだい 重大　じゅうてん 重点　じゅうやく 重役　じゅうよう 重要 じゅうりょう 重量　じゅうりょく 重力　たいじゅう 体重　そんちょう 尊重

9 「しょ」와 「しょう」의 비교

しょ

署	しょめい 署名　しょうぼうしょ 消防署	諸	しょこく 諸国
緒	いっしょ 一緒	処	しょり 処理
書	きょうかしょ 教科書　さんこうしょ 参考書　じしょ 辞書　しょてん 書店 しょどう 書道　しょもつ 書物　しょるい 書類　せいしょ 清書　とうしょ 投書 どくしょ 読書　としょ 図書　〜しょ 〜書	所	じゅうしょ 住所　たんしょ 短所　ちょうしょ 長所　ばしょ 場所　めいしょ 名所 やくしょ 役所　きんじょ 近所　べんじょ 便所　ていりゅうじょ 停留所
初	さいしょ 最初　しょきゅう 初級　しょほ 初歩　しょ〜 初〜	-	

しょう

商	しょうぎょう 商業　しょうしゃ 商社　しょうてん 商店　しょうにん 商人　しょうばい 商売 しょうひん 商品　しょう 〜商	象	いんしょう 印象　げんしょう 現象　たいしょう 対象　ぞう 象
勝	しょうはい 勝敗　しょうぶ 勝負　ゆうしょう 優勝　しょう 〜勝	消	しょうか 消化　しょうきょくてき 消極的　しょうどく 消毒　しょうひ 消費 しょうぼう 消防　しょうぼうしょ 消防署
賞	しょうきん 賞金　しょうひん 賞品　しょう 〜賞	将	しょうらい 将来
床	きしょう 起床	章	ぶんしょう 文章　しょう 〜章
小	しょうがくせい 小学生　しょうがっこう 小学校　しょうすう 小数　しょうせつ 小説 しょうべん 小便　だいしょう 大小	照	たいしょう 対照

少	少女（しょうじょ） 少々（しょうしょう） 少年（しょうねん） 青少年（せいしょうねん） 多少（たしょう）	招	招待（しょうたい）
紹	紹介（しょうかい）	-	

10 「じょ」와「じょう」의 비교

じょ

女	王女（おうじょ） 彼女（かのじょ） 少女（しょうじょ） 女王（じょおう） 女子（じょし） 女性（じょせい） 女優（じょゆう） 長女（ちょうじょ） 女〜（じょ〜） 〜女（〜じょ）	助	救助（きゅうじょ） 助教授（じょきょうじゅ） 助手（じょしゅ）

じょう

状	状況（じょうきょう） 状態（じょうたい） 現状（げんじょう） 〜状（〜じょう）	蒸	蒸気（じょうき） 蒸発（じょうはつ） 水蒸気（すいじょうき）
常	異常（いじょう） 常識（じょうしき） 日常（にちじょう） 非常（ひじょう）	上	上級（じょうきゅう） 上京（じょうきょう） 上下（じょうげ） 上手（じょうず） 上達（じょうたつ） 上等（じょうとう） 上品（じょうひん） 頂上（ちょうじょう）
場	会場（かいじょう） 劇場（げきじょう） 工場（こうじょう） 出場（しゅつじょう） 登場（とうじょう） 入場（にゅうじょう） 飛行場（ひこうじょう） 〜場（〜じょう）	畳	〜畳（〜じょう）
情	愛情（あいじょう） 感情（かんじょう） 苦情（くじょう） 事情（じじょう） 純情（じゅんじょう） 情報（じょうほう） 表情（ひょうじょう） 友情（ゆうじょう）	乗	乗客（じょうきゃく） 乗車（じょうしゃ）
条	条件（じょうけん）	-	

11 「ちょ」와「ちょう」의 비교

ちょ

著	著者（ちょしゃ） 著書（ちょしょ）	貯	貯金（ちょきん） 貯蔵（ちょぞう）

ちょう

町	〜町（〜ちょう）	頂	頂上（ちょうじょう） 頂点（ちょうてん）

調	きょうちょう 強調	じゅんちょう 順調	ちょうさ 調査	ちょうし 調子	ちょうせい 調整	長	えんちょう 延長	ぎちょう 議長	しんちょう 身長	せいちょう 成長	ちょうき 長期
	ちょうせつ 調節	ちょうみりょう 調味料					ちょうしょ 長所	ちょうじょ 長女	ちょうたん 長短	ちょうなん 長男	ちょうほうけい 長方形
							ちょう ～長				
兆	ちょう 兆					庁	かんちょう 官庁	けんちょう 県庁	ちょう ～庁		
朝	ちょうかん 朝刊	ちょうしょく 朝食				過	ちょうか 超過				

12 「と」와「とう」의 비교

と

途	ちゅうと 中途	とちゅう 途中	ようと 用途	都	しゅと 首都	と 都	とかい 都会	とし 都市	としん 都心
					つごう 都合				
徒	せいと 生徒			-					

とう

答	かいとう 解答	かいとう 回答	とうあん 答案	もんどう 問答	到	とうちゃく 到着			
党	せいとう 政党	とう 党			島	れっとう 列島	はんとう 半島	とう ～島	
盗	ごうとう 強盗	とうなん 盗難			灯	でんとう 電灯	とうだい 灯台	とうゆ 灯油	
凍	れいとう 冷凍				等	こうとう 高等	じょうとう 上等	とうぶん 等分	とう ～等	びょうどう 平等
東	かんとう 関東	とうざい 東西	とうよう 東洋		登	とうじょう 登場	とざん 登山		
頭	せんとう 先頭	とう ～頭	ずつう 頭痛	ずのう 頭脳	筒	すいとう 水筒	ふうとう 封筒		
当	けんとう 見当	そうとう 相当	とうじ 当時	とうじつ 当日	投	とうしょ 投書			
	たんとう 担当	てきとう 適当	ほんとう 本当	とうばん 当番					

13 「ど」와「どう」의 비교

ど

度	一度 / 高度 / 程度 / 零度	温度 / 湿度 / 適度 / ～度	角度 / 制度 / 年度 / 支度	経度 / 速度 / 濃度	限度 / 態度 / 毎度	土	土星 土曜 土地
努	努力					-	

どう

堂	講堂 食堂	銅	銅 銅像
導	指導	動	動物 移動 運動 活動 感動 / 行動 自動 動作 動詞
道	道具 道路 国道 柔道 書道 / 水道 赤道 鉄道 歩道 ～道	働	労働
同	共同 合同 同一 同音 同格 / 同時 同様 同～	童	児童 童話

14 「ふ」와「ふう」의 비교

ふ

普	普段 普通	符	符号 切符
夫	夫妻 夫人 夫婦 工夫	婦	主婦 夫婦 婦人
父	祖父 父母	富	豊富
負	負担 勝負	不	不安 不運 不可 不況 不幸 / 不思議 不自由 不正 不足 / 不通 不平 不便 不満 不利 / 不～
府	政府	怖	恐怖

付	寄付(きふ)	付近(ふきん)				布	財布(さいふ)	配布(はいふ)	布団(ふとん)	毛布(もうふ)	分布(ぶんぷ)
							座布団(ざぶとん)				

ふう

封	開封(かいふう)	封筒(ふうとう)	風	風景(ふうけい)	風船(ふうせん)

15 「ほ」와「ほう」의 비교

ほ

歩	初歩(しょほ)	歩道(ほどう)	〜歩(ほ)	散歩(さんぽ)	進歩(しんぽ)	補	候補(こうほ)
保	保健(ほけん)	保存(ほぞん)				-	

ほう

方	正方形(せいほうけい) 地方(ちほう) 長方形(ちょうほうけい) 方角(ほうがく) 方言(ほうげん) 方向(ほうこう) 方針(ほうしん) 方程式(ほうていしき) 方法(ほうほう) 方面(ほうめん) 一方(いっぽう)		宝	宝石(ほうせき)	
放	解放(かいほう) 開放(かいほう) 放送(ほうそう)		報	情報(じょうほう) 報告(ほうこく) 予報(よほう) 電報(でんぽう)	
訪	訪問(ほうもん)		包	包装(ほうそう) 包帯(ほうたい)	
法	作法(さほう) 法(ほう) 法則(ほうそく) 方法(ほうほう) 法律(ほうりつ) 文法(ぶんぽう)		豊	豊富(ほうふ)	

16 「ぼ」와「ぼう」의 비교

ぼ

母	祖母(そぼ)	父母(ふぼ)	募	募集(ぼしゅう)

ぼう

亡	死亡(しぼう)	坊	寝坊(ねぼう)
望	希望(きぼう) 失望(しつぼう)	防	消防(しょうぼう) 消防署(しょうぼうしょ) 防止(ぼうし) 防犯(ぼうはん) 予防(よぼう) 防〜(ぼう)
帽	帽子(ぼうし)	棒	泥棒(どろぼう) 棒(ぼう)
貿	貿易(ぼうえき)	-	

17 「ゆ」와「ゆう」의 비교

ゆ

輸	輸血(ゆけつ) 輸出(ゆしゅつ) 輸送(ゆそう) 輸入(ゆにゅう)	油	石油(せきゆ) 灯油(とうゆ) 油断(ゆだん)
由	経由(けいゆ) 自由(じゆう) 理由(りゆう)	-	

ゆう

勇	勇気(ゆうき)	優	女優(じょゆう) 優勝(ゆうしょう)
友	旧友(きゅうゆう) 親友(しんゆう) 友好(ゆうこう) 友情(ゆうじょう) 友人(ゆうじん)	有	有効(ゆうこう) 有能(ゆうのう) 有名(ゆうめい) 有利(ゆうり) 有料(ゆうりょう) 有無(うむ)
郵	郵送(ゆうそう) 郵便(ゆうびん)	遊	遊園地(ゆうえんち)

18 「よ」와「よう」의 비교

よ

余	余計(よけい) 余分(よぶん)	予	予期(よき) 予算(よさん) 予習(よしゅう) 予測(よそく) 予定(よてい) 予備(よび) 予報(よほう) 予防(よぼう) 予約(よやく)

よう

洋	海洋(かいよう) 西洋(せいよう) 東洋(とうよう) 洋服(ようふく) 洋品店(ようひんてん)	曜	曜日(ようび)

要	じゅうよう 重要　しゅよう 主要　ひつよう 必要　ようきゅう 要求　ようてん 要点　ようりょう 要領	用	いんよう 引用　おうよう 応用　かつよう 活用　さよう 作用　しよう 使用　じつよう 実用　しんよう 信用　つうよう 通用　てきよう 適用　ひよう 費用　ようい 用意　ようご 用語　ようじ 用事　ようじん 用心　ようと 用途　りよう 利用
葉	こうよう 紅葉	溶	ようがん 溶岩
様	ようす 様子　どうよう 同様	幼	ようじ 幼児

19 「りょ」와「りょう」의 비교

りょ

旅	りょかん 旅館　りょこう 旅行

りょう

両	りょうがえ 両替　りょうがわ 両側　りょうこく 両国　りょうしん 両親	了	かんりょう 完了　しゅうりょう 終了
量	うりょう 雨量　じゅうりょう 重量　そくりょう 測量　ぶんりょう 分量	料	きゅうりょう 給料　げんりょう 原料　ざいりょう 材料　しりょう 資料　そうりょう 送料　むりょう 無料　ゆうりょう 有料　りょうきん 料金　りょうり 料理　〜りょう 〜料
領	ようりょう 要領　りょうじ 領事　りょうしゅうしょ 領収書	療	いりょう 医療

20 「ろ」와「ろう」의 비교

ろ

路	しんろ 針路　つうろ 通路　どうろ 道路　ろせん 線路

ろう

老	ろうじん 老人	労	くろう 苦労　ろうどう 労働

03 음이 2개 있는 한자

일본어 능력시험 출제 예상 한자 중에서 음이 2개 있는 한자 60자를 정리하였다. 한자의 읽기·쓰기보다는 출제 예상 단어에 치중하여 익혀 두길 바란다.

間	かん	間接(かんせつ) 期間(きかん) 中間(ちゅうかん) 年間(ねんかん) 民間(みんかん) 夜間(やかん)	けん	世間(せけん) 人間(にんげん)
強	きょう	強化(きょうか) 強調(きょうちょう) 強力(きょうりょく) 勉強(べんきょう)	ごう	強引(ごういん) 強盗(ごうとう)
去	きょ	去年(きょねん)	こ	過去(かこ)
競	きょう	競技(きょうぎ) 競争(きょうそう)	けい	競馬(けいば)
工	こう	工員(こういん) 工業(こうぎょう) 工芸(こうげい) 工事(こうじ) 工場(こうじょう) 人工(じんこう)	く	工夫(くふう) 大工(だいく)
気	き	気圧(きあつ) 気候(きこう) 気分(きぶん) 気味(きみ) 景気(けいき) 勇気(ゆうき)	け	気配(けはい) 湿気(しっけ)
男	だん	男子(だんし) 男性(だんせい)	なん	長男(ちょうなん) 次男(じなん)
団	だん	集団(しゅうだん) 団体(だんたい) 団地(だんち)	とん	布団(ふとん)
大	たい	大会(たいかい) 大気(たいき) 大使(たいし) 大切(たいせつ) 大戦(たいせん) 大陸(たいりく)	だい	拡大(かくだい) 最大(さいだい) 大具(だいく) 大小(だいしょう) 大臣(だいじん) 大分(だいぶん)
台	だい	寝台(しんだい) 台(だい) 台所(だいどころ) 灯台(とうだい)	たい	台風(たいふう) 舞台(ぶたい)
図	ず	合図(あいず) 図形(ずけい) 図表(ずひょう) 地図(ちず)	と	図書(としょ)
都	と	首都(しゅと) 都(と) 都会(とかい) 都市(とし) 都心(としん)	つ	都合(つごう)
頭	とう	先頭(せんとう)	ず	頭痛(ずつう) 頭脳(ずのう)
登	とう	登場(とうじょう)	と	登山(とざん)

漢字	読み	例					読み	例			
名	めい	署名	題名	名作	名所	名人	みょう	名字			
		名物									
木	もく	材木	木材				ぼく	大木			
文	ぶん	作文	文化	文学	文芸	文明	も	文字			
		注文									
物	ぶつ	鉱物	実物	植物	生物	物価	もつ	貨物	作物	書物	食物
		物質						荷物			
楽	がく	音楽	楽器				らく	気楽	楽		
留	りゅう	停留所	留学				る	留守			
夫	ふ	夫妻	夫人				ふう	工夫	夫婦		
相	そう	相違	相互	相続	相談	相当	しょう	首相			
象	しょう	印象	現象	対象			ぞう	象			
色	しょく	特色					しき	景色			
生	せい	生活	生存	生徒	生物	生命	しょう	一生			
		写生									
省	せい	反省					しょう	省略			
西	せい	西洋					さい	関西	東西		
世	せい	中世					せ	世界	世間	世話	
率	そつ	率直					りつ	確率	能率		
神	しん	神経	神話	精神			じん	神社			
漁	ぎょ	漁業					りょう	漁師			
言	げん	言語	方言				ごん	伝言			
易	い	安易	容易				えき	貿易			
然	ぜん	偶然	自然	全然	突然		ねん	天然			

漢字	読み	語例				読み	語例			
外	がい	<ruby>案外<rt>あんがい</rt></ruby>	<ruby>屋外<rt>おくがい</rt></ruby>	<ruby>外交<rt>がいこう</rt></ruby>	<ruby>外出<rt>がいしゅつ</rt></ruby> <ruby>郊外<rt>こうがい</rt></ruby>	げ	<ruby>外科<rt>げか</rt></ruby>			
		<ruby>例外<rt>れいがい</rt></ruby>								
元	げん	<ruby>元気<rt>げんき</rt></ruby>				がん	<ruby>元日<rt>がんじつ</rt></ruby>	<ruby>元旦<rt>がんたん</rt></ruby>		
月	げつ	<ruby>月末<rt>げつまつ</rt></ruby>	<ruby>今月<rt>こんげつ</rt></ruby>	<ruby>先月<rt>せんげつ</rt></ruby>	<ruby>年月<rt>ねんげつ</rt></ruby> <ruby>来月<rt>らいげつ</rt></ruby>	がつ	<ruby>正月<rt>しょうがつ</rt></ruby>			
		<ruby>月給<rt>げっきゅう</rt></ruby>								
人	じん	<ruby>人事<rt>じんじ</rt></ruby>	<ruby>人種<rt>じんしゅ</rt></ruby>	<ruby>人造<rt>じんぞう</rt></ruby>	<ruby>人物<rt>じんぶつ</rt></ruby> <ruby>人類<rt>じんるい</rt></ruby>	にん	<ruby>商人<rt>しょうにん</rt></ruby>	<ruby>職人<rt>しょくにん</rt></ruby>	<ruby>人気<rt>にんき</rt></ruby>	<ruby>人形<rt>にんぎょう</rt></ruby>
		<ruby>美人<rt>びじん</rt></ruby>					<ruby>人間<rt>にんげん</rt></ruby>	<ruby>犯人<rt>はんにん</rt></ruby>		
日	にち	<ruby>日時<rt>にちじ</rt></ruby>	<ruby>来日<rt>らいにち</rt></ruby>	<ruby>日課<rt>にっか</rt></ruby>	<ruby>日記<rt>にっき</rt></ruby> <ruby>日中<rt>にっちゅう</rt></ruby>	じつ	<ruby>元日<rt>がんじつ</rt></ruby>	<ruby>休日<rt>きゅうじつ</rt></ruby>	<ruby>祭日<rt>さいじつ</rt></ruby>	<ruby>祝日<rt>しゅくじつ</rt></ruby>
		<ruby>日程<rt>にってい</rt></ruby>					<ruby>先日<rt>せんじつ</rt></ruby>	<ruby>当日<rt>とうじつ</rt></ruby>		
子	し	<ruby>菓子<rt>かし</rt></ruby>	<ruby>子孫<rt>しそん</rt></ruby>	<ruby>調子<rt>ちょうし</rt></ruby>	<ruby>弟子<rt>でし</rt></ruby> <ruby>電子<rt>でんし</rt></ruby>	す	<ruby>様子<rt>ようす</rt></ruby>			
		<ruby>帽子<rt>ぼうし</rt></ruby>	<ruby>王子<rt>おうじ</rt></ruby>							
自	じ	<ruby>自殺<rt>じさつ</rt></ruby>	<ruby>自習<rt>じしゅう</rt></ruby>	<ruby>自宅<rt>じたく</rt></ruby>	<ruby>自治<rt>じち</rt></ruby> <ruby>自由<rt>じゆう</rt></ruby>	し	<ruby>自然<rt>しぜん</rt></ruby>			
		<ruby>各自<rt>かくじ</rt></ruby>								
作	さく	<ruby>作者<rt>さくしゃ</rt></ruby>	<ruby>作文<rt>さくぶん</rt></ruby>	<ruby>作物<rt>さくもつ</rt></ruby>	<ruby>製作<rt>せいさく</rt></ruby> <ruby>名作<rt>めいさく</rt></ruby>	さ	<ruby>作業<rt>さぎょう</rt></ruby>	<ruby>作法<rt>さほう</rt></ruby>	<ruby>操作<rt>そうさ</rt></ruby>	<ruby>動作<rt>どうさ</rt></ruby>
		<ruby>作家<rt>さっか</rt></ruby>								
財	ざい	<ruby>財産<rt>ざいさん</rt></ruby>	<ruby>財団<rt>ざいだん</rt></ruby>			さい	<ruby>財布<rt>さいふ</rt></ruby>			
正	せい	<ruby>改正<rt>かいせい</rt></ruby>	<ruby>公正<rt>こうせい</rt></ruby>	<ruby>修正<rt>しゅうせい</rt></ruby>	<ruby>正確<rt>せいかく</rt></ruby> <ruby>正式<rt>せいしき</rt></ruby>	しょう	<ruby>正月<rt>しょうがつ</rt></ruby>	<ruby>正午<rt>しょうご</rt></ruby>	<ruby>正直<rt>しょうじき</rt></ruby>	<ruby>正味<rt>しょうみ</rt></ruby>
		<ruby>不正<rt>ふせい</rt></ruby>					<ruby>正面<rt>しょうめん</rt></ruby>			
重	じゅう	<ruby>重体<rt>じゅうたい</rt></ruby>	<ruby>重大<rt>じゅうだい</rt></ruby>	<ruby>重役<rt>じゅうやく</rt></ruby>	<ruby>重量<rt>じゅうりょう</rt></ruby> <ruby>重力<rt>じゅうりょく</rt></ruby>	ちょう	<ruby>貴重<rt>きちょう</rt></ruby>	<ruby>尊重<rt>そんちょう</rt></ruby>		
		<ruby>体重<rt>たいじゅう</rt></ruby>								
地	ち	<ruby>団地<rt>だんち</rt></ruby>	<ruby>地域<rt>ちいき</rt></ruby>	<ruby>地球<rt>ちきゅう</rt></ruby>	<ruby>地質<rt>ちしつ</rt></ruby> <ruby>地帯<rt>ちたい</rt></ruby>	じ	<ruby>地震<rt>じしん</rt></ruby>	<ruby>地味<rt>じみ</rt></ruby>	<ruby>地面<rt>じめん</rt></ruby>	<ruby>無地<rt>むじ</rt></ruby>
		<ruby>土地<rt>とち</rt></ruby>								
直	ちょく	<ruby>率直<rt>そっちょく</rt></ruby>	<ruby>直後<rt>ちょくご</rt></ruby>	<ruby>直接<rt>ちょくせつ</rt></ruby>	<ruby>直通<rt>ちょくつう</rt></ruby> <ruby>直流<rt>ちょくりゅう</rt></ruby>	じき	<ruby>正直<rt>しょうじき</rt></ruby>			
		<ruby>直角<rt>ちょっかく</rt></ruby>								
次	じ	<ruby>目次<rt>もくじ</rt></ruby>				し	<ruby>次第<rt>しだい</rt></ruby>			
茶	ちゃ	<ruby>お茶<rt>ちゃ</rt></ruby>	<ruby>紅茶<rt>こうちゃ</rt></ruby>	<ruby>茶色<rt>ちゃいろ</rt></ruby>		さ	<ruby>喫茶店<rt>きっさてん</rt></ruby>			
治	じ	<ruby>政治<rt>せいじ</rt></ruby>				ち	<ruby>自治<rt>じち</rt></ruby>			

土	ど	土　土曜		と	土地
判	はん	判子　判事　判断　批判		ばん	評判
便	べん	小便　便所　便利		びん	便　船便　郵便
平	へい	公平　平気　平均　平行　平和　不平		びょう	平等
下	か	以下　下降　下線　地下鉄		げ	下車　下宿　下水　下品　上下
行	こう	行動　銀行　実行　平行　夜行　流行		ぎょう	行事　行列
形	けい	形式　形容詞　図形　正方形　長方形		ぎょう	人形
画	が	絵画　画家		かく	計画
絵	かい	絵画		え	絵　絵の具
後	ご	以後　午後　今後　最後　前後　直後		こう	後者　後輩

콕콕 연습문제
정답

Part 01 기출 및 예상 한자어

01 기출 한자어 2017~2010

읽기표기 01　　　　　　　　　　　　　　　　　　　　　　　　　　　　p.016

1 すいちょく	2 あやしい	3 ともなう	4 がんぼう
5 ちりょう	6 きそった	7 おとらず	8 きょひ
9 げんしょう	10 にくい	11 みっぺい	12 ふくめた
13 きょくたん	14 のぞいて	15 おおはば	
1 永久	2 握って	3 祝う	4 地元
5 規模	6 清潔	7 返却	8 景色
9 触れる	10 改めて	11 豊富	12 世の中
13 削除	14 要求	15 凍って	

문맥규정 01　　　　　　　　　　　　　　　　　　　　　　　　　　　　p.017

1 ②　2 ②　3 ①　4 ④　5 ③　6 ①　7 ①　8 ③　9 ④　10 ②

02 기출 한자어 2009~1990

읽기표기 02　　　　　　　　　　　　　　　　　　　　　　　　　　　　p.027

1 いどう	2 きろく	3 おんせん	4 たんとうしゃ
5 ぎゅうにゅう	6 けさ	7 しょくば	8 かわいて
9 そなえて	10 やとい	11 めんきょ	12 かいてき
13 よほう	14 あらためて	15 じょうほう	
1 際	2 将来	3 教師	4 効果
5 泳ぐ	6 横断	7 交通	8 拾う
9 食欲	10 帽子	11 条件	12 相手
13 声	14 汗	15 鋭く	

읽기표기 03　　　　　　　　　　　　　　　　　　　　　　　　　　　　p.028

1 とつぜん	2 いない	3 やくめ	4 ちょぞう
5 おさない	6 しゅくはく	7 せいじ	8 こうえん
9 とうちゃく	10 しょり	11 そんけい	12 せきにん
13 じしん	14 いんさつ	15 ほって	
1 複雑	2 務める	3 誤り	4 骨折
5 蒸気	6 他人	7 狭くて	8 消費
9 存在	10 日常	11 構造	12 財布
13 直接	14 涼しい	15 異なる	

문맥규정 02　　　　　　　　　　　　　　　　　　　　　　　　　　　　p.029

1 ①　2 ④　3 ①　4 ②　5 ②　6 ①　7 ③　8 ③　9 ②　10 ②

문맥규정 03　　　　　　　　　　　　　　　　　　　　　　　　　　　　p.030

1 ③　2 ④　3 ④　4 ①　5 ④　6 ④　7 ②　8 ②　9 ①　10 ③

03 예상 한자어 1200

읽기표기 04　　　　　　　　　　　　　　　　　　　　　　　　　　　　p.046

1 かこんで	2 そんがい	3 ぎょうじ	4 おどろいて
5 こうし	6 めぐまれて	7 けいぞく	8 えんじょ
9 めんどう	10 くやしい	11 あっしょう	12 せつぞく
13 さからって	14 せいけつ	15 しせい	
1 混乱	2 順調	3 油断	4 乏しい
5 腕	6 戻す	7 貿易	8 破れる
9 拾った	10 幼稚	11 傷み	12 批判
13 劣らず	14 隠して	15 積んで	

읽기표기 05　　　　　　　　　　　　　　　　　　　　　　　　　　　　p.047

1 とうぼう	2 つとめた	3 そくざ	4 りっぱ
5 あらためて	6 もはん	7 こうぎ	8 はたす
9 ちゅうしょうてき	10 はり	11 はへん	12 しゅうかく

13 そしき	14 そうち	15 しょうてん	
1 真剣	2 寄付	3 責めないで	4 勧誘
5 拡充	6 削る	7 傾いて	8 招待
9 返却	10 撮影	11 訪れる	12 勢い
13 至る	14 占めた	15 導く	

문맥규정 04　　　　　　　　　　　　　　　　　　　　　　　　　　p.048
1 ①　2 ④　3 ②　4 ③　5 ③　6 ①　7 ④　8 ③　9 ②　10 ③

문맥규정 05　　　　　　　　　　　　　　　　　　　　　　　　　　p.049
1 ③　2 ①　3 ④　4 ②　5 ②　6 ④　7 ④　8 ①　9 ②　10 ①

문맥규정 06　　　　　　　　　　　　　　　　　　　　　　　　　　p.050
1 ①　2 ④　3 ④　4 ②　5 ②　6 ③　7 ①　8 ③　9 ②　10 ④

Part 02　N2 대응 중요 한자

01　1순위 한자 180

[ㄱ]

읽기표기 06　　　　　　　　　　　　　　　　　　　　　　　　　　p.060

1 しょうきょくてき	2 かじつ	3 かいぞう	4 きじ
5 けいび	6 おろす	7 かいだん	8 けいば
9 そんけい	10 きねん	11 あらため	12 かんかく
13 たんこう	14 けいい	15 ようきゅう	
1 雨降り	2 効果	3 警告	4 境
5 記録	6 下降	7 出勤	8 恐れずに

| 9 車庫 | 10 結論 | 11 演技 | 12 遅刻 |
| 13 国境 | 14 伝記 | 15 乾燥 | |

읽기표기 07 p.061

1 きょうきゅう	2 じっかん	3 さました	4 ちきゅう
5 ひげきてき	6 こうか	7 きんこ	8 つうきん
9 かわかす	10 けいさつ	11 こうどう	12 かんしん
13 けいかん	14 きりつ	15 きょうふしん	
1 改札口	2 日課	3 共感	4 三階
5 刻まれた	6 近寄って	7 支給	8 結局
9 禁煙	10 構造	11 覚悟	12 感情
13 結婚	14 記念	15 求婚	

문맥규정 07 p.062

| 1 ④ | 2 ③ | 3 ① | 4 ④ | 5 ② | 6 ③ | 7 ④ | 8 ① | 9 ④ | 10 ② |

문맥규정 08 p.063

| 1 ① | 2 ④ | 3 ② | 4 ② | 5 ① | 6 ③ | 7 ① | 8 ④ | 9 ③ | 10 ① |

[ㄴ・ㄷ・ㄹ]

읽기표기 08 p.070

1 そんとく	2 のうぎょう	3 とめる	4 だんすい
5 ふたん	6 れいてん	7 しゅうりょう	8 ついて
9 たおした	10 りょうしゅう	11 のうか	12 ひとりごと
13 くんれん	14 こんなん	15 つきあたる	
1 温帯	2 分類	3 途中	4 農産物
5 横断	6 盗む	7 得る	8 面倒
9 油断	10 留学	11 信頼	12 平等
13 包帯	14 書類	15 頼もしい	

읽기표기 09 — p.071

1 どくしん	2 べっと	3 たんどく	4 のうさんぶつ
5 ほうりつ	6 ようと	7 おんたい	8 かついで
9 ひ	10 かんりょう	11 ことわられた	12 しゅとく
13 ゆうり	14 じどう	15 のうやく	
1 蛍光灯	2 中途	3 童顔	4 電灯
5 倒した	6 種類	7 突然	8 判断
9 要領	10 灯台	11 心得て	12 農民
13 言い難い	14 高等	15 領収書	

문맥규정 09 — p.072

| 1 ④ | 2 ① | 3 ② | 4 ② | 5 ② | 6 ① | 7 ④ | 8 ④ | 9 ① | 10 ② |

문맥규정 10 — p.073

| 1 ③ | 2 ③ | 3 ③ | 4 ④ | 5 ② | 6 ④ | 7 ③ | 8 ① | 9 ④ | 10 ④ |

[ㅁ・ㅂ]

읽기표기 10 — p.078

1 まけた	2 まんいん	3 ぼうはん	4 きぼう
5 みちた	6 ふうふ	7 かいほう	8 ひひょう
9 はなした	10 せいび	11 しょうぼうしょ	12 そなえる
13 ふくざつ	14 じゅんび	15 しょうぶ	
1 望み	2 予防	3 報告	4 泊まった
5 不満	6 放送	7 放火	8 宿泊
9 予備	10 放れて	11 武士	12 主婦
13 犯罪	14 公務員	15 武器	

읽기표기 11 — p.079

1 さんぱく	2 のぞんで	3 まんぞく	4 せおって
5 しょうひ	6 ふっきゅう	7 ふうとう	8 ふくしゅう
9 まんてん	10 とめる	11 おかさない	12 ぶき
13 はんざい	14 ほうそうきょく	15 つとめて	

1	円満	2	警備	3	防止	4	未満
5	回復	6	事務所	7	電報	8	設備
9	夫婦	10	失望	11	準備	12	消防
13	整備	14	情報	15	防ぐ		

문맥규정 11   p.080

1 ③   2 ①   3 ②   4 ②   5 ②   6 ④   7 ④   8 ③   9 ④   10 ①

문맥규정 12   p.081

1 ①   2 ②   3 ③   4 ④   5 ③   6 ④   7 ③   8 ③   9 ②   10 ④

[ㅅ]

읽기표기 12   p.089

1	しょうひん	2	そくど	3	しょうきん	4	げいじゅつ
5	かいさん	6	じょうきょう	7	しょうぼうしょ	8	こうし
9	がくじゅつ	10	しょうにん	11	たうえ	12	おさめた
13	しょうち	14	ひょうしき	15	ちらかって		
1	一緒	2	優勝	3	状態	4	船
5	授業	6	散り	7	意識	8	調査
9	深まり	10	想像	11	課税	12	消極的
13	急速	14	修理	15	設備		

읽기표기 13   p.090

1	うえき	2	しゅうせいあん	3	しょうぶ	4	きゅうそく
5	しょう	6	しょうしゃ	7	そん	8	しょうぎょう
9	きょうじゅ	10	さっそく	11	ぎじゅつ	12	じょうしき
13	かんそう	14	しょうばい	15	たいしょう		
1	消化	2	損害	3	設計	4	深刻
5	収入	6	情緒	7	異常	8	散らした
9	建設	10	知識	11	植える	12	承認
13	税金	14	発想	15	散歩		

문맥규정 13 p.091

1 ③ 2 ② 3 ① 4 ④ 5 ③ 6 ③ 7 ① 8 ④ 9 ① 10 ②

문맥규정 14 p.092

1 ① 2 ③ 3 ③ 4 ③ 5 ① 6 ③ 7 ① 8 ② 9 ② 10 ①

[ㅇ]

읽기표기 14 p.097

1 そうい	2 ぎいん	3 きんがく	4 てんねん
5 みとめる	6 しるし	7 ちがい	8 くいき
9 けむり	10 いしょくじゅう	11 ちいき	12 じどう
13 ぎかい	14 いんしょう	15 えんぎ	
1 確認	2 血液型	3 議論	4 全額
5 不思議	6 全然	7 会議	8 郵便局
9 流域	10 女優	11 講演会	12 優しい
13 額	14 煙突	15 違反	

읽기표기 15 p.098

1 かいぎ	2 ぐうぜん	3 えきたい	4 のばす
5 えんちょう	6 いはん	7 すぐれて	8 たいよう
9 きんえん	10 りょうし	11 いくじ	12 ふしぎ
13 けつえき	14 えんぜつ	15 いんさつ	
1 陽気	2 自然	3 金額	4 児童館
5 延期	6 違います	7 郵送	8 目印
9 確認	10 演劇	11 相違	12 衣服
13 突然	14 印象	15 勘違い	

문맥규정 15 p.099

1 ④ 2 ③ 3 ① 4 ① 5 ④ 6 ③ 7 ③ 8 ② 9 ① 10 ②

문맥규정 16 p.100

1 ① 2 ② 3 ④ 4 ① 5 ④ 6 ③ 7 ① 8 ③ 9 ② 10 ④

[ㅈ]

읽기표기 16 — p.108

1 てきせつ	2 はってん	3 しょくぎょう	4 せんそう
5 たね	6 ていでん	7 あらそって	8 ほうていしき
9 せいさく	10 じょうはつ	11 ちょうさ	12 じゅんちょう
13 じょうほう	14 こんざつ	15 きじゅん	

1 冷蔵庫	2 適した	3 過程	4 調整
5 資料	6 増えた	7 調味料	8 表情
9 主張	10 卒業	11 服装	12 快適
13 雑誌	14 複雑	15 頂点	

읽기표기 17 — p.109

1 たいせん	2 いっしゅ	3 ぞうげん	4 しりょう
5 せいぞう	6 こうそつ	7 ちょうてん	8 かてい
9 ちょきん	10 ちょぞう	11 そんちょう	12 ちょうせい
13 しゅうい	14 ぞうか	15 にってい	

1 調節	2 出張	3 適度	4 面積
5 論争	6 蒸気	7 張った	8 雑音
9 整理	10 展開	11 種類	12 資本
13 程度	14 尊敬	15 体操	

문맥규정 17 — p.110

1 ③ 2 ① 3 ④ 4 ③ 5 ① 6 ② 7 ④ 8 ② 9 ① 10 ③

문맥규정 18 — p.111

1 ③ 2 ④ 3 ② 4 ③ 5 ① 6 ③ 7 ④ 8 ② 9 ④ 10 ②

[ㅊ·ㅋ·ㅌ·ㅍ]

읽기표기 18 — p.117

| 1 へんしゅう | 2 さいふ | 3 いた | 4 ひょうろん |
| 5 かんそく | 6 たいいん | 7 まんねんひつ | 8 いんたい |

9 たんこう	10 はんじ	11 かいせい	12 そくりょう
13 かんばん	14 かんさつ	15 ひょうか	
1 破片	2 片付ける	3 筆	4 判断
5 不規則	6 快適	7 破る	8 批判的
9 法則	10 布団	11 清掃	12 評判
13 封筒	14 引退	15 標準	

읽기표기 19 p.118

1 もくひょう	2 ひょうほん	3 せいそう	4 ひょうじゅん
5 たんぺん	6 ひょうばん	7 ねだん	8 はさん
9 かんそく	10 かたみち	11 けいさつ	12 やぶらない
13 よそく	14 さいふ	15 いち	
1 評価	2 筆者	3 石炭	4 価値
5 評論家	6 高層	7 黒板	8 測定
9 筆記	10 快晴	11 配布	12 清い
13 破れた	14 判子	15 編んで	

문맥규정 19 p.119

1 ① 2 ② 3 ① 4 ② 5 ③ 6 ③ 7 ② 8 ② 9 ① 10 ③

문맥규정 20 p.120

1 ③ 2 ④ 3 ① 4 ④ 5 ② 6 ① 7 ② 8 ④ 9 ③ 10 ③

[ㅎ]

읽기표기 20 p.124

1 のりかえて	2 こんざつ	3 こうか	4 たしか
5 こんやく	6 めいかく	7 りがい	8 きゅうこん
9 くちべに	10 かもつ	11 ゆうこう	12 かくじつ
13 こうがい	14 こうちゃ	15 そんがい	
1 状況	2 通貨	3 拡大	4 害
5 紅葉	6 確率	7 確認	8 気候

9 正確	10 候補	11 効力	12 紅葉
13 天候	14 実況	15 的確	

읽기표기 21　　　　　　　　　　　　　　　　　　　　　　　　　　　p.125

1 じょうきょう	2 かんき	3 きこう	4 きき
5 まぜる	6 つうか	7 かくりつ	8 たしかめる
9 てんかん	10 かくちょう	11 かえたい	12 かくにん
13 あくてんこう	14 かくだい	15 こうか	
1 変換	2 口紅	3 混合	4 公害
5 確実	6 貨物	7 拡張	8 利害
9 確か	10 結婚観	11 効果	12 混乱
13 混雑	14 不況	15 求婚	

문맥규정 21　　　　　　　　　　　　　　　　　　　　　　　　　　　p.126

1 ①　2 ①　3 ③　4 ②　5 ③　6 ③　7 ①　8 ④　9 ④　10 ②

문맥규정 22　　　　　　　　　　　　　　　　　　　　　　　　　　　p.127

1 ④　2 ②　3 ②　4 ④　5 ③　6 ②　7 ③　8 ①　9 ①　10 ④

02 2순위 한자 220

[01] 주로 N2에 출제되는 한자 29

읽기표기 22　　　　　　　　　　　　　　　　　　　　　　　　　　　p.132

1 いだい	2 きしょう	3 ひかく	4 こごえる
5 きっさてん	6 すった	7 しょうかい	8 のうど
9 どう	10 ぼうし	11 けん	12 たたみ
13 わん	14 よじょうはん	15 しお	
1 心臓	2 皮膚	3 健康	4 符号
5 寝坊	6 冷凍	7 凍る	8 欧米
9 肯定	10 乾燥	11 怖い	12 食塩
13 偉い	14 億	15 恐怖	

문맥규정 23									p.133
1 ③	2 ③	3 ①	4 ②	5 ①	6 ④	7 ③	8 ④	9 ①	10 ②

[02 주로 훈독으로 출제되는 한자 90]

읽기표기 23   p.137

1 うかべ	2 ふたご	3 わいた	4 やとって
5 むれ	6 ぬけげ	7 うめる	8 にぶい
9 かみ	10 うく	11 なく	12 ほって
13 のぼった	14 まずしい	15 やきたて	
1 沸かす	2 逃がして	3 祈り	4 戻って
5 拾う	6 猫	7 薄い	8 磨く
9 悩んで	10 叫んだ	11 真似	12 召し上がって
13 届いた	14 怒られた	15 塗って	

문맥규정 24									p.138
1 ③	2 ②	3 ④	4 ②	5 ③	6 ①	7 ③	8 ①	9 ④	10 ②

읽기표기 24   p.142

1 こした	2 さぐった	3 くつした	4 こえる
5 とらえた	6 ふぶき	7 つかまえる	8 かかえて
9 ふれる	10 おくる	11 あれた	12 さわる
13 かしこい	14 あずける	15 むしば	
1 抱いて	2 吹いて	3 疲れ	4 燃やす
5 憎む	6 胸	7 挟んだ	8 仲間
9 浅い	10 腰	11 奥	12 鋭い
13 湖	14 汗	15 坂	

문맥규정 25									p.143
1 ④	2 ④	3 ①	4 ②	5 ③	6 ③	7 ②	8 ①	9 ③	10 ①

[03 상위 레벨에도 출제되는 한자 101]

읽기표기 25　　　　　　　　　　　　　　　　　　　　　　　p.148

1 へんこう	2 しょうかい	3 かたむき	4 すくった
5 こうち	6 けんさ	7 けいこう	8 みまった
9 あたたまって	10 りゃく	11 ぶたい	12 しょうどく
13 どりょく	14 あたためる	15 ほうもん	
1 巻く	2 鉄橋	3 傾いた	4 耕して
5 供給	6 想像	7 省略	8 頭脳
9 指導	10 束	11 迷って	12 拝見
13 年齢	14 悲しい	15 悲劇	

문맥규정 26　　　　　　　　　　　　　　　　　　　　　　　p.149

1 ①　2 ②　3 ②　4 ③　5 ④　6 ①　7 ②　8 ②　9 ④　10 ③

읽기표기 26　　　　　　　　　　　　　　　　　　　　　　　p.155

1 きゅうよ	2 いいん	3 よくじつ	4 ことなった
5 うたがって	6 さからって	7 とける	8 ちょしゃ
9 そうじ	10 けいざい	11 ぜったい	12 はれた
13 とうしょ	14 せめる	15 さいてん	
1 幼児	2 勇気	3 誤解	4 危ない
5 建築	6 栄養	7 罪	8 意志
9 水滴	10 遅れて	11 名刺	12 静か
13 牧畜	14 快晴	15 超過	

문맥규정 27　　　　　　　　　　　　　　　　　　　　　　　p.156

1 ②　2 ③　3 ②　4 ①　5 ②　6 ③　7 ③　8 ④　9 ①　10 ①

Part 03 한자 활용

01 파생어·복합동사로 쓰이는 N2 한자

단어형성 28　　　　　　　　　　　　　　　　　　　　　p.169

1 ③　2 ①　3 ②　4 ①　5 ②　6 ④　7 ①　8 ①　9 ②　10 ②

단어형성 29　　　　　　　　　　　　　　　　　　　　　p.170

1 ①　2 ④　3 ①　4 ④　5 ②　6 ①　7 ②　8 ②　9 ④　10 ①

단어형성 30　　　　　　　　　　　　　　　　　　　　　p.171

1 ②　2 ①　3 ③　4 ④　5 ③　6 ①　7 ④　8 ③　9 ①　10 ②

단어형성 31　　　　　　　　　　　　　　　　　　　　　p.172

1 ④　2 ①　3 ③　4 ③　5 ①　6 ③　7 ④　8 ①　9 ②　10 ②

02 파생어·복합동사로 쓰이는 N3 한자

단어형성 32　　　　　　　　　　　　　　　　　　　　　p.188

1 ②　2 ③　3 ④　4 ②　5 ③　6 ④　7 ②　8 ①　9 ①　10 ④

단어형성 33　　　　　　　　　　　　　　　　　　　　　p.189

1 ④　2 ③　3 ①　4 ③　5 ③　6 ②　7 ②　8 ②　9 ①　10 ③

단어형성 34　　　　　　　　　　　　　　　　　　　　　p.190

1 ③　2 ④　3 ②　4 ④　5 ①　6 ②　7 ②　8 ③　9 ②　10 ①

단어형성 35　　　　　　　　　　　　　　　　　　　　　p.191

1 ④　2 ③　3 ②　4 ②　5 ①　6 ④　7 ④　8 ④　9 ②　10 ④

03 파생어 · 복합동사로 쓰이는 N4 · N5 한자

단어형성 36   p.213

1 ③   2 ②   3 ④   4 ③   5 ②   6 ③   7 ④   8 ③   9 ②   10 ④

단어형성 37   p.214

1 ①   2 ④   3 ④   4 ①   5 ④   6 ①   7 ③   8 ②   9 ①   10 ③

단어형성 38   p.215

1 ①   2 ③   3 ②   4 ①   5 ①   6 ③   7 ①   8 ②   9 ③   10 ②

단어형성 39   p.216

1 ④   2 ③   3 ①   4 ③   5 ④   6 ④   7 ④   8 ①   9 ①   10 ④

저자 약력

이치우 (lcw66631@gmail.com)

인하대학교 문과대학 일어일문학과 졸업
일본 横浜国立大学 教育学部 研究生 수료
駐日 한국대사관 한국문화원 근무
(전)일본 와세다대학 객원 연구원
(전)한국디지털대학교 외래교수
(현)일본어 교재 저술가

저서

『최신 개정판 JLPT 일본어능력시험 한권으로 끝내기 N1/N2/N3/N4/N5』 (다락원, 공저)
『4th EDITION JLPT 일본어능력시험 [문자·어휘 / 한자 / 문법] 콕콕 찍어주마 N1/N2/N3/N4·5』 (다락원)

JLPT 콕콕 찍어주마 N2 한자 **4th EDITION**

지은이 이치우
펴낸이 정규도
펴낸곳 (주)다락원

초판 1쇄 발행 2003년 9월 5일
개정2판 1쇄 발행 2010년 1월 5일
개정3판 1쇄 발행 2017년 12월 15일
개정3판 5쇄 발행 2024년 7월 11일

책임편집 송화록, 임지인, 손명숙
디자인 김성희, 이호영, 하태호(표지)

다락원 경기도 파주시 문발로 211
내용문의: (02)736-2031 내선 460~465
구입문의: (02)736-2031 내선 250~252
Fax: (02)732-2037
출판등록 1977년 9월 16일 제406-2008-000007호

Copyright © 2017, 이치우

저자 및 출판사의 허락 없이 이 책의 일부 또는 전부를 무단 복제·전재·발췌할 수 없습니다. 구입 후 철회는 회사 내규에 부합하는 경우에 가능하므로 구입문의처에 문의하시기 바랍니다. 분실·파손 등에 따른 소비자 피해에 대해서는 공정거래위원회에서 고시한 소비자 분쟁 해결 기준에 따라 보상 가능합니다. 잘못된 책은 바꿔 드립니다.

ISBN 978-89-277-1175-9 18730
     978-89-277-1168-1 (set)

http://www.darakwon.co.kr

- 다락원 홈페이지를 방문하시면 상세한 출판정보와 함께 동영상강좌, MP3자료 등 다양한 어학 정보를 얻으실 수 있습니다.
- 콕콕 연습문제의 해석은 다락원 홈페이지 학습자료실 또는 책날개의 QR코드로 다운로드 받을 수 있습니다.